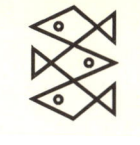

Leidenschaftlich hat Marcel Reich-Ranicki seit Jahrzehnten das literarische Leben in Deutschland kommentiert, ermuntert und glossiert. Nicht als selbstgefälliger Präzeptor versteht er seine Rolle, sondern als Mann der Vernunft und der Vermittlung. Denn, so sagt er, »genau betrachtet sollte Kritik nichts anderes, nichts mehr und nichts weniger sein als Vermittlung – freilich in des Wortes eigentlicher, wesentlicher Bedeutung«. Diese Haltung schließt weder den temperamentvollen Angriff und die Polemik, noch begeisterte Zustimmung und enthusiastisches Lob aus. Im vorliegenden Band beschäftigt sich Reich-Ranicki mit einer Fülle von Themen: mit dem Verhältnis von Literatur und Gesellschaft, Literatur und Fernsehen, Literatur und Sport, mit der »Gruppe 47«, mit Literaturpreisen und Affären, mit Skandalen, Tendenzen und Debatten des literarischen Lebens. Karl Heinz Bohrer schrieb über dieses Buch: »Die für den Tag und die Stunde geschriebenen Kommentare und Pamphlete sind die literarische Form, die der Leidenschaft und dem Karat Reich-Ranickis am meisten entsprechen... Reich-Ranickis methodische Koketterie mit dem Datum und dem Zitat gibt diesen ausgewählten Arbeiten aus fünf Jahren die Qualität eines bisher sonst nirgends formulierten Zusammenhangs.«

Marcel Reich-Ranicki, geboren 1920 in Wloclawek an der Weichsel, ist in Berlin aufgewachsen. Er war von 1960 bis 1973 ständiger Literaturkritiker der Wochenzeitung *Die Zeit* und leitete von 1973 bis 1988 in der *Frankfurter Allgemeinen* die Redaktion für Literatur und literarisches Leben.
Bei S. Fischer liegen von Marcel Reich-Ranicki vor: *Romane von gestern – heute gelesen* in drei Bänden (Bd. 1: 1900–1918 / Bd. 2: 1918–1933 / Bd. 3: 1933–1945). Im Fischer Taschenbuch sind folgende Titel von ihm lieferbar: *Was halten Sie von Thomas Mann?* (Bd. 5464), *Thomas Mann und die Seinen* (Bd. 6951).

Marcel Reich-Ranicki
Wer schreibt, provoziert
Pamphlete und Kommentare

Fischer
Taschenbuch
Verlag

Veröffentlicht im Fischer Taschenbuch Verlag GmbH,
Frankfurt am Main, Februar 1993

© 1993 Fischer Taschenbuch Verlag GmbH, Frankfurt am Main
Umschlaggestaltung: Buchholz/Hinsch/Hensinger
Druck und Bindung: Clausen & Bosse, Leck
Printed in Germany
ISBN 3-596-11395-4

Gedruckt auf chlor- und säurefreiem Papier

Inhalt

1961

Wer schreibt, provoziert die Gesellschaft 7
Der Fall Wolfgang Koeppen 11
Stallburschen 18
Das Fernsehen und die Literatur 20
Provokateure und Jodler 22
Die Warschauer Mauer und die Berliner Mauer 23
Brentano, Brecht, Horst Wessel und Johnson 26

1962

Literaturpreise in der Bundesrepublik 31
Kurella, Abusch und der Substantivismus 33
Ballast in Romanen 35
Dichterlesungen 37
Konkurrenzdruck und Qualität 39
Kurtchen schnarchte fürchterlich 42
Ohne »Sinn und Form« 46
Wozu brauchen wir Ehrenburgs Autobiographie? . . . 50
Literarischer Schutzwall gegen die DDR 52
Kritik auf den Tagungen der »Gruppe 47« 57

1963

Polemik gegen Robbe-Grillet 63
Denk ich an Torberg in der Nacht... 68
»Neue Rundschau« – kein goldener Sarg 71

1964

Die Vorliebe für Ich-Erzählungen 75
Literarisches Leben ohne Kritik? 78
Christa Reinig und die DDR 80
Betrifft Literatur und Sport 84

Literaturpreise, Affären und Skandale 87
Vergleiche sind nicht mehr möglich 90
Rolf Hochhuth und die Gemütlichkeit 93
In Sachen Literaturkritik 96
Wilhelm Emrichs Tohuwabohu 100
Schwierigkeiten heute die Wahrheit zu schreiben . . . 104
In einer deutschen Angelegenheit 109
Untergang der erzählten Welt? 113
Ohne Fuß auf deutscher Erde? 116
Der Donkosak in Goethes Frack 118
Arnold Gehlens Kraut und Rüben 122
Die Legende vom Dichter Marchwitza 126
Schlechte Zeiten für Konfektionäre? 131
Sexus und die Literatur 134
In der Sache Oppenheimer und Kipphardt 137
Die DDR-Schriftsteller dürfen wieder kommen . . . 140
Irrsal, Wirrsal, Trübsal 144

1965

Immer noch im Exil 150
Ein neues Literaturblatt in der DDR 155
Ein bißchen Amtsarzt, ein bißchen Moses 159
Die Avantgarde ist tot – es lebe die Veränderung . . . 163
Verräter, Brückenbauer, Waisenkinder 167
Ist das Leichte gleich verächtlich? 172
Peter Weiss, die DDR und der dritte Standpunkt . . . 175
Kennst du das Land, wo erst die Bücher brennen? . . . 180
Wolf Biermann und die SED 184

Nachbemerkung 189
Nachbemerkung 1966 193

Personenregister 194

1961

Wer schreibt, provoziert die Gesellschaft

I

Muß ein Schriftsteller gegen die Gesellschaft sein, in der er lebt? – fragte soeben Hans Mayer aus Leipzig auf dem literarischen Ost-West-Streitgespräch in Hamburg. Nein, antwortete Mayer; Molière, beispielsweise, habe die Gesellschaft seiner Zeit ausdrücklich befürwortet. Nun gut, der Schriftsteller braucht nicht unbedingt die Gesellschaft zu bekämpfen. Aber er muß sie provozieren. Denn für die Schriftsteller aller Zeiten gilt, was der Herr von Mephistopheles sagt:

> Des Menschen Tätigkeit kann allzu leicht erschlaffen,
> Er liebt sich bald die unbedingte Ruh;
> Drum geb ich gern ihm den Gesellen zu,
> Der reizt und wirkt und muß als Teufel schaffen.

Mit jeder Komödie hat Molière seine Umwelt herausgefordert. ›Der Misanthrop‹ war ein Schrei der Empörung und des Protestes, der ›Don Juan‹ eine einzige Anklage gegen die herrschenden Schichten. Der eigentliche Held des Stückes ist keineswegs der aristokratische Frauenverführer, sondern sein plebejischer Diener Sganarelle.

Wie Molière waren alle großen Dichter – wenn man genau hinsieht und sich von ihren Täuschungsmanövern nicht irreführen läßt – Provokateure: Dante und Shakespeare, Voltaire und Lessing, Schiller und Kleist, Dostojewski und Gogol. Die Meister der Moderne – Proust, Kafka, Joyce, Döblin, Faulkner – haben nichts anderes getan, als die der Literatur innewohnende Provokation bis an den Rand des Möglichen zu treiben.

Und da die Dichter, die Schöpfer von Welten, ihre größten Gestalten nach dem eigenen Ebenbild formen, finden wir in der Literatur immer wieder Provokateure – zumindest Provokateure wider Willen: das Mädchen Antigone, das selbständig handelt, statt zu gehorchen; Don Juan, der die Gesetze der Gesellschaft ignoriert; der Prinz Hamlet von Dänemark, das Urbild des einsamen Intellektuellen; der Doktor Faust, der bedauert, Theologie studiert zu haben; Karl Moor, der ein Räuber sein will; der Fürst Myschkin, den sie den »Idioten« nennen. Provokateure sind im tiefsten Sinne des Wortes die Paare, die ihrer Liebe leben jenseits von Sitte, Ordnung und Gesetz: Hero und Leander, Tristan und Isolde, Romeo und Julia, Ferdinand und Luise, Anna Karenina und Wronski. Und Provokateure ihrer Umwelt sind der Galileo Galilei Brechts und jener Kosak Grigori Melechow, der am »Stillen Don« zu leben versuchte. – Wie also? Sollte die Behauptung »Kunst ist Provokation« auch für die kommunistische Literatur gelten, die einer streng definierten Lehre dient?

II

Die Geschichte der Verfolgung der Schriftsteller durch die Tyrannei ist vermutlich genauso alt wie die Geschichte der Literatur. Sobald die Machthaber begriffen, daß das Wort eine Waffe sein kann, waren ihnen die Meister des Worts nicht mehr gleichgültig. In den Briefen ›Über die ästhetische Erziehung des Menschen‹ schreibt Schiller: »Schon im Altertum gab es Männer, welche die schöne Kultur für nichts weniger als eine Wohltat hielten und deswegen sehr geneigt waren, den Künsten der Einbildungskraft den Eintritt in ihre Republik zu verwehren.« In dieser Hinsicht hat sich bis heute nichts geändert. Freilich gibt es zahllose Spielarten und Variationen der Verfolgung.

Zu den Besonderheiten des Kulturlebens in vielen kommunistischen Staaten gehört der Umstand, daß es von gescheiterten Künstlern, meist Literaten, geleitet wird. In der DDR sind es vornehmlich drei Männer, die die Kunst reglementieren: zwei außergewöhnlich unfähige Romanciers (Alfred Kurella und Otto Gotsche) und ein gescheiterter Lyriker und Kritiker (Alexander Abusch). Auch über sie wußte Schiller in den Briefen ›Über die ästhetische Erziehung‹ einiges zu sagen: »Der Mann ohne Form ... kann es dem Günstling der Grazien nicht vergeben, daß er ... als Schriftsteller seinem ganzen Jahrhundert vielleicht seinen Geist aufdrückt, während daß er, das Schlachtopfer des Fleißes, mit all seinem Wissen keine Aufmerksamkeit erzwingen, keinen Stein von der Stelle rühren kann.«

Hiermit ist auch der Hauptgrund der Kunstfeindschaft der heutigen kommunistischen Parteien angedeutet: In dem Bestreben, dem Jahrhundert ihren Geist aufzudrücken, fürchten sie die Konkurrenz des talentierten Schriftstellers. Der Kommunist Johannes R. Becher, der nicht nur Minister, sondern auch Künstler war, hat es gewußt. Nach Ansicht der Funktionäre solle der Dichter – schreibt Becher – »Bedürfnisse befriedigen, Befehle erfüllen, das Denken anderen überlassen und das Denken dieser anderen eben poetisch illustrieren«. Die Funktionäre wittern mit Recht, »daß die Kunst ihnen etwas Abträgliches, Fremdes, Feindliches« sei. Von Georg Lukács wiederum stammt die spöttische knappe Formulierung: »Talent ist ohnehin eine Rechtsabweichung.«

Jahrzehntelange Erfahrungen der kommunistischen Kulturpolitik haben bewiesen, daß ein Schriftsteller, der mehr als ein »Illustrator« sein will und zu sein vermag, fast immer sehr gefährlich wird – selbst wenn er ganz und gar entschlossen ist, nur seiner Partei zu dienen. Denn das Kunstwerk ist zum Leidwesen der Funktionäre ein sehr ungebärdiges Phänomen. Sobald es veröffentlicht ist, führt es sein eigenes Leben und kann etwas ganz anderes ausdrücken, als der Autor ursprünglich beabsichtigte. Die bedeutenden Werke auch der kommunistischen Dichter erweisen sich als Provokationen ihrer Umwelt.

III

Aus Moskau wurden nach der Stadt Mukden vier Agitatoren geschickt, »um Propaganda zu machen und in den Betrieben unterstützen die chinesische Partei«. Ihnen soll ein ortskundiger junger Genosse helfen, der sagt: »Ich glaube an die Menschheit. Und ich bin für die Maßnahmen der kommunistischen Partei.« Es stellt sich jedoch heraus, daß die vier Agitatoren sich auf diesen jungen Genossen nicht verlassen können, denn es gibt für ihn etwas, was stärker ist als die Anweisungen der Moskauer Parteizentrale. Er behauptet: »Denn der Mensch, der lebendige, brüllt, und sein Elend zerreißt alle Dämme der Lehre.« Und: »Im Anblick des Kampfes verwerfe ich alles, was gestern noch galt, kündige alles Einverständnis mit allen, tue das allein Menschliche.« Da eine derartige Haltung des jungen Genossen die Verwirklichung des Planes erschwert, muß er liquidiert werden. Er legt ein Schuldbekenntnis ab und bittet, ihn zu töten. Die Agitatoren berichten:

> Dann erschossen wir ihn und
> Warfen ihn hinab in die Kalkgrube.

> Und als der Kalk ihn verschlungen hatte,
> Kehrten wir zurück zu unserer Arbeit.

Über diese Tat der Agitatoren urteilt ein »Kontrollchor«:

> Und eure Arbeit war glücklich.
> Ihr habt verbreitet
> Die Lehre der Klassiker,
> Das ABC des Kommunismus.

Also wird berichtet in dem Lehrstück ›Die Maßnahme‹, das der Kommunist Bertolt Brecht zum Preis seiner Partei, ihrer Lehre und ihrer Methoden geschrieben hat. 1930, als dieses Stück entstand, konnte es vielleicht noch im Sinne des Dichters aufgefaßt werden, der unzweifelhaft die bürgerliche Welt provozieren und für den Kommunismus werben wollte. Muß man noch sagen, daß ›Die Maßnahme‹ heute den Kommunismus provoziert und geradezu gegen die östliche Welt aufwiegelt?

Wen provoziert heute Brechts Schauspiel vom ›Leben des Galilei‹, der von den autoritären Machthabern gezwungen wird, seinen Lehren abzuschwören? Arnold Zweigs ›Beil von Wandsbek‹ und der Anna Seghers Meisterroman ›Das siebte Kreuz‹ sollten nicht mehr sein als Kampfbücher gegen den Nationalsozialismus? Dank der künstlerischen Kraft der beiden Verfasser wird in diesen Romanen die Problematik des Menschen in jedem totalitären Land sichtbar. Wen provozieren diese Bücher heute? Daß der in der DDR nach dem ›Beil von Wandsbek‹ gedrehte Film sofort aus politischen Gründen verboten wurde, ist bekannt.

Isaak Babel, der große russische Erzähler der zwanziger Jahre, gehörte zu den leidenschaftlichen Anhängern der Revolution. In den Reihen einer Kosaken-Reiterarmee war er auf der Suche nach der jetzt roten Blume der Romantik. Aber er sah menschliches Leiden, Grausamkeit, Ungerechtigkeit. Sind seine genialischen Momentaufnahmen nicht Provokationen? Und gegen wen richten sie sich? Majakowski war – laut Stalin – »der beste und begabteste Dichter der Sowjetepoche«. Seine Komödie ›Das Schwitzbad‹ jedoch, die 1930, im Jahre seines Selbstmords, geschrieben wurde, wird in allen östlichen Ländern bis heute gefürchtet. Ist Scholochows Epos, das die Tragödie der freiheitsliebenden Kosaken zeigt, ein prokommunistisches Werk?

Für alle diese Bücher und viele andere gilt, was man mit einer Variation des oben angeführten Ausspruchs des jungen

Genossen aus Brechts ›Maßnahme‹ ausdrücken kann: »Denn die Kunst, die wirkliche, brüllt, und ihre Größe zerreißt alle Dämme der Lehre.«

IV

In der Bundesrepublik erscheinen jetzt zahlreiche Bücher deutscher, russischer, polnischer und anderer kommunistischer Schriftsteller von gestern und heute. Soll man dies begrüßen, kann man es befürworten? Sofern es sich um künstlerisch beachtliche Werke handelt, kann es auf diese Frage nur eine einzige Antwort geben: Ja! Denn die echte Literatur ist eine Kraft, die, selbst wenn sie das Böse will, stets das Gute schafft.

Der Fall Wolfgang Koeppen

Das literarische Talent ist nicht eine wunderliche Pflanze, die plötzlich aus geheimnisvollen Gründen erblüht, später aus ebenso unerklärlichen Gründen verdorrt und sich nach einiger Zeit höchst unerwartet abermals entfaltet. Wie alle Menschen ist natürlich auch der Schriftsteller den Einflüssen seiner Umwelt ausgesetzt. Hierbei haben wir es – abgesehen von den ästhetischen, philosophischen und literarischen Einflüssen – vor allem mit zwei verschiedenen, wenn auch keineswegs voneinander unabhängigen Formen der Einwirkung zu tun.

Einerseits sind die allgemeinen gesellschaftlichen, politischen, historischen und kulturpolitischen Verhältnisse Faktoren, die den Entwicklungsweg eines jeden Schriftstellers auf mehr oder weniger sichtbare Weise erleichtern oder erschweren, beschleunigen oder hemmen, in diese oder jene Richtung drängen. Andererseits übt die unmittelbare Reaktion auf das Werk eines Schriftstellers – Publikumserfolg, Pressekritik, Literaturpreise und so weiter – einen gewissen Einfluß auf seine weiteren Bemühungen aus, und zwar nicht nur auf die Wahl der Stoffe und Probleme, sondern, in vielen Fällen, auch der Formen und Stile. Diese unmittelbare Reaktion tritt übrigens immer ein, sie ist also, paradox ausgedrückt, auch dann vorhanden, wenn sie nicht vorhanden ist – etwa wenn Publikum und Presse ein Buch gänzlich ignorieren. Nichts klingt in den Ohren des Autors so schrill wie das Schweigen der Kritik; kein Echo ist auch ein Echo.

Nun üben die allgemeinen zeitgeschichtlichen Verhältnisse auf die unmittelbare Reaktion, die einem literarischen Werk zukommt, einen starken, mitunter sogar entscheidenden Druck aus. Oft ist also der Rezensent – um ein Wort von Virginia Woolf zu zitieren – »ein hinundhergerissener Lappen am Schwanz des politischen Papierdrachens«; bisweilen sind die Juroren nur Sprecher bestimmter Organisationen und Interessengemeinschaften; häufig muß der Publikumserfolg auf außerliterarische Umstände zurückgeführt werden. Trotzdem ist es nützlich und notwendig, zwischen diesen beiden Faktoren, die auf das Werk eines Schriftstellers einwirken, genau zu unterscheiden: Während es sich nämlich im ersten Fall um den großen Hintergrund handelt, der allen Zeitgenossen in einem Land mehr oder weniger gemeinsam ist, handelt es sich im zweiten Fall um Phänomene, die durch eine individuelle Leistung ausgelöst werden und sich vornehmlich innerhalb des literarischen Lebens abspielen. So erschreckend die Vereinfachungen mancher marxistischer Kritiker sind, zu denen sie die Versuche geführt haben, einen unmittelbaren Kausalzusammenhang zwischen den gesellschaftlich-politischen Verhältnissen, der Lebensgeschichte des Dichters und dem Werk zu konstruieren, so wenig es möglich ist, ein Kunstwerk gänzlich aus dem zeitgeschichtlichen Hintergrund abzuleiten, sosehr kann erst die Berücksichtigung dieses Hintergrundes den Entwicklungsweg eines Schriftstellers mit den vielen oft überraschenden Höhe- und Tiefpunkten und Unterbrechungen verständlich machen – zumal in unserer, leider, so bewegten Zeit.

Und so wenig sich ein Schriftsteller, dem ein Buch mißlungen ist, mit dem Hinweis auf seine Kritiker rechtfertigen darf, so leichtsinnig wäre es, den Einfluß der Kritik und den anderer Formen der unmittelbaren Reaktion auf ein literarisches Werk zu unterschätzen oder gar zu ignorieren. Es ist bekannt – um nur einen Fall zu erwähnen –, daß Tennyson seine Gedichte auf Wunsch der Kritiker abänderte und, wie einer seiner Biographen behauptet, durch die Feindseligkeit von Rezensenten in solche Verzweiflung geriet, daß sein Geisteszustand und damit sein Dichten volle zehn Jahre verändert blieben. Man könnte aus der gesamten Literaturgeschichte der Neuzeit zahllose weitere, wenn auch meist weniger radikale Beispiele anführen, die immer wieder beweisen: Wer schreibt, will ein Echo hören und lauscht dem Echo sehr aufmerksam selbst dann, wenn er – wie

Dickens – die Kritiker für Läuse hält, für »elende Geschöpfe in Menschengestalt, aber mit Teufelsherzen«.

Die Kritik wirkt, wenn sie redet, und sie wirkt, wenn sie schweigt. Sie belehrt und erzieht, verführt und demoralisiert den Schriftsteller auch dann, wenn sie sich nur an das Publikum wendet oder wenn er entschlossen ist, sich ihrem Einfluß zu entziehen. Somit ist die Kritik mitverantwortlich für die Literatur ihres Landes (oder Sprachraums) – selbst wenn, wie in der Bundesrepublik, die Kritiker Einzelgänger bleiben, von denen jeder für sich allein das Risiko der kritischen Existenz tragen muß. Wie stark der Einfluß sein kann, den auf die Entwicklung eines Schriftstellers sowohl die allgemeinen gesellschaftlich-politischen Verhältnisse ausüben als auch das unmittelbare Echo auf sein Werk, wird mit besonderer Deutlichkeit am Weg des Wolfgang Koeppen sichtbar. –

Koeppen, Jahrgang 1906, ist Verfasser von fünf Romanen, die jedoch in zwei Zeitabschnitten von insgesamt nur sechs Jahren veröffentlicht und auch etwa in derselben Zeit geschrieben wurden. Diese erstaunliche Eigentümlichkeit einer schriftstellerischen Biographie wird weniger geheimnisvoll, nachdem man einen Blick auf die Daten geworfen hat.

Der erste dieser beiden Abschnitte fiel auf die ersten Jahre der nationalsozialistischen Herrschaft. Der Roman ›Eine unglückliche Liebe‹, 1934 erschienen, ist bereits ein episches Bekenntnis, dessen unheimliche Leidenschaft die offensichtlichen Schwächen in den Hintergrund treten läßt. Vergeblich wird man in diesem Buch die Spuren auch nur der geringsten Konzessionen gegenüber den damaligen Machthabern suchen. Im Gegenteil: Die ›Unglückliche Liebe‹ zeugt eher von der Isolation und Resignation des Künstlers im neuen Reich. Noch war der Roman von dem jüdischen Verlag Bruno Cassirer ediert worden, noch gab es das ›Berliner Tageblatt‹, in dem Herbert Ihering die ›Unglückliche Liebe‹ als »das Versprechen eines Dichters« und »ein herrliches Buch« rühmte, noch konnte Erich Franzen den Roman in der ›Frankfurter Zeitung‹ besprechen. Kurz nach Erscheinen der ›Unglücklichen Liebe‹ wurde der Verlag liquidiert – und somit verschwand auch der Erstling trotz mehrerer wohlwollender und sogar enthusiastischer Rezensionen.

1935 folgte der Roman ›Die Mauer schwankt‹, in dessen Mittelpunkt abermals Resignationsmotive stehen. Der junge Koeppen mußte sich nun, wie jeder in Deutschland verbliebene

Schriftsteller, entscheiden: Er konnte sich entweder mit den Machthabern arrangieren oder sich zurückziehen oder einen Kompromiß zwischen Anpassung und Ablehnung suchen. Er beschloß, sich zurückzuziehen: Er hörte also auf, Bücher zu schreiben. Der Druck der gesellschaftlich-politischen Verhältnisse hatten den kaum begonnenen Weg eines jungen Schriftstellers jäh unterbrochen.

Die nächsten Bücher Koeppens – die Romane ›Tauben im Gras‹, ›Das Treibhaus‹ und ›Der Tod in Rom‹ – stammen aus den Jahren 1951 bis 1954. In einer Zeit, in der die meisten deutschen Nachkriegsautoren noch im Banne Hemingways standen, griff Koeppen zu anderen angelsächsischen Vorbildern: von Joyce bis Faulkner. In einer Zeit, in der noch das Kriegserlebnis die Thematik beherrschte, attackierte Koeppen in den ›Tauben im Gras‹ die bundesrepublikanische Welt, in deren Leben er bereits – man schrieb das Jahr 1951 – jene Kennzeichen entdeckte, die erst mehrere Jahre später deutlich sichtbar werden sollten.

Die Kritik reagierte auf dieses Buch zwar mit Anerkennung, aber doch mit Befremden – alles war in den ›Tauben im Gras‹ ungewöhnlich: die Technik, die sprachliche Kraft und nicht zuletzt die Aggressivität der gesellschaftskritischen Anklage. Charakteristisch ist die Rezension des ›Monat‹, der Koeppen vorwirft, er habe »die Düsternis unserer Zeit zum ausschließlichen Ausgangspunkt gemacht«. Und: »Weil dieses Buch sich fast ausschließlich im Morbiden, im Sumpfe tummelt ... darum auch mangelt es ihm an dem Atem, an der Überzeugungskraft ...« Vielleicht kann man erst aus der heutigen Perspektive die beklemmende Hellsicht dieses Romans ermessen, in dem manche Abschnitte 1961 und nicht 1951 geschrieben zu sein scheinen. Und vielleicht vermochte Koeppen die Zeitatmosphäre deswegen so scharf einzufangen, weil er kühn genug war, eben »die Düsternis unserer Zeit zum ausschließlichen Ausgangspunkt« zu machen. Immerhin war den ›Tauben im Gras‹ – im Unterschied zu den anderen Romanen – ein gewisser Erfolg beschieden. ›Die Welt‹ meinte (allerdings erst 1953): »Wenn es hierzulande mit rechten Dingen zuginge, würde dieser Roman wie ein Fanfarenstoß wirken.«

Auch ›Das Treibhaus‹, in dessen Mittelpunkt ein Mann steht, der 1933 emigrierte, 1945 zurückkehrte, 1949 in den Bundestag gewählt wurde und 1952 Selbstmord beging, wirkte keineswegs wie ein Fanfarenstoß. Die meisten Rezensenten schrieben – sofern sie sich überhaupt äußerten – kühl oder geradezu feindlich. Da es aber in der Bundesrepublik, wie gesagt, keine Kritik, sondern nur einzelne Kritiker gibt, war die einzige enthusiastische Besprechung dieses ungewöhnlich heftigen Bonn-Romans just in der ›Frankfurter Allgemeinen Zeitung‹ zu lesen, in der Karl Korn schrieb: »Die Radikalität Koeppens scheint mir aus einem tiefen Leiden an der deutschen Gegenwart zu kommen ... ›Das Treibhaus‹ ist eine Klasse Literatur, wie sie nur selten erreicht wird.«

Wurde die Bedeutung des ›Treibhaus‹ – von Korns Besprechung abgesehen – zumindest unterschätzt, so scheint der ›Tod in Rom‹ gänzlich verkannt worden zu sein. Ein Teil der Presse ignorierte das Buch, der Rest sah in ihm lediglich einen gegen Faschismus, Neofaschismus und die Wirtschaftswunderwelt gerichteten politischen Zeitroman, dessen Aggressivität von manchen Rezensenten als höchst überflüssig empfunden wurde. In der ›Zeit‹ beispielsweise wurde der ›Tod in Rom‹ als ein »Zerrspiegel« der deutschen Wirklichkeit entschieden abgelehnt. Zunächst einmal: Jeder satirische Roman ist seinem Wesen nach ein Zerrspiegel. Überdies konnte man sich schon wenige Jahre nach Erscheinen dieses Buches davon überzeugen, daß Koeppens Visionen nicht aus der Luft gegriffen waren. Und gerade der ›Tod in Rom‹ ist weit mehr als nur eine gesellschaftskritische Auseinandersetzung mit der Gegenwart.

Jeder der drei Romane dieser Periode wurde zunächst einmal vom Willen einer unerbittlichen Zeitanalyse getragen, jeder zeichnete sich durch eine moralische Leidenschaft und elegische Tonart aus, ein Verantwortungsgefühl und einen bitteren Ernst, die allen Vorwürfen, es handle sich um extravagante Spielereien mit dem Bösen und dem Düsteren, eigentlich den Boden entziehen sollten. Zugleich müssen diese drei Romane – trotz vieler Schwächen, die keinesfalls geleugnet werden sollen – als künstlerische Leistungen angesehen werden, die allem Konventionellen weit entrückt sind und denen zumindest auf dem Hintergrund der Literatur zwischen 1950 und 1960 außerordentliche Bedeutung zukommt: Es gibt in der deutschen Prosa dieser Zeit nur sehr wenig, was man Koeppen an die Seite stellen könnte.

Es erwies sich also, daß die bundesrepublikanische Öffentlichkeit für Koeppens epische Formulierungen anstößiger Wahrheiten zunächst wenig und später überhaupt kein Verständnis hatte. Keiner der drei Romane wurde zu einem Verkaufserfolg, keiner erhielt einen Preis, kein Taschenbuchverlag interessierte sich für ›Tod in Rom‹. Daß derartige Umstände zu einer Krise geführt haben, ist nicht verwunderlich. Niemand hat das Recht, Koeppen vorzuhalten, er hätte weiterhin gegen den Strom schwimmen sollen. Vielleicht hat er es versucht, wir wissen es nicht. Auch der Hinweis, andere Schriftsteller, deren Ansichten nicht weniger radikal sind – beispielsweise Böll –, hätten die Waffen keineswegs gestreckt, sondern die Intensität der Auseinandersetzung mit der deutschen Gegenwart noch gesteigert (›Billard um halbzehn‹), ist in diesem Zusammenhang wohl irrelevant. Für Koeppen gab es allem Anschein nach nur noch die Möglichkeit, sich anzupassen oder sich zurückzuziehen oder einen Kompromiß zwischen diesen beiden Haltungen zu suchen. Daß er sich Mitte der fünfziger Jahre vor eine Entscheidung gestellt sah, die derjenigen nicht unähnlich war, die er Mitte der dreißiger Jahre treffen mußte, darf man wohl als ein beschämendes Symptom des literarischen Lebens in der Bundesrepublik werten.

Wie dem auch sei: Einige Jahre lang erschien – abgesehen von Pressebeiträgen – nichts von Koeppen. Sein nächstes Buch – ›Nach Rußland und anderswohin‹ (1958) – enthält Reiseberichte, die ursprünglich für den Rundfunk geschrieben waren. Fast die gesamte bundesrepublikanische Presse begrüßte diesen Band mit einer ebenso erfreulichen wie nachdenklich stimmenden Begeisterung und Einmütigkeit. Vor allem der sprachliche Glanz der virtuos geschriebenen, ungemein fesselnden Impressionen aus Ost und West wurde mit Recht immer wieder gerühmt. Walter Jens stellte in der ›Zeit‹ fest, Koeppen sei »neben Max Frisch gegenwärtig der brillanteste Stilist deutscher Sprache«. Und Hans Magnus Enzensberger meinte in den ›Neuen Deutschen Heften‹: »Die Prosa des Romanciers Koeppen ist die zarteste und biegsamste, die unsere verarmte Literatur in diesem Augenblick besitzt.«

Dieses zweifellos wertvolle Nebenwerk, das in der Folge einer langjährigen Krise entstanden war, zeugt zwar nicht von Anpassung, aber doch vom Kompromiß, von einem Rückzug ins Unverbindliche. So wurde die Begeisterung mancher Kritiker – gewiß nicht die von Jens oder von Enzensberger – allmählich etwas verdächtig: Man hat den Eindruck, daß Koeppen nicht nur dafür gelobt wurde, was er geschrieben hatte, sondern auch dafür, was er zu schreiben unterließ. Manche glaubten, seine Reportagen gegen seine Romane ausspielen zu müssen.

In der ›Frankfurter Allgemeinen Zeitung‹ diagnostizierte Karl Korn in der Besprechung des Reisebuchs: »Geistig und politisch bedeutet es für den Autor und vielleicht für die Lage der Intelligenz überhaupt eine symptomatische Wendung. Der Koeppen, der das ›Treibhaus‹ schrieb ... ist in dem Reisebuch kaum noch wiederzuerkennen. Er ist mild geworden und scheint sich, was den politischen Anspruch des Intellektuellen angeht, zu den Entsagenden geschlagen zu haben.« Diese Entwicklung schien Korn damals (1958) eher zu billigen als zu bedauern, denn er bezeichnete den Band ›Nach Rußland und anderswohin‹ ausdrücklich als »bisher reifste Leistung Koeppens«.

1959 folgte wiederum ein Reisebericht (›Amerikafahrt‹), der abermals von der Kritik freudig begrüßt wurde. Der Seitensprung des Romanciers erwies sich als Seitenpfad. Oder als Irrweg? Im Frühjahr 1960 konnte man in der ›Zeit‹ ein Koeppen-Porträt lesen, in dem eben die Reportagen als Höhepunkte seiner Entwicklung gefeiert wurden. Nun ist der dritte Band erschienen: ›Reisen nach Frankreich‹. Gleich am Anfang heißt es: ›Ich träumte von Frankreich, von einem lieblichen Garten von Daseinsheiterkeit, von Lebenssüße und etwas freundlicher Frivolität.‹ Doch nicht dieser Traum scheint Koeppen diesmal nach Frankreich getrieben zu haben, sondern der Auftrag des Rundfunks oder des Verlags. Er fährt also von Stadt zu Stadt, absolviert gewissenhaft ein nicht geringes Pflichtpensum und bietet eine Fülle von Mitteilungen, deren Notwendigkeit allerdings in den meisten Fällen nicht einleuchten will. So kann man beispielsweise erfahren, daß im Ort A. die Kellnerin freundlich, das Essen mittelmäßig und der Wein schlecht waren. Im Ort B. hingegen war der Kellner mürrisch, das Essen gut und der Wein mittelmäßig. Auf Seite 151 lesen wir: »Am Morgen regnete es. Tréport war dunkelgrau, war still und war schön. Am Wasser kreischten die Möwen. Vor der städtischen Fischhalle warteten die Fischfrauen. Grüne Kacheln, Kälte, Wind, Regenschauer, rote Arme. Die Fischer saßen alle in derselben Kneipe.« Auf der nächsten Seite sind wir in Dieppe: »Der Platz ist menschenfreundlich. Man kann vor dem Café die frischen Austern probieren, ein Glas trockenen Weißwein trinken, die See riechen, den Fischhandel studieren, den Dampfer nach New Haven ablegen sehen.« Na und? – möchte man fragen. Auf derselben Seite heißt es: »Das Hotel, von einer Dame geleitet, mit wenig Personal unterhalten, hat saubere, nicht große, aber angenehme und zweckmäßige Zimmer. Die Technik ist durchdacht und funktioniert. Der Fahrstuhl trägt in den gewünschten Stock, das Wasser läuft heiß aus dem Warmwasserhahn, das Telephon verbindet mit der gewählten Nummer, und am Bett hängt eine praktische Lampe, die sogar zu lesen erlaubt.« Solche Informationen wären vielleicht für künftige Dieppe-Besucher nützlich, hätte der Verfasser verraten, wie das Hotel heißt.

Gewiß kann man in diesem Band auch farbige Impressionen und geschickte Momentaufnahmen finden. Aber im Grunde enthält er nicht viel mehr als Material zu einem Frankreich-Buch. Dennoch haben wir es nicht etwa mit einem schlechten Reisebericht zu tun (er ist trotz allem immer noch weit besser als die meisten Reportagen), sondern mit einem ungewöhnlich schwachen Koeppen-Buch. Und dies scheint insofern wichtig zu sein, als der neue Band das folgerichtige Ergebnis einer bedauerlichen Entwicklung ist.

Durch die Verhältnisse in der Bundesrepublik und durch die unmittelbare Reaktion auf seine Bücher wurde der Romancier Koeppen von seiner eigentlichen Aufgabe weggedrängt. Die Reisebücher wurden zur Ausweichmöglichkeit. Der Seitenpfad des Romanciers, in dem manche unbedingt einen neuen und höchst erfreulichen Hauptweg sehen wollten, hat sich als eine Sackgasse erwiesen. Damit ist wohl nach den beiden vorher erwähnten Zeitabschnitten (1934 bis 1935 und 1951 bis 1954) auch der dritte, die Jahre 1958 bis 1961 umfassende, Abschnitt des erstaunlich übersichtlichen Werks von Koeppen beendet. Was wird folgen?

Stallburschen

»Daß Berlin heute überall in Deutschland liegt, spüren das unsere Schriftsteller nicht? Daß ein Toter im Teltowkanal, am Main oder am Tegernsee nicht wieder aufwacht – sie wissen es wohl nicht. Das Schlimme ist am Schlimmen, daß unsere Schriftsteller uns nichts mehr zu sagen haben werden, wenn sie jetzt schweigen.« Also las man in der ›Welt‹ vom 13. September 1961 und erschrak. Denn hier wurde den bundesrepublikanischen Schriftstellern in ihrer Gesamtheit (mit drei namentlich angeführten Ausnahmen) gedroht, ihnen gewissermaßen ein Ultimatum gestellt.

Heinrich Böll bemerkte in seiner Antwort (›Die Welt‹ vom 22. September 1961), daß ihn die Tonlage dieser Aufforderung

»auf eine peinliche Weise an jene erinnert, mit der man zur Zeit in Ostberlin und in der ganzen Zone die ›Bummelanten‹ zu aktivieren unternimmt«. Nicht weniger entrüstet als der deutsche Nobelpreis-Kandidat Böll zeigte sich Rudolf Krämer-Badoni: »Wer meine Schriften kennt, kennt meine Einstellung. Sie ist an kein Datum gebunden.« (›Die Welt‹ vom 20. September 1961.) Bravo!

Ein Schriftsteller äußert sich zu den Fragen seiner Zeit vor allem in Romanen, Erzählungen, Dramen oder Gedichten, in seinem Werk also. Just in diesen Wochen hat es an besonders eindringlichen literarischen Stellungnahmen zu den entscheidenden moralpolitischen Problemen der deutschen Gegenwart nicht gefehlt – wir meinen Uwe Johnsons Roman ›Das dritte Buch über Achim‹ und das Drama ›Die Zeit der Schuldlosen‹ von Siegfried Lenz. Ob und wann ein Schriftsteller es für geboten hält, sich über aktuelle politische Ereignisse in der Presse zu äußern, muß er mit seinem Gewissen ausmachen. Schnurre und Grass haben auf die Ereignisse vom 13. August sofort mit einem Offenen Brief an die DDR-Autoren reagiert. Wem wäre eigentlich damit gedient, wenn diesen Brief noch fünfzig weitere Schriftsteller der Bundesrepublik unterzeichnet hätten? In Bölls Stellungnahme heißt es: »Es gehört nicht der geringste Mut dazu, das Selbstverständliche zu sagen: daß ich gegen die Mauer bin, froh über jeden, dem die Flucht gelingt.«

Bemerkenswert scheinen uns auch einige Ausdrücke in Krämer-Badonis Antwort an ›Die Welt‹ zu sein. Er nennt alle Schriftsteller von drüben »SED-Spruchbanddichter«, »Kolchosenbilanzreimer« und »Chruschtschows Stallburschen«. Ist Johannes Bobrowski, dessen Gedichte soeben in der Deutschen Verlagsanstalt erschienen sind, ein »SED-Spruchbanddichter«, Peter Huchel ein »Kolchosenbilanzreimer«? War Brecht »Chruschtschows Stallbursche«? Und Ernst Bloch? Hat er erst in der vergangenen Woche aufgehört, ein »Stallbursche« zu sein? Als viele deutsche Dichter Adolf Hitler zujubelten, hat Willi Bredel im Kampf mit dem »Dritten Reich« sein Leben zahllose Male aufs Spiel gesetzt. Sollte man nicht doch gewisse Hemmungen haben, ihn als »Stallburschen« zu beschimpfen? Als im Namen des deutschen Volkes Millionen gemordet wurden, hat Anna Seghers in Amerika – mitten im Krieg – ihr ›Siebtes Kreuz‹ veröffentlicht, in dem sie um Verständnis für die Deutschen unter der Diktatur warb. Darf man sie heute als eine »Stallmagd« bezeichnen – auch wenn sie morgen, vielleicht, die Errichtung der Mauer befürworten sollte? Gewiß, die Haltung von heute kann nicht durch die Taten von gestern gerechtfertigt werden – aber darf man sie so ganz vergessen?

Übrigens haben wir in der Ostberliner Monatsschrift ›Neue Deutsche Literatur‹ (August 1961) einen Aufsatz über die bundesrepublikanische Literatur gefunden, in dem Rudolf Krämer-Badoni als »Kaledersprüchemacher für den RIAS«, »Bürgerkriegstrompeter« und »kriegerischer Scharfmacher« bezeichnet wird. Wir wollen nicht verheimlichen, daß uns die auffallende Ähnlichkeit der Ausdrücke, mit denen sich deutsche Schriftsteller von hüben und drüben gegenseitig bedenken, sehr beunruhigt.

Das Fernsehen und die Literatur

Von der »vorgeprägten Millionenware«, die das Fernsehen bietet, von der »Versklavung«, die allabendlich von neuem beginnt, von der »Droge des endlosen Programms« und vom »Sog des Optischen« ist in einem Artikel von Georg Ramseger (›Die Welt‹ vom 21. Oktober 1961) die Rede. So treffend manche Beobachtungen, so bedenklich die Hauptthese: »Das Fernsehen ist seiner Gattung nach der geschworene Feind des Buches. Die Stunden, die der Mensch vor dem Apparat verbringt, gehen dem Buche verloren.« Tatsächlich? Werden nicht vom Fernsehen eher andere Beschäftigungen verdrängt, die übrigens Ramseger selber anführt: »Briefmarken sammeln, Skat spielen oder Schach, kegeln, Brieftauben züchten oder plaudern...«

Gewiß wird auch die Lektüre erheblich reduziert. Aber ist das so schlimm? Es tut mir leid: Ich kann im Bücherlesen an sich noch nichts Positives sehen. Es kommt darauf an, was gelesen wird. Gehen die Stunden, die der Mensch vor dem Apparat verbringt, den Werken von Thomas Mann, Camus und Faulkner verloren? Oder vielleicht den ohnehin fragwürdigen Unterhaltungs- und Kriminalromanen, den Sensationsbüchern jeglicher Art? Schließlich wird in der Bundesrepublik vieles gedruckt, das weit gefährlicher ist als die schlechteste Sendung des Fernsehens. Wenn also die Lektüre tatsächlich durch das Fernsehen beeinträchtigt wird, so muß das nicht unbedingt ein verdammenswerter Einfluß sein. Und vielleicht regt der Bildschirm mitunter auch dazu an, gute Bücher zu lesen? In den

Vereinigten Staaten wurden – um nur ein Beispiel anzuführen – nach einer Fernseh-Verfilmung der Stendhalschen ›Kartause von Parma‹ innerhalb von einer Woche mehr Exemplare dieses Romans verkauft als in den rund hundertzwanzig Jahren seit seinem Erscheinen. Wer es mit der Literatur ernst meint, dem können solche Fakten doch wohl nicht gleichgültig sein.

Aber selbst wenn Ramsegers These, das Fernsehen sei »der geschworene Feind des Buches« (und zwar auch des guten Buches), richtig wäre – was tun? Selbst wenn man das Fernsehen für ein Instrument des Satans hält, das das gesamte Kulturleben verpeste – es ist nun einmal da, und wir können es nicht abschaffen. Vielleicht kann man es aber verbessern? Neuerdings wird im bundesrepublikanischen Fernsehen besonders oft Literatur geboten. Angekündigt sind Werke von Sophokles, Shakespeare und Goethe. Das sind die schlechtesten Autoren nicht. Man sah schon O'Neill, Giraudoux, Wilder, Sartre, Zuckmayer. Vorbereitet werden jetzt Hauptmann, Hofmannsthal und ebenfalls Bertolt Brecht. Auch werden für den Bildschirm Romane und Novellen deutscher Gegenwartsautoren – und wiederum nicht der schlechtesten – bearbeitet.

Ist dieses immer enger werdende Zusammenwirken von Literatur und Fernsehen bedauerlich oder erfreulich? Ramseger meint: »Genau genommen ist es ein groteskes Verhalten, wenn ein Verleger Buchrechte an das Fernsehen verkauft, damit das Fernsehen daraus Zeitvertreibe baut, die dem Buch die Zeit rauben.« Doch warum? Natürlich wegen der mäßigen Qualität vieler oder der meisten Sendungen des Fernsehens, denen literarische Werke zugrunde lagen. Was bisher Millionen begeisterte – schreibt Ramseger – »war mit den berühmten Ausnahmen, die die Regel bestätigen . . . nicht danach, daß wirkliche Schriftsteller und wirkliche Verleger begierig darauf sein könnten, die Verwandlung eines Buches in Fernsehgeflimmer zu ersehnen«. Und da bin ich doch ganz anderer Ansicht.

Das Niveau der Filme, die etwa zwischen 1905 und 1913 gedreht wurden, war in jeder Hinsicht erschreckend. Konnte dadurch der Film ein für allemal als künstlerisches Medium kompromittiert werden? Übrigens haben neue Medien nie die traditionellen auszuschalten vermocht: Trotz Rundfunk und Langspielplatte sind die Konzertsäle nicht leer, der Tonfilm hat das Theater nicht liquidiert. So glaube ich auch nicht an die angebliche ewige Fehde zwischen dem Fernsehen und dem

Buch, sondern an ein für das Kulturleben unbedingt notwendiges Bündnis. Wer sich dem »Fernsehgeflimmer« zweckvoll widersetzen möchte, sollte wohl die Zusammenarbeit der »wirklichen Schriftsteller« mit dem Fernsehen nicht bekämpfen, sondern fördern.

Provokateure und Jodler

Kaum waren die ersten zwei Bände der Zeitschrift ›Athenäum‹ erschienen (man schrieb das Jahr 1800), da wurden schon ärgerliche Stimmen laut, die man immer zu hören bekommt, wenn die Kunst neue Wege beschreitet. Den Mitarbeitern der Zeitschrift, jungen, ironisch-melancholischen Schriftstellern, die – der Vollendung der Klassik überdrüssig – nach der Unendlichkeit strebten, hat man kurzerhand vorgeworfen, ihre Arbeiten seien ganz und gar unverständlich. Einer von ihnen, der achtundzwanzig Jahre alte Friedrich Schlegel, schrieb daher für den Dritten Band des ›Athenäum‹ einen Aufsatz ›Über die Unverständlichkeit‹, in dem es heißt: »Alle höchsten Wahrheiten jeder Art sind durchaus trivial, und eben darum ist nichts notwendiger, als sie immer neu, und womöglich immer paradoxer auszudrücken, damit es nicht vergessen wird, daß sie noch da sind, und daß sie nie eigentlich ganz ausgesprochen werden können.«

Wenn ein einziger Satz aus einem literarkritischen Essay als genial bezeichnet werden kann, dann wohl dieser, der übrigens selber ein Paradoxon ist. Rousseau meinte, Paradoxa seien große Wahrheiten, die hundert Jahre zu früh erscheinen. Tatsächlich hat Schlegel mit diesem Ausspruch nicht nur das Wesen der Literatur schlechthin bezeichnet, sondern zugleich auch den Weg gezeigt, den die Kunst in unserem Jahrhundert gehen sollte. Um der Wirklichkeit willen fliehen die Surrealisten ins Überwirkliche. Hemingway verschweigt Gefühle, um Gefühle zu provozieren. Brecht verfremdet das Leben, um es sichtbar zu machen. Das Theater des Absurden ist eine Herausforderung der Vernunft. Der Ausbruch des Wahnsinns in Becketts ›Warten auf Godot‹ reizt den Sinn. Die Entstellung des Menschen in der modernen Literatur dient seiner Dar-stellung. Der junge Friedrich Schlegel hat es gewußt, denn er erkannte das uralte Grundprinzip: Kunst ist Provokation.

Der angeführte Satz aus dem Jahre 1800 macht zugleich die

wesentlichste Ursache des Untergangs der Kunst in der heutigen Welt zwischen der Elbe und dem Gelben Meer deutlich. Nach Ansicht der dortigen Machthaber ist der Schriftsteller keineswegs dazu da, »alle höchsten Wahrheiten jeder Art«, so trivial sie auch sein mögen, »immer neu, und womöglich immer paradoxer auszudrücken«. Er darf seine Umwelt weder durch den Inhalt noch die Form seines Werks provozieren. Was soll er also? Zu dieser Frage hat sich ein Autor geäußert, der sowohl den Kommunismus als auch die Literatur gut kannte: »Der Dichter ist auch ein Mensch, zunächst und vor allem, sollte man meinen, aber manche Leute wollen diese ›menschliche Tatsache‹ nicht wahrhaben. Sie wünschen zwar, daß der Dichter ein menschenähnliches Wesen sei, aber gewisse menschliche Eigenschaften entweder nicht besitze oder sie nicht zum Ausdruck bringe. So soll er nach dem Bild dieser Leute weder traurig noch gar verzweifelt sein, er soll lieben, aber mit Maß, verheiratet sein und brave Kinder zeugen. Vor allem er selbst soll brav sein und bieder womöglich, höflich und zuvorkommend, Bedürfnisse befriedigen, Befehle erfüllen, das Denken anderen überlassen und das Denken dieser anderen eben poetisch illustrieren. Ein Illustrator also vor allem habe der Dichter zu sein, wünschen diese Leute, und ein Jodler. Aber der Dichter ist nun mal ein Mensch, ›leider‹, und wenn es ihm nicht gestattet ist, ein solcher auch als Dichter zu sein, dann wird er im Fall, daß er sich diesen unmenschlichen Wünschen fügt, alsbald menschlich verkümmern, und auch seine ›Illustrationen‹ werden nur wenig taugen und kaum einen noch (menschlich) überzeugen . . .«

Wer schrieb wohl diese zornige Tirade? Ein bürgerlich-dekadenter, antisowjetischer Autor? Ein verbitterter kommunistischer Renegat? Nein, keineswegs. Zu finden sind diese Worte in dem Buch ›Das poetische Prinzip‹ von Johannes R. Becher. Das Buch erschien im Ostberliner Aufbau-Verlag – freilich nicht im Jahre 1961, sondern 1957.

Die Warschauer Mauer und die Berliner Mauer

Die Handlung des Bühnenstücks ›Die Mauer‹ des amerikanischen Autors Millard Lampell spielt im Warschauer Getto. Die deutsche Erstaufführung fand im November 1961 in München statt. Im Programmheft ist eine »Fußnote« des Übersetzers

Hans Sahl zu lesen, in der es heißt: ».. . Welche Mauer ist gemeint? Die von Warschau oder die von Berlin? ... Ich habe die Mauer von Berlin gesehen ... Es war nicht die Mauer von Warschau, und doch war es dieselbe ... Nur die Schauplätze ändern sich, die Uniformen, die Irrlehren, mit denen die einen die anderen auszurotten versuchen.«

Diese »Fußnote« hat Erich Kuby veranlaßt, an den Intendanten des Bayerischen Staatsschauspiels ein Protestschreiben zu richten, in dem er Sahl vorwirft, er sei infolge »einer gewissen Kalte-Krieger-Haltung ... in eine Argumentationslinie mit alten und neuen Nazis« gerückt. »In dieser schauderhaften, gedankenlosen und tief inhumanen Gleichsetzung« drücke sich »eine geistige Korruption aus«, die »beweist, daß der Verfasser vermutlich aus Opportunismus die Kontrolle verloren hat und nicht mehr weiß, was er sagt«. Das Theater – schreibt Kuby weiter – biete dem deutschen Publikum zusammen mit dem Stück auch gleich die Entschuldigung an: »Naja, das waren die Nazis, aber die anderen sind ja auch nicht besser.« – Es stellte sich heraus, daß die Bemerkungen von Hans Sahl im Programmheft auf besonderen Wunsch des S. Fischer Verlages, der über die Rechte für das Stück verfügt, gedruckt wurden. Kuby richtete daher einen Brief auch an den Verleger Dr. Bermann-Fischer, in dem er meint, die umstrittene Fußnote vergleiche »eine höchst bedauerliche und schreckliche Konsequenz der weltweit geführten Ost-West-Auseinandersetzung in Berlin mit einer Einrichtung, die die Vorstufe und Voraussetzung für den Massenmord an einer halben Million Juden gewesen ist...«

Zunächst einmal: Wird von Sahl tatsächlich – wie Kuby behauptet – »das absolut Unvergleichbare« verglichen? Es ist immer leicht, Vergleiche historischer Ereignisse und Erscheinungen, die ein zeitlicher Abstand von Jahrzehnten trennt, zu widerlegen. Selbstverständlich bestehen zwischen solchen Phänomenen immer wesentliche Unterschiede – sie brauchen jedoch in der Regel einen publizistischen Vergleich nicht in Frage zu stellen, wenn der Hinweis auf die Ähnlichkeit berechtigt ist. Es wäre meiner Ansicht nach Wahnsinn, das Warschauer Getto mit Ostberlin vergleichen zu wollen. Sahl hat dies nicht getan. Er meint lediglich, es sei »dieselbe« Mauer und schreibt: »Überall, wo es Verfolger und Verfolgte gibt ... geht ein Todesstreifen mitten durch die Menschheit.« Das scheint mir nicht falsch zu sein. Wer beide Mauern gesehen hat, die Warschauer und die Berliner (und es gibt noch einige Überlebende, die hierzu Gelegenheit hatten), der mußte eine bestürzende Ähnlichkeit dieser Bauwerke feststellen – mögen sich die historische Situation und die konkrete Funktion der Grenzmauern noch sosehr voneinander unterscheiden. Warum sollten sich diese Bauwerke eigentlich nicht ähneln? Sie sind hier wie da von Deutschen ausgedacht, angeordnet und errichtet worden. Hier wie da wurden oder werden sie von Deutschen bewacht. Vielleicht will es sogar der Zufall, daß es dieselben Männer sind (oder deren Söhne), die heute wie vor zwanzig Jahren derartige Pflichten erfüllen.

Warum protestiert Kuby so heftig gegen den Vergleich? Weil die Warschauer Mauer Vorstufe für den Massenmord an einer halben Million Menschen war. Gewiß, derartiges kann von der Berliner Mauer nicht gesagt werden. Nicht fünfhunderttausend, sondern fünfzehn oder fünfzig Menschen sind bisher an der Sektorengrenze umgekommen. Glauben Sie, Erich Kuby, daß es richtig ist, sich auf eine solche Arithmetik mit Menschen einzulassen, auf die Substraktion oder Addition von Opfern? Übrigens sind nur wenige Monate seit der Errichtung der Berliner Mauer verstrichen. Die Folgen der Warschauer Mauer kennen wir. Niemand wird wohl so leichtsinnig sein, die Folgen der Berliner Mauer vorauszusagen. Muß ich Sie, Erich Kuby, darauf hinweisen: Es ist noch nicht aller Tage Abend?

Aber noch ein ganz anderer Umstand scheint mir in diesem Zusammenhang wichtig zu sein. Viele in der Bundesrepublik tätigen Journalisten, denen vor zwanzig Jahren die Warschauer Mauer bestenfalls gleichgültig war und die bisweilen das Getto als neugierige Touristen aufsuchten, vergießen jetzt aus Anlaß der Berliner Mauer die staatlich konzessionierten Tränen des Vaterlandes und stimmen eifrig die von manchen Konzernen und Instanzen angeordneten Klagelieder an. Die Erinnerung an das Warschauer Getto legt ihnen gleichzeitig nahe (ob das ausdrücklich gesagt wird oder nicht), daß diese Mauern nicht nur einander etwas ähneln, sondern daß sie auch in einem gewissen ursächlichen Zusammenhang stehen. Glauben Sie nicht, Erich Kuby, daß die Berliner Mauer die historische und moralische Quittung für die Warschauer Mauer ist? Ich brauche Ihnen doch nicht zu sagen, daß die heutige Situation und somit natürlich auch die Berliner Mauer Folgeerscheinungen der nationalsozialistischen Verbrechen sind. Noch deutlicher: Es müssen heute viele Berliner leiden, weil sie – oder ihre Väter – einst ein unmenschliches System unterstützt oder geduldet haben.

Gewiß kann man Hans Sahl vorwerfen, seine Bemerkungen seien nicht frei von groben Simplifizierungen. Ist es jedoch möglich, eine so komplizierte Problematik in einer »Fußnote« von insgesamt sechzehn Druckzeilen anzuschneiden und dabei Vereinfachungen zu vermeiden? Es wäre vielleicht besser gewesen, wenn sich Sahl in dieser Angelegenheit ausführlicher oder überhaupt nicht geäußert hätte. So kann man ihn von den Mißverständnissen, die die knappe Fassung seiner »Fußnote« hervorgerufen hat, nicht freisprechen.

Und damit kommen wir zu einer weiteren Frage: Ich glaube, daß es grundsätzlich falsch ist, Stücke, deren Handlung in der Vergangenheit spielt, im Programmheft mit aktuellen politischen Kommentaren zu versehen. Entweder ergibt sich die Analogie aus dem Stück selbst – oder gar nicht. In beiden Fällen ist der politische Nachhilfeunterricht überflüssig. Ich glaube auch, daß die Verlage die Zusammenstellung der Programme ganz und gar den Theatern überlassen sollten.

Bleibt noch Kubys harte Feststellung, daß der Hinweis auf das Furchtbare von heute Wasser auf die Mühle alter und neuer Nazis sei. Kuby hat recht. Auch Chruschtschows berühmte Rede von 1956 – um nur ein Beispiel anzuführen –, in der er die Verbrechen des Stalinismus enthüllte oder bestätigte, hat gewiß viele unverbesserliche Nazis getröstet. Ja, es stimmt leider, daß nicht nur das »Dritte Reich« Schreckliches getan hat. Was tun, Erich Kuby? Die Tatsachen verheimlichen, weil viele gemein und dumm genug sind, um in manchen Geschehnissen von heute eine Rechtfertigung der Verbrechen von gestern zu sehen? Nein, das glaube ich nicht, daß Sie, Erich Kuby, die Wahrheit verheimlichen möchten – auch wenn diese Wahrheit für unsere Sache nicht immer günstig ist.

Brentano, Brecht, Horst Wessel und Johnson

Wenn das deutsche Volk in der Welt weniger als das Volk der Dichter und Denker, sondern eher als das »der Richter und Henker« (Karl Kraus) gilt, so ist das nicht zuletzt darauf zurückzuführen, daß in diesem Land die Machthaber mit besonderer Vorliebe eben die Dichter und Denker bekämpft und verfolgt haben oder zumindest bemüht waren, sie zu diskreditieren und zu beleidigen oder, wenn es nicht anders ging, zu ignorieren.

Auf die Nachricht von Goethes Tod reagierte der Preußenkönig Friedrich Wilhelm III., der einen Kleist umkommen ließ, lediglich mit der kritischen Bemerkung, es sei ungehörig, Goethe mit einer Zeremonie zu bestatten, die nur gekrönten Häuptern zustehe. Über das Verhältnis seines Großonkels, Friedrichs II., zur deutschen Literatur braucht man ebensowenig ein Wort zu verlieren wie über dasjenige Kaiser Wilhelms II., der wegen eines Gerhart Hauptmann-Stückes seine Loge im Theater kündigen ließ. Den meisten deutschen Herrschern »paßte die janze Richtung nicht«, und sie haben das Ihrige getan, um zahllose deutsche Schriftsteller zur Flucht zu veranlassen. Dieser Tradition sind die deutschen Staatsmänner auch in unserem Jahrhundert treu geblieben: Sobald sich ein führender Politiker, ein Minister etwa, über Literatur und Schriftsteller zu äußern geruhte, gab es Ärger oder Heiterkeit – meist übrigens beides zugleich. Man könnte vielleicht über derartige Äußerungen eher lachen, wenn wir nicht die Gelegenheit gehabt hätten zu erleben, wie deutsche Schriftsteller von den Machthabern in Konzentrationslagern gefoltert, zur Flucht gezwungen oder in den Selbstmord getrieben wurden. Ein deutscher Minister war es, der am 10. Mai 1933 Bücher der größten deutschen Schriftsteller eigenhändig ins Feuer warf. Das wollen wir nie vergessen, und das mögen gefälligst auch jene deutschen Politiker bedenken, die sich berufen fühlen, in Fragen der Literatur das Wort zu ergreifen.

Der Vorsitzende der CDU/CSU-Bundestagsfraktion, Dr. Heinrich von Brentano, scheint sich in dieser Hinsicht die Lehren der deutschen Geschichte nicht genug zu Herzen genommen zu haben. Vor einigen Jahren hat er es für angebracht gehalten, Brecht mit Horst Wessel zu vergleichen. Offensichtlich hatte diesen Vergleich die absolute Unkenntnis der Werke eines der beiden genannten Autoren verursacht. Auf der Sitzung des Bundestags vom 6. Dezember 1961 wiederum hat Dr. von Brentano in scharfer und abfälliger Weise über den Schriftsteller Uwe Johnson gesprochen und beantragt, man solle ihm ein bereits 1960 zuerkanntes Auslandsstipendium entziehen, da er zu jenen gehöre, die »unsere Politik desavouieren«. Hierbei berief sich Dr. von Brentano einzig auf einen Artikel von Hermann Kesten in der ›Welt‹, demzufolge Johnson auf einer öffentlichen Veranstaltung in Mailand gesprochen haben soll, »als wäre er Ulbricht«.

In der Tat, eine derartige Nachricht muß einen bundesrepublikanischen Politiker verwundern und auch empören. Wenn er jedoch beabsichtigt, über diese Angelegenheit im Bundestag zu sprechen und gar konkrete Schritte zu beantragen, so ist es wohl seine Pflicht, zunächst einmal den Tatbestand zu überprüfen – zumal wenn dieser Politiker bereits von dem Schriftsteller, von dem die Rede ist, angegriffen wurde. In Uwe Johnsons Roman ›Das dritte Buch über Achim‹, der vor drei Monaten erschienen ist, heißt es nämlich: »... wie kann ich da gut reden von einem ... der zum Gesicht des Staates vor der Welt einen Irgend bestellte, der nämlich den Bertolt Brecht verglichen hat mit einem Zuhälter und Schläger?« Ich habe jedoch Dr. von Brentano nicht im Verdacht, er habe sich für diesen Satz revanchieren wollen. Hingegen habe ich ihn ernsthaft im Verdacht, daß er weder diesen noch den ersten Roman von Uwe Johnson je gelesen hat. Wer diese Bücher, in denen die Verhältnisse jenseits der Elbe dargestellt werden, kennt, der weiß, daß Johnson nie das gesagt haben kann, was Kesten in seinem Artikel behauptet. Es mag jedoch verständlich sein, daß der Fraktionsvorsitzende der CDU/CSU keine Zeit hat, Romane zu lesen, deren Lektüre überdies nicht einfach ist und viel Aufmerksamkeit erfordert. Wäre es aber unter diesen Umständen nicht richtiger, von derartigen Anträgen und Äußerungen im Bundestag abzusehen?

Doch eigentlich war die Kenntnis der Romane gar nicht unbedingt nötig. Es hätte genügt, wenn Dr. von Brentano sich die unlängst von den großen bundesrepublikanischen Zeitungen veröffentlichten Besprechungen des neuen Buches von Johnson hätte geben lassen – vielleicht die Kritik eben jener ›Welt‹, die auch den Kesten-Artikel gebracht hat, oder die von Günter Blöcker in der ›Frankfurter Allgemeinen Zeitung‹. Aus allen diesen und vielen anderen Kritiken, die den Roman nachdrücklich empfehlen, gehen unzweideutig Johnsons Anschauungen hervor, die zu Kestens Bericht in einem absoluten Widerspruch stehen.

Aber eigentlich war auch die Lektüre dieser Kritiken nicht unbedingt nötig, um Dr. von Brentano vor dem Auftritt im Bundestag zu bewahren. Es hätte genügt, einen Blick in ›Die Zeit‹ vom 1. Dezember 1961 zu werfen, wo in einem Artikel ›Zum Stil literarischer Polemik‹ darauf hingewiesen wurde, daß

Kestens Bericht nicht der Wahrheit entsprechen kann. Es hätte vor allem genügt, einen Blick in die Nummer des ›Spiegel‹ zu werfen, die zwei Tage vor der Rede des Dr. von Brentano erschienen ist. ›Der Spiegel‹ hat das Tonband, auf dem die fragliche Veranstaltung in Mailand aufgenommen wurde, überprüft und er schloß seinen durch viele Zitate belegten Bericht mit der unmißverständlichen Feststellung: »Kesten ... hat die diffamierende Information, Johnson habe die Mauer ›gut, vernünftig und sittlich‹ genannt, frei erfunden.« Mehr noch: Ein Tag vor der Rede im Bundestag wurde auf einer Pressekonferenz im Suhrkamp Verlag überzeugend nachgewiesen, daß es sich bei dem Artikel von Hermann Kesten um Entstellungen und aus der Luft gegriffene Behauptungen handelte.

Dr. von Brentano hat jedoch von allen diesen Möglichkeiten nicht Gebrauch gemacht und es für richtig gehalten, ebenso die Warnung der ›Zeit‹ wie den vom ›Spiegel‹ und auf der Pressekonferenz des Suhrkamp Verlages enthüllten Tatbestand zu ignorieren. Die ›Frankfurter Allgemeine Zeitung‹, nicht eben ein Oppositionsblatt, meint in einer sehr erfreulichen Glosse vom 8. Dezember 1961, durch Brentanos Handlungsweise werde »die denkende und lesende Jugend ... in ihrem Verdacht bestärkt«, ein prominenter Politiker habe die Gelegenheit benutzt, »einem Affekt gegen alle, die nicht so einfach auf Vordermann zu bringen sind, ein Türchen zu öffnen«.

Worauf ist nun dieses Verhalten, das man doch wohl zumindest als höchst fahrlässig bezeichnen muß, zurückzuführen? Auf den Argwohn, den deutsche Machthaber seit Jahrhunderten gegen die Schriftsteller hegen? Ja, natürlich, aber zugleich zeugt es von sehr beunruhigender, ja ungeheuerlicher Respektlosigkeit. Gewiß, der erst siebenundzwanzig Jahre alte Uwe Johnson könnte Dr. von Brentanos Sohn sein. Er hat auch kein Amt und kein Vermögen. Er verfügt jedoch über etwas sehr Kostbares: über literarisches Talent. Er verdankt seine Position keiner Ernennung, sondern lediglich seinen Büchern, die übrigens jetzt in vielen Sprachen erscheinen. Er ist nicht mehr und nicht weniger als ein freier Schriftsteller, also Vertreter einer Institution, die nur in einer freien Gesellschaft möglich ist und die – wir zitieren Heinrich Böll – »keinen irdischen Herrn über sich anerkennt und die Würde des Menschen im Wort bewacht und verteidigt«.

Wer im Bundestag, ohne die Tatsachen zu kennen, die staatliche Bestrafung eines Schriftstellers fordert – und der Entzug eines Stipendiums ist natürlich eine Strafe! –, der läßt sich Respektlosigkeit gegenüber der Literatur zuschulden kommen und gefährdet die in jedem Staat symptomatische Institution des freien Schriftstellers. Da wir in Deutschland sind, haben wir allen Anlaß, den geringsten Anzeichen die größte Bedeutung beizumessen.

1962

Literaturpreise in der Bundesrepublik

Ein »wunderbar florierender Literaturbetrieb« – meinte der Feuilletonchef der ›Welt‹, Georg Ramseger – werde hierzulande »vorgetäuscht durch eine Fülle von Preisen und Preisgekrönten«. Die Juroren wüßten nicht, »wem um alles in der Welt man immer noch einmal den Preis geben sollte«, denn »die Wiese unserer Literatur« sei gar »karg bewachsen«. Also las man es im wunderschönen Monat Mai, als alle Knospen sprangen. Welche Folge zieht jedoch ›Die Welt‹ im frostigen Dezember aus dieser Erkenntnis? Was tut das Blatt angesichts der Inflation der literarischen Ehrungen? Es stiftet noch einen Preis: fünfzehntausend Mark für ein Buch, das zwar nicht als Jugendbuch geschrieben wurde, aber von den Sechzehn- bis Zwanzigjährigen gelesen werden sollte. Wann hat ›Die Welt‹ eigentlich recht? Wenn sie über die »Fülle von Preisen« klagt oder wenn sie diese angebliche Fülle noch vergrößert?

Das ›Kleine literarische Lexikon‹ (1961) behauptet, es gebe in den deutschsprachigen Ländern etwa einhundertzwanzig Literaturpreise. Der Börsenverein des deutschen Buchhandels kennt in der Bundesrepublik achtundfünfzig Preise, in Fischers Welt-Almanach (›Zahlen, Daten, Fakten‹) werden hingegen nicht weniger als einhundertfünfzehn bundesrepublikanische Literaturpreise angeführt. Wie dem auch sei: Sobald ein Autor etwas Aufmerksamkeit erregt, stürzen sich auf ihn die verzweifelten Juroren, um ihm den Lorbeer auf die Stirn und den Scheck in die Hand zu drücken. Ein einigermaßen begabter Schriftsteller kann überhaupt nicht ungekrönt bleiben. So? Tatsächlich?

Wolfgang Koeppen, von dem im letzten Jahrzehnt drei Romane und drei Reisebücher erschienen sind, halte ich für einen der bedeutendsten deutschen Schriftsteller unserer Zeit. Bis 1961 wurde er von sämtlichen Preisrichterkollegien in solidarischer Einmütigkeit ignoriert. Im Sommer 1961 erhielt er endlich die erste Auszeichnung seines Lebens: den »Förderungspreis« der Stadt München, der mit der gewaltigen Summe von dreitausend Mark dotiert ist. Der also »geförderte« Autor ist übrigens fünfundfünfzig Jahre alt und hat sein erstes Buch

1934 veröffentlicht. Ein Ausnahmefall? Sartre bezeichnete Hans Erich Nossack als den interessantesten deutschen Schriftsteller der Gegenwart. Zugegeben, er hat übertrieben. Daß aber Nossack über eine ungewöhnliche Begabung verfügt, kann kaum bezweifelt werden. Seine Bücher erscheinen seit 1947. Sie wurden von allen Jurys konsequent übergangen. Der ihm im Herbst 1961 verliehene Georg Büchner-Preis ist die erste literarische Ehrung, die dem jetzt Sechzigjährigen zuteil wurde.

Es wäre jedoch ungerecht zu behaupten, Talent sei in den Augen vieler Juroren ein unverzeihlicher Makel. Auch wer Talent hat, kann unter Umständen einen deutschen Literaturpreis erhalten. Was ist hierzu vor allem nötig? Daß man schon einmal mit einem Preis bedacht wurde. Es gilt nämlich die schöne Faustregel: Preisgekrönt wird, wer preisgekrönt ist. Da sich viele Jurys nicht sosehr für die Neuerscheinungen als für die Entscheidungen anderer Jurys interessieren, wurden die meisten deutschen Schriftsteller entweder mit keinem einzigen oder gleich mit mehreren Preisen geehrt. Böll hat sieben oder acht, F. G. Jünger – sechs, Ingeborg Bachmann, Ilse Aichinger, Günter Eich, Heinz Piontek – vier oder fünf. Siegfried Lenz erhielt für seine ›Zeit der Schuldlosen‹ innerhalb von wenigen Wochen nach der Uraufführung drei Preise.

Man klagt, die deutschen Preise seien für die Auflagen der gekrönten Autoren fast ohne Bedeutung. Das ist leider richtig. In Frankreich gibt es jedoch noch viel mehr Preise (rund fünfhundert, von denen jährlich etwa zweihundert verteilt werden), und sie haben trotzdem einen beträchtlichen Einfluß auf das ganze literarische Leben. Dies könnte in einem gewissen Umfang auch in Deutschland der Fall sein, wenn es den Preisen, die meist erst seit kurzer Zeit bestehen, gelänge, sich Ansehen zu verschaffen. Dazu freilich ist zunächst einmal nötig, daß die Jurys vernünftiger als bisher zusammengesetzt werden. Man sollte endlich auf die würdigen Literaturprofessoren verzichten, deren letztes literarisches Erlebnis ›Die Majorin‹ von Wiechert war; auf die »namhaften« Schriftsteller, die einst Hitler gerühmt haben und es jetzt den Jungen nicht verzeihen können, daß sie nie in der NSDAP waren; auf die Geistlichen, die eine Beschreibung des Beischlafs für empörend halten; auf die Funktionäre, die nicht nur jenseits der Elbe die Literatur beeinflussen wollen. Viele Entscheidungen derartiger Jurys haben dazu geführt, daß – wie Ramseger im eingangs zitierten Artikel treffend betonte – ein französischer Literaturpreis für die Propaganda eines Buches in Deutschland oft mehr als eine einheimische Ehrung bedeutet. Nur dem Preis der Stadt Bremen gelang es vor zwei Jahren, auf den Absatz der ›Blechtrommel‹ einen gewissen Einfluß auszuüben – aber dieser Preis wurde dem Roman von Günter Grass nicht *verliehen*, sondern *verweigert*.

Der Fehler steckt also nicht in der Zahl der in der Bundesrepublik bestehenden Preise, die gar nicht so groß ist, wie manche behaupten, sondern in ihrer Qualität. Nur wenige Preise kann man ernst nehmen. Wir wollen hoffen, daß der Preis der ›Welt‹, den wir mit Freude begrüßen, zu ihnen gehören wird. Er sei, heißt es, »zum Nutzen der Jungen, zum Nutzen der Literatur« gestiftet worden. Wir werden sehen. Bereits der Liste der Juroren wird man entnehmen können, wes Geistes Kind er sein soll.

Kurella, Abusch und der Substantivismus

Der Leiter der Kommission für Fragen der Kultur beim Politbüro des Zentralkomitees der Sozialistischen Einheitspartei Deutschlands in der Deutschen Demokratischen Republik, Professor Alfred Kurella, zeigte sich in einem Interview, das er der Ostberliner Wochenzeitung ›Sonntag‹ gewährt hat, nicht eben zufrieden mit den Künstlern und Schriftstellern des Arbeiter- und Bauernstaates. Unter den jungen Autoren gebe es »einen gewissen Widerstand dagegen, die Politik der Partei zur Richtschnur des künstlerischen Schaffens zu machen«. Manche älteren Künstler hingegen fordern (laut Kurella): »Jetzt habt ihr die Grenze zugemacht, jetzt ist alles klar und in Ordnung, und jetzt könnt ihr uns endlich schreiben lassen wie wir wollen.« Hier werde »eine alte Position verteidigt, nicht eine neue gesucht«. Auch ist vom »inneren Widerstand jener Künstler« in der DDR die Rede, »die sich künstlerisch – ohne sich vielleicht selbst darüber ganz klar zu sein – dem ›Westen‹ (im alten bürgerlichen Sinne!) zurechnen, die gefühlsmäßig und ästhetisch besonders stark auf Kunstleistungen der westlichen Welt reagieren«. Kurzum: man sei in der DDR »auf dem Gebiet der Kunst in einer politisch schon überwundenen Entwicklungsetappe steckengeblieben«.

Darüber hinaus ist das Interview des Professor Alfred Kurella in stilistischer Hinsicht bemerkenswert. Die Bühne sei »als Mittel der wirklichen Einbeziehung« des Erbes der Vergangenheit zu betrachten. »Über die Schaffung einer Reihe von lehrreichen Beispielen« sei man nicht hinausgekommen. Man hört von der »notwendigen Hebung des Bildungsniveaus« und von Maßnahmen »zur Bereicherung unserer Menschen«, »zur Weitung ihres Horizonts« und »zur Entfaltung ihres Gefühls für das Schöne und Große«. Interessant aus sprachlichen Gründen ist auch eine (ebenfalls im ›Sonntag‹ veröffentlichte) Rede des ehemaligen Kulturministers und jetzigen Stellvertreters des Vorsitzenden des Ministerrates, Alexander Abusch. Er meint, man müsse »die Geistesschaffenden... zu einem schnellen Aufstieg bringen«. Er spricht von einer Zeit, in der »die Perspektive verwirklicht wird, die Produktion zu einer technologischen Anwendung der modernen Wissenschaft zu machen, den wissenschaftlich-technischen Fortschritt in einem stürmischen Tempo durchzusetzen und die menschliche Persönlichkeit... zur Meisterung aller Errungenschaften der Wissenschaft zu befähigen«. Es müsse »die Qualifizierung aller arbeitenden Menschen... entwickelt werden«. Der Kulturbund »soll daran mitwirken, daß der Werktätige... seine Talente zur Entwicklung bringen kann«.

Genug der Beispiele. Manès Sperber läßt in seiner Trilogie ›Wie eine Träne im Ozean‹ einen kommunistischen Funktionär der zwanziger Jahre sagen: »Wir können die Durchführung der Vorbereitung der Revolution nur durchführen, wenn wir die Aufzeigung des verräterischen Charakters der SPD-Führung durchführen.« Hierzu meint Sperbers Held: »Eine Führung, die die Tätigkeitswörter vergessen hat und die Handlungen nur in abstrakten Substantiven ausdrücken kann, die sie ewig mit ›durchführen‹ verbindet, wird weder die Revolution vorbereiten, noch irgendeinen verräterischen Charakter erfolgreich entlarven.« Tatsächlich haben die führenden Persönlichkeiten der Kommunistischen Partei Deutschlands in den Jahren der Weimarer Republik dem Substantivismus, der Vorliebe für künstliche Hauptwörter, mit denen Handlungen bezeichnet werden, mit Ausdauer gehuldigt. Die stilistischen Eigentümlichkeiten des Professor Alfred Kurella und des Alexander Abusch werden also durch eine ehrwürdige Tradition geadelt.

Gänzlich neu hingegen scheint mir der Umstand zu sein, daß es in der DDR bereits Sprachwissenschaftler gibt, die sich bemühen, diese stilistischen Besonderheiten zu rechtfertigen. In der Ostberliner Monatsschrift ›Neue Deutsche Literatur‹ (Januar 1962) wird ein im VEB Verlag Sprache und Literatur,

Halle, erschienenes Buch von Dieter Faulseit und Gudrun Kühn über ›Stilistische Mittel und Möglichkeiten der deutschen Sprache‹ besprochen. Die Rezensentin meint: »Beachtenswert ist, daß den ung-Bildungen und damit dem Nominalstil von Presse und Behörde eine gewisse Berechtigung zugesprochen wird. Im Sprachstil von Wissenschaft und Publizistik sind wir auf die gedankliche Verdichtung des Nominalstils angewiesen... Auch im literarischen Kunstwerk wird deshalb hin und wieder zu ausgesprochen nominalen Wendungen gegriffen. Daher ist auch einleuchtend, daß der Sprachstil des öffentlichen Verkehrs vorwiegend Nominalstil ist. Mit seiner Hilfe können komplizierte Verschachtelungen vermieden werden.«

Zögernd setzt die Rezensentin hinzu: »Allerdings führt er unter Umständen zum sogenannten Papierstil ... Dann ist der Nominalstil tatsächlich eine Gefahr für unsere Sprache.« Doch meint die Rezensentin mit diesen warnenden Sätzen ganz gewiß nicht den Stil des Professor Alfred Kurella und des Alexander Abusch.

Ballast in Romanen

Der Romancier darf schlechthin alles. Beispielsweise kann er sich Verstöße gegen die Logik oder gegen den guten Geschmack leisten. Nur eins darf er nie und unter keinen Umständen: den Leser langweilen. Wer einen Roman als langweilig erkennt, aber dennoch seine Vorzüge rühmt, erinnert an jenen, der ein Getränk lobt, das er als ungenießbar bezeichnet, oder ein Parfüm rühmt und zugleich betont, daß es übel rieche. Die großen Romanciers des vergangenen Jahrhunderts haben keine Mühe gescheut, um Mittel, Kunstgriffe und Tricks ausfindig zu machen, die lediglich dazu dienen sollten, das Publikum bei der Stange zu halten. Sie wußten, daß der Roman ein Dialog mit dem Leser ist, wobei man leider nie sicher ist, ob der Gesprächspartner noch zuhört. Sie wollten ihn daher fesseln – mit den Mitteln der Kunst.

Darf der Romancier unserer Zeit derartigen Pflichten seines Metiers weniger Aufmerksamkeit widmen? Film, Rundfunk und Fernsehen haben natürlich jene Gefahr vergrößert, die den Autor immer bedrohte – daß sich der Leser von ihm gleichgültig oder verärgert abwendet. Und diese Gefahr wächst proportional zum Umfang des Romans. Dennoch gibt es heutzutage Erzähler, auch der jüngeren Generation, die kühn genug sind, mit Romanen von mehr als fünfhundert oder gar sechshundert Seiten aufzuwarten. Diese Autoren mögen talentvoll sein, aber sie sind zugleich sehr leichtsinnig. Ihre Bücher mögen wichtig sein, aber sie wären besser, wenn man die Flut der Worte hier und da eindämmte.

Gewiß gilt für den Roman der Grundsatz: »Erlaubt ist, was gekonnt ist.« Die Erfahrung lehrt jedoch, daß es selbst dem Genie kaum möglich war, in einem Riesenroman die Anteilnahme des Lesers unentwegt wachzuhalten. Wie der gute Homer haben auch Tolstoj und Dostojewski mitunter geschlafen. In der unübertrefflichen ›Anna Karenina‹ oder in ›Krieg und Frieden‹, diesem epischen Ozean, gibt es gefährliche Sandbänke. Wie gern würde man diese oder jene Passage missen!

Und die Romane unserer Zeit? Heinz von Cramer brauchte für ›Die Kunstfigur‹ 697 Seiten, Günter Grass für ›Die Blechtrommel‹ 734 Seiten. 892 Seiten umfaßt die ›Halbzeit‹ des Martin Walser. Man kann ziemlich sicher sein, daß den Lektoren der jeweiligen Verlage die Längen dieser Romane nicht verborgen geblieben sind. Und daß sie versucht haben, die Verfasser zu Straffungen und Aussparungen zu überreden. Wenn sie nur wenig oder vielleicht nichts erreicht haben, wird es an dem Widerstand der Autoren gelegen haben. Warum wollen sie den Ballast nicht über Bord werfen? Warum stellen sie an unsere Ausdauer so hohe Ansprüche? Warum nötigen sie uns, mit dem Guten und Hervorragenden auch das Flüchtige und Mißlungene hinzunehmen? Sind sie etwa unbelehrbar, diese Autoren zwischen dreißig und vierzig? Nein, so ist es wieder nicht.

Ein italienisches Verlagshaus war bereit, eine Übersetzung der ›Kunstfigur‹ des Heinz von Cramer herauszugeben, wünschte jedoch erhebliche Kürzungen. Also strich der Autor seinen Roman zusammen und überarbeitete ihn bei Gelegenheit. Aus den siebenhundert wurden weniger als fünfhundert Seiten. Auch die ›Halbzeit‹ war für einen italienischen Verleger zu lang. Walser kürzte das Buch um rund zweihundert Seiten. Ob Grass seine ›Blechtrommel‹ für fremdsprachige Ausgaben ebenfalls gestrafft hat, weiß ich nicht, möchte es aber sehr hoffen – dem Roman würde das nur nützen. Max Frisch hat seinen ›Stiller‹ schon vor mehreren Jahren für die englische Ausgabe gekürzt.

Manche Autoren, die zunächst ihre umfangreichen Manuskripte hartnäckig und erfolgreich verteidigt haben, sind also dem Ausland gegenüber nachgiebiger. Warum, so möchte ich fragen, sollen es eigentlich die ausländischen Leser besser haben? Warum wird ihnen beispielsweise eine Amnestie für rund zweihundert Seiten gewährt, dem deutschen Leser jedoch die gleiche Gnade verweigert? Immerhin können wir uns damit trösten, daß die Neufassung der ›Kunstfigur‹ auch in deutscher Sprache erscheinen soll – hoffentlich möglichst bald. Wie wird es aber mit der ›Halbzeit‹ sein? Und vielleicht könnten unsere Freunde Cramer, Walser, Grass – die hier als Beispiele für manche andere Autoren herhalten mußten – bereits die Manuskripte ihrer Romane entsprechend kürzen?

Einem deutschen Schriftsteller erklärte man, es wäre gut, seinen neuen Roman »von schleppenden Längen« und »lastenden Pedanterien zu befreien«, denn »das Ganze werde durch dies oder jenes Opfer gewinnen«. Er antwortete: »Aber ja! Bewilligt! Hinaus damit!« Schließlich – berichtete er – »waren es einige vierzig Blätter, um die sich das Manuskript erleichtert fand ... Sie fehlen niemandem, sie fehlen auch mir nicht.« – Allerdings hieß dieser Schriftsteller Thomas Mann. Es handelte sich um den Roman ›Doktor Faustus‹.

Und noch ein Zitat. Am 27. Oktober 1961 wurde den Lesern der ›Zeit‹ ein Ausspruch von Hans Magnus Enzensberger zugänglich gemacht: »Alle Bücher, außer Wörterbüchern, sind zu lang.« – Dieser Satz ist so übel nicht.

Dichterlesungen

Sehr geehrter Herr Professor Höllerer!
Über Ihre Einladung habe ich mich sehr gefreut. Ich soll also im Rahmen der »Internationalen Lesereihe«, die Sie in der Berliner Kongreßhalle unter dem Motto »Literatur im technischen Zeitalter« veranstalten, einige meiner Gedichte lesen und eine Episode aus dem Roman, an dem ich jetzt arbeite. Ich gebe es zu: Es kostet mich einige Überwindung, dieser Einladung nicht zu folgen. Denn Sie präsentieren ja nur hervorragende Kollegen wie Doderer und Frisch, Nathalie Sarraute, Adamov, Robbe-Grillet und Angus Wilson. Ihre Veranstaltungen sind, obwohl sie in einem Riesensaal stattfinden, überfüllt und werden außerdem noch vom Fernsehen übertragen. Das ist zumindest aus-

gezeichnete Reklame – und wir Schriftsteller wären weltfremd oder größenwahnsinnig, wollten wir auf Werbung verzichten. Nein, nicht darum geht es.

Aber ich weiß, daß ich die Produkte meiner Feder nur mittelmäßig oder ziemlich schlecht lese. Ich glaube auch, daß dies auf die meisten meiner berühmten und weniger berühmten Kollegen zutrifft. Friedrich Dürrenmatt, der doch ein genialischer Kerl ist, las neulich im Rundfunk eines seiner Hörspiele. Sie haben es nicht gehört? Seien Sie glücklich. Es war eine schreckliche Darbietung. Wenn Ingeborg Bachmann, die Sie ja auch präsentiert haben, ihre schönen Verse öffentlich liest, bin ich nie ganz sicher, ob ich einer Folterung beiwohne oder dem Auftritt einer schlechten Provinzschauspielerin, die versucht, eine scheue Poetin zu mimen. Jedenfalls ist es peinlich. Man sollte, meine ich, die Literatur vor den Rezitationskünsten der Verfasser schützen. Was erwartet man eigentlich von den lesenden Schriftstellern? Die authentische Interpretation? Aber davon könnte ja nur dann die Rede sein, wenn ein Autor über die unentbehrlichen stimmlichen und technischen Voraussetzungen verfügte, also nicht Dilettant auf dem Gebiet der Vortragskunst wäre. Die Zahl der Schriftsteller hingegen, die gut lesen können, ist kaum größer als die der Schauspieler, die gut schreiben können. Wir sollten, denke ich, den Dilettantismus bekämpfen und in unserem Bereich, der Sprache also, jene Achtung vor dem gelernten oder gar talentvollen Interpreten haben, an der es den Musikern, den Komponisten zumal, nie mangelt.

Nun glauben Sie aber nicht, sehr geehrter Herr Professor, ich sei etwa ein Sonderling, der das Licht der Öffentlichkeit fürchtet. Ich stelle mich meinem Publikum, sooft es dies wünscht – ich halte Vorträge, nehme an Diskussionsabenden teil. Auf die Gefahr hin, daß Sie mir Inkonsequenz vorwerfen, muß ich zugeben, daß ich in den traditionellen Lesungen, zu denen zweihundert oder dreihundert Menschen erscheinen, einen gewissen Sinn sehe. Und nicht nur deswegen, weil in dem viel kleineren Rahmen – ohne Scheinwerfer, ohne Mikrophone und Fernsehkameras – der Dilettantismus des Vortrags weniger auffällt. Im Grunde geht es bei solchen Veranstaltungen kaum um die Lesung. Sie ist meist nur Vorwand. Die Leute wollen mit dem Autor, für den sie sich interessieren, ein paar Worte sprechen, ihm einige Fragen stellen. Und mitunter kommt es bei einer solchen Gelegenheit, entschuldigen Sie das mißbrauchte Wort, zu einer »Begegnung«.

Aber davon kann doch bei Ihren effektvollen Darbietungen überhaupt nicht die Rede sein. Der von mächtigen Scheinwerfern angestrahlte, von imponierenden Fernsehkameras gejagte und von vielen Mikrophonen und auch Technikern umstellte Dichter, dessen Lesung überdies von einem wahrscheinlich notwendigen Rauschen und Zischen der Apparate begleitet wird, ist ein unzugänglicher Star geworden. Er kann nicht angesprochen oder befragt, sondern nur noch angestarrt werden. Daß während meiner Lesung manche der Anwesenden mich mit einem Opernglas beobachten würden, schmeichelt nicht im geringsten meiner Eitelkeit. Ich leugne nicht ihre Existenz, aber sie bezieht sich auf meine literarischen Werke, nicht auf meine Mimik. Befürchten Sie nicht, Herr Professor, daß es in den meisten Fällen pure Sensationsgier ist, die die Besucher in den Kongreßsaal treibt? Sie werden mir vielleicht antworten wollen, man müsse diese billige Sensationsgier in wirkliches Interesse oder sogar in Liebe zur Literatur ummünzen. Daß dies Ihre Absicht ist, unterliegt für mich keinem Zweifel. Daher wünsche ich Ihren Veranstaltungen große Erfolge. Aber ich habe den Eindruck, daß auch Sie, sehr verehrter Herr Professor, bei diesen literarischen Star-Revues im Riesenzirkus ein gewisses Unbehagen nicht ganz verdrängen können. Ich bitte Sie, für meine Absage Verständnis zu haben.
     Mit vorzüglichster Hochachtung
      Ihr sehr ergebener
     (Unterschrift unleserlich)

Konkurrenzdruck und Qualität

Wenn ein Buch gut verkauft wurde, brachte es Geld ein. Wenn es schlecht verkauft wurde, brachte es kein Geld ein. So war es früher: Es gab nur diese zwei Möglichkeiten. Heute gibt es noch eine dritte Möglichkeit: Ein Buch wird schlecht verkauft und bringt viel Geld ein. Warum? Weil der geschäftliche Erfolg eines Romans etwa oder eines Novellenbandes nur zu einem geringen Teil vom Absatz der eigentlichen Ausgabe abhängt, zum großen Teil aber vom Verkauf der sogenannten Zweitrechte (Taschenbücher und Editionen für Buchgemeinschaften) und vor allem der Nebenrechte – für Fernsehen, Film und Funk.

Was geschieht mit den Produkten, die auf Grund dieser

Zweit- und Nebenrechte entstehen? Die Taschenbuchverlage und die Buchgemeinschaften bringen zwar – wie bisher – das Originalwerk, doch können lediglich die Taschenbücher vom Abnehmer einzeln gekauft werden, da ja die Buchgemeinschaften die Leseware im Abonnement liefern. Fernsehen, Film und Funk bieten hingegen nicht das Originalwerk, sondern eine ihrem Medium entsprechende Bearbeitung. Und bekanntlich ist das Programm von Funk und Fernsehen nur en bloc zu haben – gegen eine monatliche Pauschalgebühr. Hieraus geht hervor, daß über den finanziellen Erfolg eines Buches in der Regel nicht die einzelnen Konsumenten entscheiden, die es in der ursprünglichen Ausgabe oder in der (für die Kalkulation nicht allzu wichtigen) Taschenbuchausgabe kaufen. Es entscheiden einige Funktionäre: Fernseh-Manager, Filmproduzenten, Rundfunk-Würdenträger und Buchgemeinschafts-Direktoren.

Es mag sein – wir wollen Optimisten sein –, daß sich die Machthaber in den Buchgemeinschaften auch ein wenig um die literarische Qualität des Buches kümmern, das sie in ihr Programm aufnehmen. Die Film-, Fernseh- und Rundfunk-Leute, die Stoffe suchen, haben jedoch keineswegs die Aufgabe, den literarischen Wert eines Buches zu prüfen, sondern die Möglichkeit seiner Bearbeitung für ihr Medium. Sie legen also – und das ist ihr gutes Recht – ganz andere Maßstäbe an als etwa die Literaturkritiker oder die Leser. Daß ein guter Roman oder eine gute Erzählung nicht die geringste Gewähr für einen einigermaßen anständigen Film bieten, hat sich unter den Leuten der Branche längst herumgesprochen. Es ist durchaus kein Zufall, daß als Vorlage zu dem besten deutschen Nachkriegsfilm der mehr als mäßige Roman ›Die Brücke‹ von Manfred Gregor gedient hat, während aus den genialen Buddenbrooks... Im Fernsehen hat sich diese Erkenntnis noch nicht durchgesetzt. Aber es ist anzunehmen, daß die Fernseh-Leute innerhalb des nächsten Jahrzehnts lernen werden, aus schlechten (zur Bearbeitung geeigneten) Büchern mitunter gute Filme zu machen. Vorerst machen sie mit Vorliebe aus guten Büchern schlechte Filme. Gleichviel – der ungeheure Bedarf des Films, des Fernsehens und des Rundfunks wird in absehbarer Zeit nicht durch Originalarbeiten gedeckt werden können. Diese Medien werden weiterhin auf die Verarbeitung literarischer Vorlagen – vor allem von Romanen, Erzählungen, Kurzgeschichten und Dramen – angewiesen sein.

Wie wirkt sich nun diese Konstellation auf die Literatur aus? Es stört mich nicht im geringsten, daß Schriftsteller versuchen, für Film, Fernsehen und Funk zu schreiben – ich halte es sogar für dringend nötig. Aber es kann, befürchte ich, nicht viel Gutes daraus entstehen, wenn ein Schriftsteller während der Arbeit an einem Novellenband bereits die Verwertbarkeit seiner Produkte in anderen Medien anstrebt, wenn ein junger Autor, der seinen ersten Roman schreibt, von einer kleinen weißen Steckkarte träumt: »Das Buch zum Film« oder »Demnächst im Fernsehen«. Und reden wir uns nicht ein, dies seien nur drittklassige Autoren – dem Druck der Verhältnisse kann sich kaum jemand ganz entziehen, selbst wenn er über ein beachtliches Talent verfügt.

Nicht weniger bedenklich scheint mir der mittelbare Einfluß zu sein, den die »Nebenrechte-Erwerber« auf die junge Literatur ausüben – nämlich über die Verleger. Wenn Verleger, die bekanntlich nicht Hohepriester der Kunst, sondern Geschäftsleute sind, etwas von ihrem Beruf verstehen, dann haben sie einen guten Spürsinn für die Konjunktur. Da sie mit Recht voraussehen, daß in nächster Zukunft – unter anderem im Zusammenhang mit neuen Fernsehprogrammen – der Bedarf an literarischen Vorlagen wachsen wird, reißen sie sich letztens mehr denn je um die einigermaßen druckbaren Anfänger, Erzähler zumal.

Ja, aber wenn Verleger sich um neue Schriftsteller so intensiv bemühen, dann sollte das doch eigentlich gut sein für die Literatur? Leider ist das nicht so. Dieter Wellershoff, Lektor für deutsche Literatur im Kölner Verlag Kiepenheuer und Witsch, schreibt in der ›Deutschen Zeitung‹ vom 14./15. April 1962: »Die These, daß Konkurrenzdruck die Qualität steigere, gilt kaum für die Buchproduktion. Gegenbeweis sind die vielen übereilten Bücher, die in der vagen Hoffnung, sich vor den anderen einen entwicklungsfähigen Autor zu sichern, trotz aller Bedenken gedruckt wurden und denen dann mittelmäßige zweite, dritte und weitere Bücher folgten, weil sich jemand, der sich gedruckt sieht, meistens auch berufen glaubt.« Und Max Schmid, literarischer Leiter des Züricher Fretz und Wasmuth Verlages, erklärt in derselben Nummer der ›Deutschen Zeitung‹: »Von den vielen jungen Autoren, deren Arbeiten ich... begutachtet und abgelehnt habe, sind jedenfalls die meisten in anderen Verlagen untergeschlüpft.«

In seinem Vortrag über ›Die Grenzen der Literaturkritik‹ betont T. S. Eliot, daß es zu den Pflichten des Kritikers gehört,

»zu zeigen, woran man keine Freude haben soll«, sowie »das Zweitrangige zu verdammen und das Schwindelhafte zu entlarven«. In den jetzt kommenden Jahren werden wir Kritiker gezwungen sein, diesen Pflichten besonders häufig nachzukommen. Ich hoffe, daß ich mich irre.

Kurtchen schnarchte fürchterlich

Ende Januar 1927 lernte Kurt Tucholsky auf einem Ball die Berlinerin Lisa Matthias kennen. Was sich zwischen ihm und dieser Dame innerhalb von einigen Jahren abgespielt hat, war dem deutschen Leser bisher nicht bekannt. Doch sind wir von den Qualen einer so beschämenden Unwissenheit endlich befreit worden. Frau Lisa Matthias, die sich gedrängt fühlte, ihre Erinnerungen aufzuschreiben, hat sich – gewiß nach längeren und dramatischen inneren Kämpfen – dazu entschlossen, sie der Literaturgeschichte und der Öffentlichkeit nicht vorzuenthalten. ›Ich war Tucholskys Lottchen – Text und Bilder aus dem Kintopp meines Lebens‹ ist ihr Buch betitelt, das der Marion von Schröder Verlag in Hamburg zugänglich gemacht hat. Es umfaßt 360 Seiten und kostet in Leinen DM 19.80. Für das Geld wird nicht wenig geboten.

»Er brachte mich« – nach jenem Ball – »um 4 Uhr früh nach Hause und – nach oben.« Preisfrage: Was geschah wohl oben? Wir hängen an den Lippen der Erzählerin, die Spannung ist kaum noch zu ertragen. Aber der geneigte Leser irrt sich in seinen unzüchtigen Vermutungen: Es geschah nichts, denn Frau Matthias hatte »Bedenken praktischer – nicht moralischer – Art«. Einige Tage später scheinen die Schwierigkeiten praktischer Art nicht mehr aktuell gewesen zu sein: »Vorsichtshalber habe ich zu unserm Rendezvouz mein Nachtzeug in einer Aktentasche mitgenommen ...« Nachher konstatierte Tucholsky: »Dich quatscht man sich ins Bett.« Frau Matthias hält es für erforderlich, uns diesen Ausspruch zu erläutern: »Es bedurfte tatsächlich einer Reihe entscheidender geistiger Kontakte, ehe ich mich einfangen ließ.« Die erste Nacht war jedoch enttäuschend: »Orgasmus ohne Liebe ist mir unmöglich« – verrät uns Frau Matthias. Auch hat sie damals so gut wie gar nicht geschlafen, »weil Kurtchen fürchterlich schnarchte«.

Freimütig bekennt die Verfasserin: »Billige Kapitulation war nie mein Fall.« Was hat sie – die Kapitulation – diesmal gekostet? Alles dürfen wir erfahren: »Außer den Ausgaben für diese gemeinsamen Reisen und kleinen Aufmerksamkeiten – eine Flasche Parfüm, eine Handtasche, eine Brosche oder eine hübsche Dose für meine Sammlung – bekam ich nichts und verlangte auch nichts.« Als sich aber herausstellte, daß Tucholsky »eine kleine Ullsteinfreundin« hatte und dieser gar eine Schreibmaschine schenkte, ihr hingegen, der Frau Matthias, »lumpige hundert Mark« nicht »borgen« wollte, da war ihre materielle Genügsamkeit zu Ende, da »kostete ihn das nachträglich erheblich mehr«, denn: »Ich hatte nämlich gelernt, meinen Teil an Geschenken guter Qualität zu fordern.«

Während diese Bemühungen erfolgreich waren, blieb die Liaison unbefriedigend: »Man liebt sich so durch« – notiert Frau Matthias in ihrem Tagebuch vom Jahre 1927 und knüpft daran die tiefsinnige und resignierte Bemerkung: »Dabei ist alles letzten Endes doch immer dasselbe.« Sie vergißt nicht zu betonen, daß auch andere Herren sich um ihre Gunst bewarben. Eine Eintragung vom September 1927 lautet: »Zur Zeit bemüht sich der gute Lion Feuchtwanger etwas um mich. Nein!... Obwohl er sehr nett ist.« Indes geht das Verhältnis mit Tucholsky, den sie ihren »Vaginalclown« nennt – trotz zahlreicher Seitensprünge – weiter, wobei das Jahr 1930 als eine Art Zäsur gelten kann. Frau Matthias registriert: »Wir ließen vorher geübte Vorsichtsmaßnahmen bewußt außer acht und waren uns darüber klar, daß wir – falls etwas passierte – natürlich heiraten müßten.« Allein, es passiert nichts – vielleicht, weil Tucholsky sich immer mehr anderen Damen zuwendet. Eine langbeinige Yvonne interessiert ihn so sehr, daß er, Frau Matthias deutet es sehr dezent an, »natürlich nicht die Finger – und noch etwas mehr – von ihr lassen konnte«.

Von nun an äußert sich die Verfasserin besonders böse über Tucholsky – sie nennt ihn »einen armen Irren, dessen Sexualität anfing, Erotomanie zu werden«. Wir hören von seiner »krankhaft sexuellen Überhetzung«, von »ständiger Angst vor Impotenz« und von »sexueller Narkomanie«. Den staunenden Lesern wird von der verschmähten Liebhaberin eine nicht eben knappe Liste der Damen geboten, mit denen er innerhalb von einer Woche in intimem Kontakt gewesen sein soll. Wie war es um den Charakter dieses Herrn bestellt? »Er war viel zu unseriös, um sich mit Gedanken und Problemen anderer Leute zu befassen.« Und: »Jedes Gefühl für Anstand und Rücksicht ging ihm ab.« Wie man sieht, geht Frau Matthias aufs Ganze.

Was taugte seine Schriftstellerei? Einmal heißt es, er sei nur ein »geschickter Handwerker« gewesen, dann lesen wir: »Er besaß ein großes Talent und benutzte es, um damit Geld zu verdienen.« Vor allem jedoch meint Frau Matthias: »Tucholsky hatte gar keine Phantasie. Aber sehr viel Routine.« Über politische Fragen äußert sich die Autorin nur selten, immerhin informiert sie uns, »daß es ihm nie ernst mit seinen linksradikalen Ansichten gewesen ist«. Wortreich weiß hingegen Frau Matthias über den segensreichen Einfluß zu berichten, den sie auf Tucholsky und sein Werk auszuüben vermochte. Hierzu haben sie vor allem ihre intellektuellen Gaben prädestiniert: »In der Fähigkeit vorher zu wissen, was ich wollte, unterschied ich mich wesentlich von Tucholsky.« So war sie nicht nur das Vorbild des Lottchen – der ewig plappernden Berlinerin, die in seinen Feuilletons auftaucht –, nein, sie hat auch, heißt es, zahlreiche weitere Prosa- und Vers-Arbeiten angeregt. In schöner Bescheidenheit erklärt Frau Matthias: »Solange ich meine schützende Hand über Tucholsky hielt, litt er kaum Mangel an Inspirationen.«

Was hat eigentlich die Krise verursacht, in die Tucholsky 1931 geriet und die schließlich im Dezember 1935 zu seinem Selbstmord führte? Darüber ist schon viel geschrieben worden, doch erst Frau Matthias öffnet uns die Augen: »Ich habe Tucholsky geholfen, so gut ich konnte. Ich habe, solange es ging, Ruhe bewahrt ... Bis das Maß eines Tages voll war. Man kann auch sagen: das Schiff lief leck. Dann ging es unter, und der Dichter stand umgeben von Leuten, die ihn kaum noch verstanden, allein am Ufer. Eines Tages sah er, daß er sich verloren hatte ... Darin liegt die Tragik seines Schicksals.« – Nun wissen wir es genau: Nicht die unheilbare Krankheit und die vielen Operationen und nicht die politische Entwicklung in Deutschland haben Tucholsky verzweifeln lassen, sondern die Trennung von Frau Matthias. Damit dürfte auch das Maß unserer Geduld voll sein. Nur eins sei noch angeführt: daß die dominierenden Gefühle des Buches Neid und Eifersucht sind. Denn es ist – wie schon das Motto andeutet – vor allem gegen die Verwalterin des Nachlasses, Frau Mary Gerold-Tucholsky, gerichtet, die immer wieder mit kindisch-maliziösen Seitenhieben bedacht wird.

Da Frau Matthias in diesen Erinnerungen weder auf Tote noch auf Lebende Rücksicht nimmt, ist wohl auch mir eine sehr deutliche Sprache erlaubt. Nicht zum ersten Mal erfahren wir, daß eine Frau einige Jahre mit einem Schriftsteller gelebt haben kann, ohne auch nur die geringste Ahnung von seinen Gedanken und von seiner Arbeit zu haben. Es ist auch nicht Aufgabe des Literaturkritikers, die Verfasserin dieses Buches Geschmack und Takt, mehr noch: Anstand zu lehren. Nur daß es hier nicht um Frau Matthias geht, sondern um einen für das literarische Leben in Deutschland bezeichnenden Fall.

Der außerordentliche posthume Erfolg des großen Feuilletonisten Kurt Tucholsky hat viele verschiedene, durchaus nicht nur erfreuliche Ursachen. Sein Nachruhm ist ein kompliziertes, literarhistorisch faszinierendes und trotz mancher ernster Bedenken legitimes Phänomen, das allerdings in den letzten Jahren zu einer Art Tucholsky-Kult in der Bundesrepublik geführt hat. Der einst umstrittene, gehaßte und bekämpfte Journalist wird gerühmt, gepriesen und beweihräuchert. Er, der Pathos, Stelzen und feierliche Gebärden verabscheut hat, wird ziemlich systematisch zum Klassiker avanciert, als Prophet gefeiert und auf einen Denkmalssockel gestellt. Er hat die deutsche Vereinsmeierei wie kein anderer verspottet. Von ihm stammt das Gedicht ›Das Mitglied‹, das mit der vollendeten, schlechthin unübertrefflichen Formulierung beginnt: »In mein' Verein bin ich hineingetreten« und in dem die Zeilen zu finden sind:

> In mein' Verein werd ich erst richtig munter.
> Auf die, wo nicht drin sind, seh ich hinunter –
> Was kann mit denen sein?

Nun gibt es in der Bundesrepublik einen »Eingetragenen Verein«, der sich »Kurt Tucholsky-Kreis« nennt und dessen Vorstand sich nicht entblödet, geharnischte Proteste zu schreiben, wenn es jemand wagt, sich mit den Schriften Tucholskys in der Presse kritisch auseinanderzusetzen. Wahrlich, ein tragikomischer Kult, zu dem – neben anderen psychologischen und soziologischen Motiven – auch das schlechte deutsche Gewissen beiträgt, denn die Lektüre der Feuilletons und Geschichten Tucholskys ist nicht die unangenehmste Weise, »Vergangenheit zu bewältigen«.

Jetzt schließlich ist Tucholsky, der Bettschnüffler gehaßt hat und ihnen stets die verdiente Abfuhr erteilte, zum Opfer auch von Schlafzimmer-Enthüllungen geworden. Er hätte wohl nach der Lektüre der läppischen und beschämenden Memoiren geschrieben: Wenn diese Klatschgeschichten doch wenigstens etwas pikant und nicht so spießerhaft wären ... Wie aus einem Verlagsprospekt hervorgeht, wurden 111 numerierte Exemplare des Buches ›Ich war Tucholskys Lottchen‹ »besonders ausgestattet, in Leder gebunden und von der Autorin handsigniert«. Diese »bibliophile Ausgabe« kostet DM 36.-

Ohne »Sinn und Form«

In der ›Zeit‹ vom 4. Mai 1962 meinte ich, die von der Ostberliner Deutschen Akademie der Künste herausgegebene Literaturzeitschrift ›Sinn und Form‹ sei »ernsthaft gefährdet«. Der Präsident dieser Akademie, Dr. h. c. Willi Bredel, Schriftsteller und Mitglied des Zentralkomitees der SED, blieb mir eine Antwort nicht schuldig. In einer Ansprache vom 30. Mai 1962 sagte er: »Unsere Gegner haben, wie man sieht, auch ihre Sorgen.« Um gegen die DDR zu polemisieren, käme ich – erklärte Bredel – »auf die ausgefallensten Ideen«. Von »administrativen Maßnahmen« gegen die Zeitschrift ›Sinn und Form‹ könne überhaupt nicht die Rede sein, es ginge lediglich um »Klärung, Veränderung und Verbesserung durch Diskussion unter den Mitgliedern der Akademie«. Indes haben wir mit unseren »ausgefallensten Ideen« leider recht behalten. Die Zeitschrift fiel Anfang September eben doch einer »administrativen Maßnahme«, einer »Rationalisierungswelle«, zum Opfer. ›Sinn und Form‹ gibt es nicht mehr. Sosehr wir diese Tatsache auch bedauern – wir können der Entscheidung der SED-Kulturpolitiker weder Logik noch Konsequenz absprechen. Warum?

Hierzulande ist man daran gewöhnt, daß literarische Publikationsorgane ihr Erscheinen einstellen müssen. Allein im Jahr 1962 sind in der Bundesrepublik eingegangen: die Monatsschrift ›Die Kultur‹, die Zweimonatsschrift ›Blätter + Bilder‹ und die Vierteljahresschrift ›Labyrinth‹. Der Fall ›Sinn und Form‹ hat mit diesen Fakten nichts gemeinsam. Es kann nicht oft genug wiederholt werden, daß es sinnlos ist, Phänomene des literarischen Lebens in der DDR mit scheinbar ähnlichen Erscheinungen in der Bundesrepublik vergleichen zu wollen. Zu sehr unterscheiden sich die beiden Welten voneinander, als daß durch derartige Vergleiche mehr als eine simple Propagandawirkung erzielt werden könnte, um die sich freilich die Zeitungen der DDR ebenso eifrig bemühen wie ein Teil der hiesigen

Presse. Geistige und künstlerische Phänomene in der Welt zwischen der Elbe und der Oder können somit nur aus den dort tatsächlich bestehenden gesellschaftlichen, politischen und kulturellen Verhältnissen heraus verstanden werden.

Als ›Sinn und Form‹ 1948 gegründet wurde, gab es weder die DDR noch die Bundesrepublik. Noch war das Wort »gesamtdeutsch« unbekannt. Dem Redaktionskollegium der Monatsschrift ›Aufbau‹, die der »Kulturbund zur demokratischen Erneuerung Deutschlands« herausgab, gehörten damals nicht nur Johannes R. Becher und Alexander Abusch an, sondern auch Elisabeth Langgässer und Ernst Lemmer. Zu den Mitarbeitern der Zeitschrift zählten nicht nur kommunistische Autoren mit Anna Seghers an der Spitze, sondern auch Ernst Wiechert, Manfred Hausmann und Max Bense. Was der ›Aufbau‹ vornehmlich mit publizistischen Mitteln anstrebte, das sollte ›Sinn und Form‹ auf höchster literarischer Ebene verwirklichen. Die Namen der beiden Gründer – Johannes R. Becher und Paul Wiegler – bedeuteten für die intellektuelle Welt Deutschlands von 1948 fast ein Programm. Neben dem repräsentativen kommunistischen Dichter und dem Rückkehrer aus der Sowjetunion trat also ein seit Jahrzehnten anerkannter bürgerlich-liberaler Literarhistoriker auf, der die Jahre 1933 bis 1945 zurückgezogen in Deutschland überlebt hatte und damals übrigens schon siebzig Jahre alt war.

Was dies besagen sollte, konnte kaum mißverstanden werden. In der Tat war der Zeitschrift ›Sinn und Form‹ eine Mittlerrolle zugedacht. Sie sollte sich um einen Ausgleich bemühen zwischen Tradition und unmittelbarer Gegenwart, zwischen Radikalismus und Liberalismus, zwischen Kommunismus und Bürgertum, zwischen den Schriftstellern, die aus der Verbannung zurückgekehrt waren, und den Vertretern der inneren Emigration, zwischen Ost und West. Wie sich Becher einen solchen »Ausgleich« vorgestellt hat, wissen wir sehr genau aus seiner weiteren Praxis. Zweifellos dachte er von vornherein an ein repräsentatives Aushängeschild, an eine solide und schmucke Visitenkarte, die vor allem für die westlichen und nicht-kommunistischen Intellektuellen attraktiv sein sollte.

Aber der Lyriker Peter Huchel, dem die Redaktion 1949 anvertraut wurde, hat die offizielle Aufgabe der Zeitschrift sehr ernst genommen. Bald spielte sie eine besondere Rolle, denn nach der stalinistischen Gleichschaltung des gesamten literarischen Lebens in der DDR wurde lediglich ›Sinn und Form‹

eine gewisse Narrenfreiheit zugebilligt. Huchel verstand es, davon Gebrauch zu machen. Jede Nummer der Zeitschrift zeugte von der klugen Taktik und dem untrüglichen Geschmack der Redaktion. Die meisten Stars der dortigen Literatur wurden von Huchel ignoriert. Er druckte weder die Erzeugnisse von Hans Marchwitza und Kuba noch die der schreibsüchtigen Kulturfunktionäre Alexander Abusch und Alfred Kurella. In einem ganzen Jahrzehnt erschien nur ein Beitrag von Willi Bredel, ein einziger Aufsatz von Erwin Strittmatter. Propagandaaktionen (z. B. »Greif zur Feder, Kumpel!«) wurden mit Schweigen übergangen, die Problematik des »sozialistischen Realismus« fast nie gestreift. So mußte die Zahl der offenen und heimlichen Feinde dieser Zeitschrift nicht nur aus ideologischen Gründen unentwegt wachsen.

Hingegen brachte ›Sinn und Form‹, sooft es nur möglich war, Beiträge von westlichen Schriftstellern, auch aus der Bundesrepublik: von Hans Henny Jahnn bis Helmut Heißenbüttel, von Hans Erich Nossack bis Walter Jens, von Hans Magnus Enzensberger bis Wolfgang Bächler. Autoren aus der DDR und anderen Ostblockländern wurden tatsächlich nur dann berücksichtigt, wenn ihre Arbeiten Qualität aufwiesen. Hier konnte man Abhandlungen über Schriftsteller finden, die drüben als »reaktionär« und »dekadent« gelten: so über Kafka, Musil und Karl Kraus. Hier wurden Aufsätze von Wolfgang Harich publiziert – bis zu seiner Verhaftung im Jahre 1956. Hier las man Bloch und Lukács, bis sie in Ungnade fielen.

Unter diesen Umständen haftete jedem Inhaltsverzeichnis von ›Sinn und Form‹ etwas lautlos Dramatisches an. Jedoch wurde von Huchel nichts veröffentlicht, was mit den Grundsätzen des Marxismus im Widerspruch stand. Er hat sich gehütet, die Machthaber zu provozieren und die Zeitschrift aufs Spiel zu setzen. Es wäre geradezu unsinnig zu vermuten, ›Sinn und Form‹ sei etwa ein getarntes Widerstandsorgan gewesen. Davon kann überhaupt nicht die Rede sein. Aber es war nicht mehr und nicht weniger als eine stille Enklave des Liberalismus in einer lauten Welt des Dogmatismus, eine Insel des Intellekts und der Kunst, stets bedroht von mächtigen Wogen des Ungeistes und der Kunstfeindschaft. Denn was ursprünglich als Propagandainstrument auf lange Sicht und auf hoher Ebene geschaffen wurde, erwies sich als Zufluchtsort für jene Schriftsteller und Leser jenseits der Elbe, die sich von anderen dortigen Zeitschriften entsetzt abwandten.

Also wurde ›Sinn und Form‹ immer wieder von der Partei kritisiert; mehrfach ist der dem Blatt gegönnte Spielraum eingeengt worden. Huchel ließ sich nicht irreführen, entschloß sich zwar gelegentlich zu (verhältnismäßig kleinen) Konzessionen, vermochte jedoch das Niveau sogar in schwersten Zeiten zu halten. Von Bertolt Brecht wurde die Redaktion oft beschützt, bisweilen auch von Johannes R. Becher, der nicht nur ein stalinistischer Funktionär, sondern zugleich ein leidender Künstler war. In den Parteiinstanzen siegte die Auffassung, es sei doch zweckvoll, in der DDR *eine* Literaturzeitschrift zu dulden, die westliche Leser zu interessieren vermöge. Vor allem das Ansehen, dessen sich ›Sinn und Form‹ bei vielen Intellektuellen in der Bundesrepublik erfreute, hat die Existenz des oft gefährdeten Organs bis 1962 ermöglicht.

Als 1959 Peter Huchel die Plakette der Freien Akademie der Künste in Hamburg überreicht wurde, war als offizieller Vertreter der Ostberliner Akademie Willi Bredel anwesend. In der Laudatio hieß es, die Auszeichnung gelte nicht nur dem bedeutenden Lyriker Huchel, sondern auch dem Redakteur von ›Sinn und Form‹. Der DDR-Bürger Bredel schien sehr stolz zu sein, als er diese Worte hoher Anerkennung hörte. Derselbe Bredel hat sich jedoch im April des Jahres 1962 dazu hergegeben, der Zeitschrift den entscheidenden Schlag zu versetzen. Nicht seine Ansichten haben sich vermutlich geändert, wohl aber die Verhältnisse. Denn er warf ›Sinn und Form‹ kurzerhand vor, »ein Wanderer zwischen zwei Welten« zu sein. Was also die Partei früher angestrebt hat, wurde jetzt der Redaktion angekreidet. Was die Kulturfunktionäre für den größten und vielleicht einzigen Vorzug der Zeitschrift hielten, erwies sich nunmehr als ihr unverzeihlicher Makel, als ein Delikt. In der Tat, nach dem 13. August 1961 war die Zeitschrift vollends zu einem Anachronismus geworden. Wer sich nämlich mit einer Mauer und mit Stacheldraht umgibt, legt keinen Wert auf Aushängeschilder. Wo geschossen wird, sind Visitenkarten überflüssig. »Wanderer zwischen zwei Welten« werden liquidiert.

Und Peter Huchel, der Dichter, der Redakteur, der diese Brücke gebaut, die liberale Enklave verteidigt, den Zufluchtsort bewacht hat? Sein Name wird drüben nicht mehr genannt; niemand wagt es, ihm, der zu Kompromissen nicht bereit war, öffentlich zu danken. – Vor vielen Jahren schrieb Huchel einen Gedichtzyklus mit dem Titel ›Deutschland‹. Er beginnt:

> Späteste Söhne, rühmet euch nicht.
> Einsame Söhne, hütet das Licht.
> Daß es von euch in Zeiten noch heißt,
> daß nicht klirret die Kette, die gleißt,
> leise umschmiedet, Söhne, den Geist.

Was Peter Huchel einst von anderen gefordert, hat er selbst verwirklicht. Dergleichen kann nicht oft gerühmt werden.

Wozu brauchen wir Ehrenburgs Autobiographie?

Trotz zahlreicher Proteste ist jetzt in der Bundesrepublik die deutsche Ausgabe der Autobiographie Ilja Ehrenburgs, ›Menschen, Jahre, Leben‹, erschienen. Als Ende 1960 der Münchner Kindler Verlag eine Ausgabe der Memoiren Ehrenburgs ankündigte, erhob sich in mehreren deutschen Zeitungen, zumal in Vertriebenenblättern, ein Sturm der Entrüstung. Ehrenburg hat in den letzten Jahren des Krieges die Soldaten der Sowjetarmee in zahlreichen Artikeln zum Kampf gegen das »Dritte Reich« angefeuert. Es waren haßerfüllte Artikel. Wen kann das wundern? Verwunderlich wäre vielmehr, hätte Ehrenburg damals Barmherzigkeit gepredigt. Tatsächlich haben diejenigen, die die Ausgabe seiner Autobiographie vereiteln wollen, in der Regel für seine aggressive Haltung sogar Verständnis gezeigt. Unverzeihlich fanden sie hingegen ein Flugblatt, in dem es hieß: »Brecht mit Gewalt den Rassenhochmut germanischer Frauen. Nehmt sie als rechtmäßige Beute.«

Neue Bücher deutscher Autoren, die zwischen 1933 und 1945 den Massenmord befürwortet oder gefordert haben, können in der Bundesrepublik ungehindert erscheinen. Bisweilen werden derartige Autoren auch mit literarischen Ehren bedacht. Es ist jedoch bezeichnend für das hiesige Klima, daß die erwähnten Proteste gegen das Buch eines sowjetischen Schriftstellers sofort einen Rückzug des Verlags zur Folge hatten: Er teilte mit, »staatsbürgerliche Bedenken« hätten ihn veranlaßt, »Ehrenburgs Äußerungen während des Zweiten Weltkriegs zu überprüfen«. Es stellte sich heraus, daß Ehrenburg schon früher – sogar noch während des Krieges – die Urheberschaft an diesem »abscheulichen, rassenhetzerischen Appell« bestritten und vermutet hatte, das Flugblatt sei eine Fälschung des Goebbels-Ministeriums. Da Ehrenburg besonders häufig zur Zielscheibe der nationalsozialistischen Propaganda auserwählt wurde, entbehrt seine Erklärung zumindest nicht der Wahrscheinlichkeit. Wie dem auch sei: Das Münchner »Institut für Zeitgeschichte« hat in dieser Angelegenheit – wie die ›Westdeutsche Allgemeine Zeitung‹ 1961 zu berichten wußte – »alle in Frage kommenden Institute, Historiker und Militärs« befragt und mitgeteilt, »ein wissenschaftlicher Nachweis für die Identität des Flugblattes« habe sich nicht ergeben. Dennoch konnte sich der Kindler Verlag nicht entschließen, die Ehrenburg-Memoiren den deutschen Lesern zugänglich zu machen. Erst als der Goldmann Verlag mit einer Taschenbuchausgabe eines Teils der jetzt vorliegenden Edition zuvorzukommen drohte, entschied sich Kindler, das Buch in kürzester Frist doch herauszugeben – allerdings erheblich später als die Franzosen und Engländer.

Wie aber, wenn Ehrenburg tatsächlich jenes Flugblatt verfaßt hätte? Das eben ist der Fluch der bösen Tat, daß sie, fortzeugend, immer Böses muß gebären. Ungeheuerliche Geschehnisse haben im Laufe der Jahrtausende oft genug verursacht, daß Schriftsteller glaubten, die Gesetze der Menschlichkeit seien außer Kraft gesetzt. Einst rief ein Dichter:

> Alle Triften, alle Stätten
> Färbt mit ihren Knochen weiß;
> Welchen Rab' und Fuchs verschmähten,
> Gebet ihn den Fischen preis;
> Dämmt den Rhein mit ihren Leichen;
> Laßt, gestäuft von ihrem Bein,
> Schäumend um die Pfalz ihn weichen,
> Und ihn dann die Grenze sein!
> Eine Lustjagd, wie wenn Schützen
> Auf die Spur dem Wolfe sitzen!
> Schlagt ihn tot! Das Weltgericht
> Fragt euch nach den Gründen nicht!

Der diese schauerlichen Verse schrieb, war weder Russe noch Jude noch Bolschewik. Es war ein preußischer Junker – und einer der größten Dichter der Deutschen. Er hieß Heinrich von Kleist. Hatte nicht der Jude und Russe Ilja Ehrenburg, dessen Angehörige übrigens von Deutschen ermordet wurden, Gründe zu einem ähnlich unmenschlichen Haßausbruch?

Nichts scheint mir indes heuchlerischer zu sein als jene Haltung, die zwar Verständnis für die damaligen Mordaufrufe Ehrenburgs vorschützt, ihm jedoch die angebliche Aufforderung zur Vergewaltigung deutscher Frauen vorwirft. Ich halte den Mord für ein ungleich schrecklicheres Verbrechen als die Vergewaltigung. Wer mich etwa des Zynismus beschuldigen möchte, sei belehrt, daß meine Ansicht von dem in der Bundesrepublik verbindlichen Strafgesetzbuch bestätigt wird. Wer aber meinen sollte, daß jede an einer wehrlosen Frau begangene Untat besonders grausam sei, der muß daran erinnert werden, daß jene Deutschen, die die Ermordung von Millionen von Juden geplant, angeordnet, organisiert und durchgeführt haben, keine Rücksicht auf das Geschlecht ihrer Opfer nahmen. Muß man selbst gesehen haben, wie Deutsche jüdischen Müttern – bitte lesen Sie weiter! – ihre kleinen Kinder entrissen und deren Schädel an Häusermauern zerschmetterten, um die Schamlosigkeit der Entrüstung zu ermessen, mit der heute in deutschen Blättern über die damaligen – tatsächlichen oder angeblichen – Aufrufe Ehrenburgs geschrieben wird?

Und noch eins: Ilja Ehrenburgs Autobiographie ist – das hat bisher noch niemand bestritten – ein wichtiges, aufschlußreiches Kulturdokument. Wer also würde eigentlich benachteiligt sein, wenn es den Scharfmachern gelungen wäre, die deutsche Ausgabe dieses Buches zu vereiteln? Ausschließlich die deutschen Leser in der Bundesrepublik.

Literarischer Schutzwall gegen die DDR

Der Schriftsteller Peter Jokostra protestierte (in der ›Welt‹ vom 1. August 1962) gegen eine für den Herbst geplante westdeutsche Ausgabe der Werke von Anna Seghers. Es geht jedoch um weit mehr als um die Bücher der Seghers. Es geht um das literarische Leben in der Bundesrepublik. Mithin sollte dieser Fall – allen Emotionen, die ihn belasten, zum Trotz – mit maximaler Sachlichkeit erörtert werden.

Mit vier Argumenten, die ich hier in derselben Reihenfolge wiedergebe, begründet Jokostra seinen Protest gegen die vom Luchterhand Verlag vorbereitete Anna Seghers-Ausgabe:

1. Anna Seghers sei als Vorsitzende des DDR-Schriftstellerverbandes »an der Knebelung des freien Wortes, an dem ganzen perfiden Mechanismus des Funktionär- und Parteiapparates aktiv beteiligt«. Sie sei es, die die Errichtung der Berliner Mauer »schweigend hinnahm und als Mitglied ihrer Partei, der SED, sogar billigte und forcierte«.

2. Die beabsichtigten Publikationen beleidigten die Gefühle der aus der DDR geflohenen Schriftsteller: »Sie sind von einer Organisation verfemt und zur Flucht gezwungen worden, die Anna Seghers zu ihrer Vorsitzenden wählte.«
3. Anna Seghers habe nichts für die in der DDR verhafteten Schriftsteller wie beispielsweise Wolfgang Harich und Erich Loest getan: »Sie schwieg und ließ sich dekorieren.« Es werden ihre Preise und Orden aufgezählt.
4. Während sich viele bundesrepublikanische Autoren mit einem geringen Einkommen begnügen müßten, sei Anna Seghers »allein durch ihre Preise, Prämien, Funktionen und Dotationen eine der vermögendsten Persönlichkeiten der ›DDR‹«.

Beginnen wir mit dem letzten Argument. Es wäre ein Novum, sollten Verlage Entscheidungen über Veröffentlichung oder Nichtveröffentlichung eines Buches von der materiellen Situation des Verfassers abhängig machen. Folgerichtig müßten bundesrepublikanische Verlage weitere Ausgaben etwa der Werke von Max Frisch oder Heinrich Böll einstellen, weil es beiden Autoren finanziell (glücklicherweise!) recht gut geht. Verlage sind jedoch keine Wohltätigkeitsinstitutionen und sollen es auch nicht sein.

Der Vorwurf, Anna Seghers habe sich dekorieren lassen, kann ebenso gegen sämtliche prominente (und viele weniger prominente) Schriftsteller in allen kommunistischen Ländern erhoben werden. Auch Wolfgang Harich und Erich Loest, den inhaftierten Schriftstellern, wurden literarische Ehrungen zuteil. Sollte man sich danach richten, dann müßte man sämtliche bekannten Schriftsteller, die zwischen der Elbe und dem Gelben Meer leben, von Publikationen in der Bundesrepublik ausschließen – jedenfalls bis zum Zeitpunkt ihrer Verhaftung.

Zu der Behauptung, Anna Seghers habe nichts getan, um die Freilassung von Harich, Loest und anderen zu bewirken, ist zu sagen, daß noch nie ein Schriftsteller in einem kommunistischen Land gegen die Verhaftung eines Kollegen *öffentlich* protestiert hat – nicht einmal in Polen, dem liberalsten Land hinter dem Eisernen Vorhang. Ob Anna Seghers oder andere führende Schriftsteller der DDR in Sachen Harich und Loest inoffizielle Schritte unternommen haben, entzieht sich unserer Kenntnis. Hierüber gibt es nur Gerüchte. Sollen westdeutsche Publikationen der DDR-Autoren von Gerüchten abhängig gemacht werden? Oder sollen sie als Preise für Tollkühnheit dienen? Oder glaubt Jokostra gar, Schriftsteller wie Harich und Loest würden eher entlassen, wenn DDR-Autoren in der Bundesrepublik boykottiert werden?

Was Jokostra über die Haltung der Seghers angesichts der Mauer sagt, läßt sich schwer diskutieren, weil es unlogisch ist. Entweder hat sie die Mauer »schweigend« hingenommen, oder sie hat ihre Errichtung »forciert«. Beides zugleich ist nicht möglich. Sollte die erste der beiden kontradiktorischen Behauptungen zutreffen, dann würde es doch wohl eher für die Seghers sprechen. Verlangt Jokostra von einem prominenten DDR-Autor, daß er nicht nur die Befürwortung der Mauer verweigert (denn Schweigen kommt in diesem Fall einer Weigerung gleich), sondern auch öffentlich gegen diese Maßnahme protestiert? Ich erlaube mir, an den ›Tell‹ zu erinnern: »Vom sichern Port läßt sich's gemächlich raten.«

Aber Jokostra hat unzweifelhaft recht, wenn er sagt, die Seghers sei »an der Knebelung des freien Wortes« und an dem »perfiden Mechanismus« des Parteiapparates beteiligt. Und das ist sein schwerwiegendes Hauptargument. Er bezieht es keinesfalls nur auf die Seghers. Nicht ohne Stolz teilt Jokostra mit, es sei ihm im vergangenen Jahr gelungen, die westdeutsche Ausgabe des Romans ›Der Wundertäter‹ von Erwin Strittmatter zu vereiteln. Im selben »Offenen Brief« protestiert er auch gegen eine etwaige Stephan Hermlin-Publikation des Luchterhand Verlags. Wer wird von seinen Maßnahmen noch betroffen werden? Hans Mayers Essays sollen im Herbst bei Rowohlt erscheinen. Aber Mayer ist doch Literaturprofessor in Leipzig und Nationalpreisträger und hat nicht öffentlich gegen die Mauer protestiert. Die Deutsche Verlagsanstalt hat zwei Gedichtbände von Johannes Bobrowski publiziert. Ist das zulässig, da doch Bobrowski einen leitenden Posten in einem Ostberliner Verlag bekleidet und ebenfalls nicht öffentlich gegen die Mauer rebelliert hat? Wann ist ein DDR-Schriftsteller noch, wann nicht mehr publikationswürdig für die Bundesrepublik? Jedenfalls scheint es Jokostras Ehrgeiz zu sein, die nicht existierende amtliche Zensur in der Bundesrepublik durch eine private Aktion zu ersetzen. In Beantwortung des Ostberliner »Schutzwalls« will er – wie man sieht nicht ohne Erfolg – einen westdeutschen literarischen Schutzwall errichten.

Wenn morgen in der DDR ein wichtiges medizinisches oder naturwissenschaftliches Werk erscheint, wird es niemand bezweifeln, daß es richtig ist, dieses Werk in der Bundesrepublik zugänglich zu machen. Der Westen kann es sich nun einmal nicht leisten, die Bemühungen des Ostens auf dem Gebiet etwa der Physik oder der Krebsforschung zu ignorieren. Wo praktische Notwendigkeiten sprechen, schweigen alle Bedenken. Warum sollte es auf dem Gebiet der Literatur eigentlich anders sein? Man stelle sich vor, morgen werde in der DDR ein bedeutender neuer Roman publiziert – das ist zwar sehr unwahrscheinlich, aber doch nicht ganz ausgeschlossen. Dieser Roman wird gewiß in England, Frankreich oder Italien herausgegeben werden. Würde er für die Bundesrepublik weniger wichtig als für die Franzosen oder die Italiener sein, weil er in deutscher Sprache geschrieben wäre? Und sind für uns nur überragende Werke von Interesse?

1959 erschien drüben Anna Seghers' Roman ›Die Entscheidung‹. Ich halte dieses Buch – und habe das damals geschrieben – für ein »erschütterndes Dokument der Kapitulation des Intellekts, des Zusammenbruchs eines Talents, der Zerstörung einer Persönlichkeit«. Warum sollte man einen Verleger daran hindern, den hiesigen Lesern zu zeigen, was aus Anna Seghers, die einst Meisterwerke deutscher Prosa schrieb, in der DDR geworden ist? Nichts kompromittiert die dortige Kulturpolitik mehr als dieser Roman, der mit dem höchsten Literaturpreis der DDR geehrt wurde. Jokostra zitiert Jürgen Rühle, der feststellte, Anna Seghers habe in der ›Entscheidung‹ die politische Diskussion auf die Faustformel »ja oder nein« gebracht: »Willst du nicht die Gestapo, mußt du den Staatssicherheitsdienst wählen. Schwankende werden mit dem Tode bestraft.« Warum sollte den Lesern der Bundesrepublik verheimlicht werden, daß die Seghers so tief gesunken ist? Wer sich der Veröffentlichung dieses Romans widersetzt, hilft im Grunde, die Niederlage der dortigen Literatur zu tarnen.

Nun soll aber eine westdeutsche ›Gesamtausgabe‹ der Seghers erscheinen. Das finde ich – da eine solche Edition immer im gewissen Sinne eine Ehrung ist – weder taktvoll noch angebracht. Ein Teil des Werks von Anna Seghers ist auch gänzlich überlebt und wird heute niemanden interessieren – so die aus den dreißiger Jahren stammenden Bücher ›Die Gefährten‹, ›Der Weg durch den Februar‹ und ›Die Rettung‹. Warum sollte jedoch ein so hervorragender Roman wie ›Das siebte Kreuz‹ nicht neu ediert werden? Etwa der grundsätzlichen Haltung wegen, die in diesem Buch deutlich wird? Auch ich schätze den von Jokostra zum Kronzeugen berufenen Jürgen Rühle. Er schrieb über das ›Siebte Kreuz‹: »Der Terror der Nazis wird angeprangert – aber es könnte genauso irgendein anderer Terror zu irgendeiner anderen Zeit an irgendeinem anderen Ort sein.« Sehr richtig. ›Das siebte Kreuz‹, dieses große literarische Kunstwerk, ist heute ein Roman gegen die Diktatur schlechthin. Wer könnte daran interessiert sein, ihn zu bekämpfen? Warum sollen sich die Leser in der Bundesrepublik nicht davon überzeugen, daß der einst talentvolle Stephan Hermlin als Opfer der SED-Kulturpolitik seit einem Jahrzehnt an absoluter literarischer Impotenz leidet? Hat es Kuba verdient, daß man seine Verse hier mit dem Mantel der Barmherzigkeit bedeckt?

»Wie werden die von Ulbricht gemaßregelten und unter Druck in die Bundesrepublik geflohenen Schriftsteller und Publizisten ... die beabsichtigten Publikationen aufnehmen?« – fragt Jokostra. Nun gut, gehen wir auch auf dieses Argument ein. Von jenen, deren Gefühle beleidigt werden könnten, nennt Jokostra als ersten den jungen Publizisten Günter Zehm. In der ›Welt‹ vom 4. August 1962 bespricht Zehm eine westdeutsche Anthologie der DDR-Lyrik mit Gedichten von Kuba, Strittmatter, Zimmering und anderen SED-Autoren. Und siehe da: weder hält der ehemalige DDR-Häftling und Flüchtling Zehm dieses Buch für schädlich noch fühlt er sich gar beleidigt. Er befürwortet diese Edition, die einen Querschnitt des »von der DDR geduldeten, geförderten und manipulierten lyrischen Bestands« bieten soll. Als zweiten Namen führt Jokostra wiederum Rühle an, dessen Buch über die Schriftsteller und den Kommunismus er offensichtlich schätzt. Einverstanden. Wer es aber für richtig hält, daß man sich hier mit Arnold Zweig, Becher und Anna Seghers, Renn und Hermlin beschäftigt, wie es Rühle eben getan hat, der kann sich nicht der Veröffentlichung der kritisierten Werke widersetzen, ohne in den Verdacht zu geraten, er wolle nur Kommentare, jedoch nicht die Quellen zugänglich machen. Das würde ja auf die klassische Propagandataktik der totalitären Staaten hinauslaufen. In der DDR dürfen zwar Bücher *über*, aber nicht *von* Kafka erscheinen.

Schließlich sagt Jokostra dem Verleger der geplanten hiesigen Seghers-Ausgabe, der sich vielleicht damit verteidigen werde, er wolle »dem reinen Geist dienen«: »Im Machtbereich der SED ... respektiert man Ihre Argumente keineswegs. Man denkt machtpolitisch.« Zweifellos richtig. Will Jokostra, daß man sich hier nur solcher Argumente bedient, die von der SED respektiert werden? Will er, daß man auch hier »machtpolitisch«

denken soll? Nein, das will er, der vor einigen Jahren aus der DDR geflohen ist, natürlich nicht. Aber Jokostra und viele andere Menschen in der Bundesrepublik, die ähnliche Ansichten vertreten, sollten begreifen, daß der literarische Schutzwall, an dem er eifrig bastelt, schädlicher ist, als die Bücher der kommunistischen Autoren es je sein können.

Und da sich Peter Jokostra mit Vorliebe auf die Gefühle und Gedanken von DDR-Flüchtlingen beruft, sei dies auch mir zum Abschluß erlaubt. Als der Kindler Verlag mitteilte, er müsse »staatsbürgerlicher Bedenken« wegen erst einmal Ehrenburgs Äußerungen prüfen und daher die Veröffentlichung seiner Autobiographie einstweilen unterlassen, schrieb Hans Dietrich Sander, der 1958 in die Bundesrepublik geflohen ist und der, wie sich die Leser der ›Welt‹ seitdem überzeugen konnten, schwerlich als glühender Anhänger des Kommunismus und des Ulbricht-Staates gelten kann: »Der Münchner Verlag sollte lieber prüfen, ob ›staatsbürgerliche Bedenken‹ nicht zu jenen Redensarten zählen, mit denen totalitäre Staaten das Recht auf Information zu unterbinden pflegen. Ressentiments sollte man Verbänden neidlos gönnen. Bei der Verbreitung von Literatur haben sie nichts zu suchen.« Dem braucht nichts hinzugefügt zu werden.

Kritik auf den Tagungen der »Gruppe 47«

Am 28. Oktober 1961, kurz nach zwei Uhr morgens – es war auf einer Tagung der »Gruppe 47« – richtete der deutsche Schriftsteller Martin Walser an den Schreiber dieser Zeilen in Gegenwart mehrerer prominenter Zeugen eine kraftvoll-männliche, militärisch-knappe Ansprache, in der er die Literaturkritiker aller Länder und Zeiten mehrfach und nachdrücklich als »Lumpenhunde« bezeichnete.

Als der Autor der ›Halbzeit‹ diese ebenso aufrichtigen wie kernigen Worte sprach, konnte er auf eine stolze Ahnenreihe zurückblicken. Bereits Goethe hielt die Rezensenten für Hunde, die man schleunigst totschlagen sollte. Zu zoologischen, freilich etwas komplizierten Vergleichen fühlte sich auch Dickens angeregt: Er meinte, der Kritiker sei eine mit Pygmäenpfeilen bewaffnete Laus, welche die Gestalt eines Menschen und das Herz eines Teufels hätte. Leo Tolstoj wiederum, der ja schließlich auch kein ganz schlechter Schriftsteller war, erklärte in seinem

Buch ›Was ist Kunst?‹ klipp und klar, daß jemand, der sich damit befasse, Kritiken zu schreiben, nicht ganz normal sein könne.

Nun muß man aber – denn fair wollen wir sein! – zugeben, daß Martin Walser etwas mehr Grund hat als seine Kollegen aus dem 18. und 19. Jahrhundert, die Kritiker mit wuchtigharten Worten zu bedenken. Die genannten Romanciers und Dramatiker meinten nämlich, als sie so wohlwollend und menschenfreundlich der Rezensenten gedachten, lediglich die gedruckte Kritik. Goethe, Dickens und Tolstoj war es nicht gegeben, an einer Tagung der »Gruppe 47« teilzunehmen. Die mündliche, improvisierte und dennoch öffentliche Kritik war ihnen unbekannt. Die Autoren der »Gruppe« dagegen werden das ganze Jahr hindurch von den schreibenden und auf den Tagungen überdies noch von den redenden Kritikern bedrängt. Aber Martin Walser hätte, als er damals, nach dem Genuß einiger Flaschen vortrefflichen Alkohols, jenes denkwürdige Wort von den »Lumpenhunden« prägte, sich auch auf die Kritiker aus Vergangenheit und Gegenwart berufen können. Denn es gehört zu den nicht unsympathischen Gepflogenheiten zumal der deutschen Literaturkritik, recht häufig an dem Ast zu sägen, auf dem sie sitzt. Das soll heißen: solange es eine deutsche Literaturkritik gibt, solange zweifelt sie an sich selber. Und stellt immer wieder sich selbst in Frage. Und das gilt, offen gesagt, auch für die Kritiker der »Gruppe 47«.

Wollen wir jetzt also ein bißchen an unserem Ast sägen? Wir wollen es.

Wer an einer der Tagungen der »Gruppe 47« in den letzten Jahren – sei es als Autor oder als Diskutant, sei es als schweigender Beobachter – teilgenommen hat, kann sich der Befürchtung nicht erwehren, daß auf diesen Schriftstellertreffen literarische Versuche leichtfertig beurteilt und oft genug auch verurteilt werden. Muß nicht schon die Prozedur, die auf den Tagungen üblich ist, eine unseriöse und verantwortungslose Kritik zur Folge haben? Zunächst einmal: Ist es möglich, ist es sinnvoll, Gedichte, Erzählungen oder Romanfragmente zu bewerten, die man nicht gelesen, sondern nur gehört hat?

Bei der lediglich akustischen Darbietung literarischer Texte werden die Gegenstände der Betrachtung nicht in ihrer ursprünglichen, in ihrer natürlichen Gestalt präsentiert, sondern zugleich mit einer Interpretation des Autors versehen. Indem er seine Prosa oder seine Verse laut vorliest, empfiehlt er den Zuhörern allein durch die Art des Vortrags, seine Arbeit auf die von ihm erwünschte Weise zu verstehen. Er stützt seinen Text mit außerliterarischen Mitteln. Die Betonung einzelner Worte und Sätze lenkt die Aufmerksamkeit auf gewisse inhaltliche Elemente. Die Pointen werden mehr oder weniger hervorgehoben. Stimme und Tonfall erzeugen eine Atmosphäre, die vielleicht, hätte man nur das Manuskript in der Hand, unbemerkt geblieben wäre. In diesem Zusammenhang ist es im Grunde belanglos, ob der Verfasser eine Deutung mit außerliterarischen Mitteln anstrebt oder vermeiden möchte, ob sie bewußt oder unbewußt erfolgt: Mag er sich um einen konsequent-sachlichen, vollkommen gleichgültigen, monotonen oder unterkühlten Vortrag bemühen – eine von jeglicher Auslegung freie, also gewissermaßen klinisch reine akustische Darbietung literarischer Texte kann man sich überhaupt nicht vorstellen.

Ferner muß berücksichtigt werden, daß es neben Autoren mit rezitatorischer Begabung auch solche gibt, deren Unfähigkeit auf diesem Gebiet erstaunlich groß ist. Während also die einen die Wirkung ihrer Arbeit steigern, verderben andere den Eindruck, den sie bei gewöhnlicher Lektüre erwecken könnte. Nicht selten geschieht es sogar, daß der lesende Autor seinen Text verstümmelt, indem er undeutlich liest und einzelne Silben, ja ganze Worte verschluckt. Überdies eignen sich manche Arbeiten vortrefflich zur akustischen Darbietung, andere hingegen können eigentlich nur mit dem Auge wahrgenommen werden. In einer Geschichte, beispielsweise, in der die Darstellung des Erzählers mit Dialogen und inneren Monologen der auftretenden Gestalten kombiniert ist und in der sich der Autor womöglich noch einige Rückblenden leistet, kann selbst dem aufmerksamen und geübten Zuhörer mit Leichtigkeit ein Zeitsprung oder ein Wechsel der Bewußtseinsebene entgehen, wodurch das Ganze in der Regel nahezu unbegreiflich wird. Der Verfasser eines eingleisigen oder jedenfalls einfacher komponierten Prosastücks hat von vornherein geringere Widerstände zu überwinden.

Die Kritiker sollen jedoch weder über die Möglichkeiten des Autors als Vortragskünstler befinden noch darüber, ob sich sein Produkt zur Rezitation eignet. Sie haben einen literarischen Text sachgemäß und möglichst gerecht zu beurteilen, müssen also alle Faktoren, die sich aus der akustischen Darbietung zum Vorteil oder zum Nachteil des Verfassers ergeben, rücksichtslos eliminieren. Mithin entstehen für den Kritiker zusätzliche Schwierigkeiten. Übertreibe ich? Man könnte diese Schwierigkeiten getrost bagatellisieren, wenn ansonsten auf den Tagungen die Voraussetzungen für eine einigermaßen normale Arbeit der Kritik gegeben wären. Dies ist aber keineswegs der Fall. Der Kritiker hat nicht die Möglichkeit, den gebotenen Text oder auch nur einzelne Passagen, die ihm besonders wichtig oder symptomatisch zu sein scheinen, zu überprüfen. Er muß sich ganz und gar auf den ersten Eindruck verlassen. Wenn er etwa meint, die Arbeit zeuge von einem bemerkenswerten Fortschritt oder Rückschritt im Vergleich zu früheren Büchern desselben Verfassers, so muß er seinem Gedächtnis vertrauen.

Sogar das Zitieren aus dem zur Debatte stehenden Stück ist sehr schwierig. Natürlich kann sich der Kritiker während der Lesung Notizen machen. Aber welcher Kritiker kann stenographieren? Wenn er sich einen Satz notiert, riskiert er, daß ihm der nächste entgeht – und wer kann wissen, ob dieser nächste nicht just der Schlüsselsatz des ganzen Prosastücks ist? Vor allem wird der Kritik nicht die geringste Bedenkzeit zugestanden. Wenn sich auf den Tagungen zwanzig Sekunden nach dem letzten Wort eines vorgelesenen Stücks niemand zur kritischen Äußerung meldet, wird Hans Werner Richter in der Regel bereits unwillig. Beim Eiskunstlauf oder beim Kunstspringen der Wassersportler wird blitzschnell entschieden – noch ist der Körper des Springers nicht ganz im Wasser verschwunden, und schon heben die Schiedsrichter die Tafeln mit der Punktbewertung des Sprunges. Das wäre wohl das Ideal auch für die Tagungen der »Gruppe«, auf denen tatsächlich mit ähnlicher Geschwindigkeit geurteilt wird, nur daß die Schiedsrichter glücklicherweise nicht gleichzeitig, sondern nacheinander ihre Sprüche vorbringen. Beim besten Willen kann man also dieser Kritik weder Sorgfalt noch Gründlichkeit nachsagen.

Der Beurteilung von literarischen Kunstwerken haftet fast immer etwas Fragwürdiges an. Auf den Tagungen der »Gruppe« wird diese Fragwürdigkeit der Kritik noch außerordentlich gesteigert. Kurzum: Wir haben es mit einem ziemlich unseriösen Phänomen zu tun, das sich der intellektuellen Hochstapelei bedenklich nähert.

Nachdem wir also den Ast, auf dem die Kritik der »Gruppe 47« sitzt, zu Walsers maßloser Freude fast ganz abgesägt haben, wollen wir versuchen, ihn wieder anzukleben. Zwei Fragen drängen sich vor allem auf. Die Autoren, die auf den Tagungen ihre Arbeit lesen, wissen, daß sie nur improvisierte Soforturteile hören werden, die oft schonungslos und unbarmherzig sind. Sie wissen, daß sie, nach den schon traditionellen Spielregeln der Tagungen, nichts erwidern dürfen, sondern alles stumm über sich ergehen lassen müssen. Warum kommen sie trotzdem? Warum setzen sich angesehene und preisgekrönte Schriftsteller, deren Bücher hohe Auflagen erzielen und in viele Sprachen übersetzt werden, einer scheinbar so unernsten Kritik aus? Sind sie etwa Masochisten?

Und jetzt zur zweiten Frage. Jeder Literaturkritiker weiß, wie problematisch das Gewerbe ist, dem er nachgeht. Es gibt wohl kaum einen Kritiker, den nicht immer wieder bei seiner Arbeit die Erinnerung an die Fehlurteile und Sünden aufschreckt, von denen die Geschichte der Literaturkritik strotzt. Wie ist es nun zu verstehen, daß Menschen, die sich also der Fragwürdigkeit ihres Berufes bewußt sind, ihn einige Tage lang unter Umständen ausüben, die diese Fragwürdigkeit allem Anschein nach noch vergrößern? Warum sind hierzu Kritiker bereit, die schließlich einen Ruf zu verlieren haben? Sind etwa aus denselben Kritikern, die in ihren Aufsätzen jedes Wort abwägen, plötzlich für die Dauer der Tagung leichtfertige Burschen geworden, die flott und unbekümmert über literarische Arbeiten reden?

Die Kritik, wie sie auf den Tagungen geübt wird, hat sich aus der Praxis ergeben. Die Autoren kommen, weil sie Urteile über ihre Arbeit hören wollen – meist suchen sie eine Bestätigung des Weges, den sie eingeschlagen haben. Die Kritiker kommen, weil sie wissen wollen, was die Autoren schreiben. Sie alle sitzen im selben Boot, sie haben das gleiche im Auge: die Literatur. Um derartige Tagungen, die ohne mündliche Sofortkritik kaum vorstellbar sind, überhaupt durchführen zu können, haben sich beide Seiten stillschweigend auf einen Kompromiß geeinigt: Die Kritisierten und die Kritisierenden nehmen das Risiko und die Makel in Kauf, die improvisierten Kunsturteilen anhaften und anhaften müssen. Dieser Kompromiß hat sich, wie bisher, durchaus bewährt. Aus der Perspektive der Zeit kann wohl ohne Übertreibung gesagt werden, daß die meisten von der Kritik der »Gruppe« gefällten Urteile sich nicht als falsch erwiesen haben. Dies bezieht sich nicht auf Äußerungen einzelner mehr oder weniger prominenter Diskussionsteilnehmer, sondern lediglich auf das Gesamturteil, das nach einer Lesung gefällt wird und das immer aus der Summe mehrerer Ansichten besteht. So mißtrauisch uns auch das Wort »Kollektiv« stimmen mag, so muß doch gesagt werden: die Kritik der »Gruppe 47« ist eine Kollektivkritik. Es hat sich herausgestellt, daß dieser Umstand viele Schwächen, die durch die Improvisation und das Tempo bedingt werden, auszugleichen vermag. Diejenigen, die sich zu einem soeben gebotenen Text äußern, tun es in dem Bewußtsein, daß sie nicht so sehr ein Urteil fällen als zu einem Urteil beitragen. Dies gilt für die Erzähler und Lyriker, die über die Arbeiten ihrer Kollegen sprechen, nicht weniger als für die Berufskritiker, auf deren Schultern die Last der Kritik vor allem ruht.

Wie alles andere, das die »Gruppe 47« und die Prozedur ihrer Tagungen betrifft, hat sich auch die dominierende Rolle der professionellen Kritiker bei der Bewertung der Arbeiten aus der Praxis ergeben. Niemals wurde beschlossen, daß *sie* vor allem urteilen sollen. Es hat sich jedoch erwiesen, daß sie am ehesten dazu fähig sind, die Eigenarten eines nur gehörten Textes zu erkennen, ihn sofort zu bewerten und zugleich die Bewertung zu begründen. Daß eine improvisierte Äußerung mitunter einem druckreifen Gutachten ähneln kann, hat Walter Jens, der Konzertmeister unserer Kritik, also sozusagen der »Ober-Lumpenhund«, oft genug bewiesen. Die Mannigfaltigkeit der literaturkritischen Konzeptionen und Methoden wirkt sich fast immer günstig aus. Denn derselbe Gegenstand wird von verschiedenen Seiten beleuchtet, die Ansichten ergänzen sich, die Diskussionsteilnehmer korrigieren sich gegenseitig. Walter Höllerer plus Joachim Kaiser ist in der Regel ergiebiger als Höllerer allein oder Kaiser allein. Und wenn der Kaiser in seiner Qual verstummt, ist es dem Jens gegeben, zu sagen, wie er leidet.

Wir alle würden uns wohl nie erlauben, Arbeiten zu kritisieren, die wir nicht gelesen, sondern nur gehört haben, hätten wir nicht die Gewißheit, daß unsere schnellen Äußerungen von den Anwesenden mißtrauisch geprüft werden. Wie sich nämlich der lesende Autor der Kritik aller Teilnehmer der Tagung stellt, so stellt sich in einem gewissen Sinne jeder, der einen Text kritisiert, demselben Forum. Der erforderlichen Sofortreaktion der Kritik auf die gebotene Arbeit entspricht also die Sofortkontrolle, der wiederum die Kritik unterliegt. Vielleicht steckt darin das Geheimnis der Kritik auf den Tagungen der »Gruppe 47«. Gewiß, auch die Kollektivkritik kann Fehlurteile nicht vermeiden, aber sie hat sich, glaube ich, nicht als eine nur pragmatische oder gar von Verantwortungslosigkeit zeugende Lösung erwiesen, sondern als ein Instrument, das geeignet ist, literarische Arbeiten zu werten.

Goethe empfahl zwar, die Rezensenten totzuschlagen, er hat aber mitunter selber Rezensionen geschrieben. Dickens und Tolstoj haben sich ebenfalls literarkritisch betätigt. Und auch in ihren Ohren klang nichts so schrill wie das Schweigen der Kritik. In den Augenblicken, da wir den Sinn unserer Arbeit am meisten beargwöhnen, kann uns dieses Bewußtsein trösten. Die Autoren und Kritiker, sie ziehen denselben Wagen, wenn auch mitunter in verschiedenen Richtungen. Der Antagonismus, der zwischen den Kritisierten und den Kritisierenden besteht und immer bestanden hat, ist nicht so tief und so ernst, wie er zu sein scheint. Wer könnte schließlich mit Sicherheit sagen, ob in jenem heftigen Plädoyer Martin Walsers gegen die Kritik nicht auch herzliche oder vielleicht sogar fast zärtliche Töne verborgen waren? Sicher ist jedenfalls, daß auch er, der Verfasser eines Buches über Franz Kafka, zu uns, den Lumpenhunden, gehört.

Polemik gegen Robbe-Grillet

Bestimmt kann man den meisten Ansprachen, die auf internationalen Schriftsteller-Kongressen gehalten werden, keine Originalität nachsagen. Warum? Es gibt hierfür mehrere Gründe, aber einer der wichtigsten ist wohl in der behandelten Problematik zu suchen. Es geht in der Regel um elementare und grundsätzliche Fragen. Und Schriftsteller warten nicht auf Tagungen, um ihre Ansichten zu diesen Fragen zu äußern. Daher wiederholen die Redner oft Gedanken und Formulierungen, die man bereits in ihren Büchern oder Artikeln finden konnte. Schriftsteller-Kongresse sind jedoch nicht Orte der Offenbarung, sondern der Begegnung. Wichtiger als die Ansprachen sind die Gespräche. Die Teilnehmer verdanken den Tagungen nicht unbedingt Erkenntnisse, wohl aber Bekanntschaften.

Den einen ist an Begegnungen und Gesprächen gelegen, den anderen – nicht. Robbe-Grillet, beispielsweise, kehrt immer enttäuscht zurück. Das ist ebenso verständlich, wie es unbegreiflich ist, daß er sich diese Enttäuschungen nicht ersparen will. Er brauchte doch in Zukunft nur alle Einladungen zu derartigen Veranstaltungen abzusagen. Der Verfasser des ›Augenzeugen‹ hätte dann weit mehr Zeit für seine eigentliche literarische Arbeit und könnte mit neuen Romanen vielleicht auch diejenigen Leser gewinnen, denen seine bisherigen Bemühungen fragwürdig erscheinen. Denn nur Romane – und nicht theoretische Abhandlungen, Artikel, Ansprachen und Interviews – wären imstande, davon zu überzeugen, daß der *nouveau roman* mehr ist als eine kurze und enge Sackgasse, in die sich leider einige französische Schriftsteller verirrt haben. Hingegen zieht es Robbe-Grillet vor, an Kongressen, für die er – allen Enttäuschungen zum Trotz – eine Menge übrig hat, teilzunehmen und bei jeder Gelegenheit Prinzipielles zu sagen. Aber ich befürchte, daß es meist prinzipielle Irrtümer und Mißverständnisse sind. Sie dürfen nicht unwidersprochen bleiben.

Robbe-Grillet weiß nicht, warum auf Schriftsteller-Kongressen immer wieder von Politik geredet wird. Man sollte es ihm erklären. Ich tue es mit den Worten von Wolfgang Koeppen: »Wir alle leben mit der Politik, sind ihre Objekte, vielleicht schon ihre Opfer. Es geht um Kopf und Kragen ... Wie darf da der Schriftsteller den Vogel Strauß mimen, und wer, wenn nicht der Schriftsteller, soll in unserer Gesellschaft die Rolle der Kassandra spielen?«

Robbe-Grillet bedauert es, daß die Schriftsteller ihr eigenes Werk herabwürdigen, »indem sie es dem Ausdruck und der Illustration jener hundert, wenn nicht dreitausend Jahre alten humanitären Banalitäten gleichsetzen«. Er sagt auch deutlich, welche Fragen ihm »humanitäre Banalitäten« zu sein scheinen: Anklage des Faschismus, Verurteilung des Krieges, Kampf gegen Ungerechtigkeit. – Ich bin mit Robbe-Grillet darin einig, daß der Terror, der Krieg und die Ungerechtigkeit sehr banale Motive sind. Sie sind so banal wie die Liebe und die Eifersucht, der Hunger und der Tod. Solange jedoch die Menschen leiden werden – durch den Terror etwa, den Krieg und die Ungerechtigkeit –, wird sich die Literatur mit diesen »humanitären Banalitäten« befassen. Obwohl sie es tatsächlich schon seit dreitausend Jahren tut. Faulkner sagte einmal: »Es gibt seit eh und je nur ein und dasselbe zu berichten auf dieser Welt. Shakespeare, Balzac und Homer – sie haben über ein und dasselbe geschrieben.«

Robbe-Grillet meint, der Schriftsteller befürchte, man könnte ihn fragen, warum er eigentlich schreibe und welche Funktion er in der Gesellschaft erfülle. Das ist gewiß richtig. Aber spricht diese Furcht gegen oder für den Schriftsteller? Jeder denkende Mensch macht sich über den Sinn seiner beruflichen Tätigkeit Gedanken. Die Arbeit des Schriftstellers unterscheidet sich von derjenigen der meisten anderen Menschen dadurch, daß sie auf das Bewußtsein von Tausenden oder sogar von Millionen Einfluß ausüben kann. Sollte man deswegen den Schriftsteller von der Pflicht, über den Sinn und Zweck seiner Bemühungen nachzudenken, freisprechen? Oder sollte man vielleicht gerade vom Schriftsteller erwarten, daß ihm die Frage nach dem Sinn seiner Tätigkeit nie Ruhe läßt? Robbe-Grillet erklärt kurzerhand, derartige Fragen seien absurd, der Schriftsteller könne »ebensowenig wie jeder andere Künstler wissen, wozu er nütze ist«. Es überrascht mich kaum, daß Robbe-Grillet nicht weiß, wozu seine Bemühungen nützlich sind. Daß er jedoch von sich auf die Gesamtheit der Schriftsteller und Künstler schließt, scheint mir zumindest leichtsinnig zu sein. Solange Kunst Menschen zu erfreuen vermag, ist sie schon nützlich und erfüllt sie eine gesellschaftliche Funktion.

Robbe-Grillet glaubt, der Schriftsteller sei zwar »engagiert«, aber nur »insofern er Bürger eines bestimmten Landes, einer Epoche, eines Wirtschaftssystems ist, insofern er inmitten von sozialen, religiösen und sexuellen Regeln und Gewohnheiten lebt«. Er sei daher »nicht mehr oder weniger als alle anderen Menschen« engagiert. – Natürlich wirkt auch der Ingenieur, der Apotheker oder der Tischler »inmitten von sozialen, religiösen und sexuellen Regeln und Gewohnheiten«, aber er befaßt sich nicht mit ihnen in seiner beruflichen Arbeit. Der Schriftsteller indes kann es tun – wenn er es will und kann. Er hat also die Möglichkeit, die Fragen des Landes, dessen Bürger er ist, und der Epoche, in der er lebt, zu behandeln. Und er kann ihnen ausweichen, sie ignorieren. Dies ist einer der Unterschiede zwischen dem Schriftsteller, den man als »engagiert«, und demjenigen, den man als »nichtengagiert« zu bezeichnen pflegt. Die Behauptung, er sei »in genau dem Maße engagiert, in dem er nicht frei ist«, degradiert den Schriftsteller zum willenlosen Werkzeug der Gesellschaft.

Robbe-Grillet ist der Ansicht, der Schriftsteller leide wie alle anderen an dem »Unglück der Menschen«. – Instrumente, mit denen man menschliche Leiden messen könnte, sind bisher nicht erfunden worden. Somit läßt sich über ihren Grad alles sagen, ohne daß man etwas beweisen könnte. Da jedoch Schriftsteller mehr als die meisten anderen Menschen sehen, hören und fühlen – oder es zumindest sollten –, nehme ich an, daß sie in der Regel auch mehr als andere an dem Unglück ihrer Zeitgenossen leiden. Der verhältnismäßig hohe Prozentsatz der Selbstmorde unter den Schriftstellern und Künstlern aller Epochen ist gewiß noch kein Beweis, aber doch ein Umstand, der nicht ganz übersehen werden sollte. Und wenn Robbe-Grillet alle Schriftsteller, die sagen, sie schrieben, um menschlichem Unglück abzuhelfen, als »unaufrichtig« bezeichnet, kann ich mich nur wundern, daß er unverfroren genug ist, diejenigen seiner Kollegen, die mit ihrer beruflichen Arbeit andere Vorstellungen verbinden als er selbst, für Lügner zu halten.

Robbe-Grillet meint, »die Form eines Romans, eines Theaterstücks oder eines Films« sei viel wichtiger »als die Anekdoten..., die darin enthalten sein können«. – Ich glaube hingegen, daß man das Wesen der Kunst gründlich verkennen muß, um derartiges zu behaupten. Form und Inhalt lassen sich im Kunstwerk nicht voneinander trennen und gesondert betrachten. Man kann nicht von zwei verschiedenen Elementen dort sprechen, wo es im Grunde nur ein einziges gibt. Nicht Antithese, Synthese ist hier das Stichwort. Auf die Frage, welche Prinzipien es denn seien, »die die Existenz der Dichter, des Schriftstellers definieren«, hat Thomas Mann geantwortet: »Es sind Erkenntnis und Form – beide zugleich und auf einmal. Das Besondere ist, daß dieses beides eine organische Einheit bildet, worin eines das andere bedingt, fordert, hervorbringt. Diese Einheit ist ihm Geist, Schönheit, Freiheit – alles. Wo sie fehlt, da ist Dummheit, die alltägliche Menschendummheit, die sich zugleich als Form- und als Erkenntnislosigkeit äußert –, und er weiß nicht, was ihm mehr auf die Nerven geht, das eine oder das andere.«

Ferner reagiert Robbe-Grillet auf Vorwürfe, die offenbar in der Sowjetunion gegen seine Bücher erhoben wurden. Aus den bisher anscheinend grundsätzlichen Darlegungen wird jetzt ein Plädoyer in eigener Sache, aus dem hervorgeht, daß Robbe-Grillet im Unterschied zu den meisten nennenswerten Schriftstellern in den kommunistischen Ländern immer noch der Ansicht ist, es lohne sich, gegen die Postulate des sozialistischen Realismus zu polemisieren. Er erwähnt sogar die Forderung, die Literatur solle »den tagtäglichen Schwankungen« der Politik folgen, obwohl dies in der Sowjetunion heutzutage nur noch von den allerdümmsten Funktionären verlangt wird.

Interessanter scheint die Bemerkung zu sein, »daß sich im sozialistischen Lager und in der bürgerlichen Welt genau die gleichen unangetasteten Illusionen, der gleiche Kult der Vergangenheit, dasselbe Vokabular und letztlich auch dieselben Werte finden«. – Daran ist etwas Wahres und nichts Überraschendes. Denn die Machthaber in westlichen wie in östlichen Ländern wollen lediglich eine solche Kunst fördern und dulden, die ihre Position festigt oder zumindest nicht in Frage stellt. In dieser Hinsicht sind sich die Regierungen, Parteien und Kirchen im Grunde einig. Hieraus können sich gewisse Ähnlichkeiten etwa des Vokabulars ergeben. Dennoch ist die von Robbe-Grillet angedeutete Gleichsetzung der offiziellen Kunstbestrebungen im sozialistischen Lager und in der bürgerlichen Welt erschreckend oberflächlich, da der fundamentale Unterschied zwischen dem Leben in kommunistischen und in westlichen Staaten und zwischen der Funktion, die die Literatur und die Künste hier und dort erfüllen, derartige Vergleiche irrelevant macht. Es mag sein, daß, beispielsweise, Adenauers literarischer Geschmack nicht um eine Spur besser ist als derjenige Ulbrichts. Aber die Wünsche und Ideale des Bundeskanzlers in Sachen Kunst waren für die in der Bundesrepublik im letzten Jahrzehnt wirkenden Schriftsteller und Künstler vollkommen gleichgültig. Sie waren ihnen nicht einmal bekannt. Ulbrichts Wünsche und Bestrebungen haben hingegen das Werk und das Schicksal der Schriftsteller und Künstler der DDR determiniert.

Schließlich meint Robbe-Grillet, die Literatur sei »kein Mittel des Ausdrucks, sondern der Suche«. Allerdings weiß die Literatur nicht, »was sie sucht« und »was sie zu sagen hat«. Und in einem Interview hat Robbe-Grillet (›Die Welt‹ vom 15. Oktober 1963) bekannt: »Ich habe eigentlich nichts zu sagen, ich verfüge nur über die Möglichkeit, mich auszudrücken ... Meine Bücher sollen dem Publikum zu irgend etwas verhelfen, aber ich weiß nicht zu was.« – Hier liegt der Hund begraben: Robbe-Grillet hat nichts zu sagen. Deswegen sind seine Bücher steril und im Grunde meist langweilig. Er verfügt – kein Zweifel – über ein gutes Instrument. Aber er kann auf diesem Instrument nicht spielen. Das ist bedauerlich für seine Leser und für ihn selber wohl qualvoll.

Aber Robbe-Grillet hat in einem gewissen Sinne schon recht, wenn er das »Poetische« als »Erfindung der Welt und des Menschen, ständige und immer wieder in Frage gestellte Erfindung« definiert. Und es hat schon seine Berechtigung, wenn er im »Politischen« die »Reduktion des Denkens auf Stereotype« und die »panische Angst vor jedem Zweifel« wahrnimmt. Was geht jedoch für ihn aus dieser Gegenüberstellung hervor? Lediglich das billige Bekenntnis: »Und darum interessiert uns die Politik letztlich nur wenig.«

Ist es nicht vielmehr Aufgabe des Schriftstellers, mit dem »Poetischen« jene »Reduktion des Denkens auf Stereotype« und die »panische Angst vor jedem Zweifel« zu bekämpfen? Dies sei, könnte man erwidern, ein ebenso vergebliches Bemühen wie jener von Robbe-Grillet verspottete, Jahrtausende währende Kampf der Literatur gegen die Ungerechtigkeit, den Krieg und den Terror. Man kann auch sagen, die Schriftsteller seien im Endergebnis immer wieder besiegt worden. In der Tat: Der Traum der Schriftsteller wurde noch nie verwirklicht, die »humanitären Banalitäten« sind leider immer noch aktuell. »Deshalb gibt es für uns« – sagte einmal William Faulkner – »nur die eine Maxime: Im Angesicht einer grandiosen Niederlage auch weiterhin das Unmögliche tun!«

Denk ich an Torberg in der Nacht...

Der Schriftsteller und Journalist Friedrich Torberg ist eine Wiener Institution, ein österreichisches Wunder und ein deutsches Ärgernis. Ihm gelingt es, Unvereinbares zu vereinen: Er ist ein verbohrter Liberaler, ein Querkopf mit Esprit, ein gutmütiger Eiferer, ein toleranter Dickschädel, ein witziger Fanatiker, ein Humorist mit missionarischen Tönen.

Er hat das Unfaßbare vollbracht, den Dichter Bertolt Brecht ein Jahrzehnt lang zu verfolgen und zu beschimpfen, zu bekämpfen und zu befeinden – und dennoch ein außergewöhnlich geistreicher und amüsanter Schreiber zu bleiben. Robert Neumann vermutet, Torberg verspeise zu jedem Frühstück einen Kommunisten. Das stimmt natürlich nicht. Denn erstens ist er Vegetarier und zweitens Feinschmecker. Und die Kommunisten von heute sind keine Leckerbissen. Welcher Polemiker von Rang hätte Lust, mit Verlaub, einen Kurella oder Abusch in seine Obhut zu nehmen? Da Torberg den Ruf eines professionellen und permanenten Kommunistenfressers hat, gilt er auch für rechts und reaktionär. Aber auf mich macht er eher den Eindruck eines typischen Linksintellektuellen, der sich auf dem rechten Flügel niedergelassen hat, weil er dort die würdigsten und intelligentesten Gegner haben konnte: die Linken. Zum Frühstück einen Kommunisten? Unsinn. Zum Frühstück liest er heimlich und genießerisch, mit einer Träne im linken Auge, Brechts Exilgedichte. Und mag er in Wien geboren sein und auch heute dort leben – er gehört doch zu jenen Heimatlosen, deren einzige wirkliche Heimat der Geist ist.

Um der Wahrheit die Ehre zu geben: Denk ich an Torberg in der Nacht, dann bin ich um den Schlaf gebracht. Denn es ist seine fatale und fast einzigartige Spezialität, mit virtuosen Mitteln falsche Standpunkte zu vertreten, mit meisterhaften Argumenten schlimme Ansichten zu verkünden. Daran habe ich mich schon gewöhnt, und damit könnte ich mich mit der Zeit fast abfinden, wenn Torberg in dieser Hinsicht einigermaßen konsequent bliebe. Aber davon kann keine Rede sein. Von ostmärkisch-talmudischer List getrieben, ist Torberg, »der reizt und wirkt und muß als Teufel schaffen«, unbarmherzig und heimtückisch genug, um des öfteren – zwecks Irreführung des Gegners – mit höchster publizistischer Bravour gerade das Richtige zu sagen. Dann freilich leide ich am meisten, gepeinigt von einem menschlichen Gefühl: dem baren Neid. Die Wiener Institution Friedrich Torberg erinnert uns daran, daß es in dieser Stadt einst einen Karl Kraus und einen Alfred Polgar gegeben hat.

Eine Wiener Institution ist Torberg als Theaterkritiker, Polemiker, Kommentator des Kulturlebens, Romancier und auch als Herausgeber der ›Österreichischen Monatsblätter für kulturelle Freiheit‹, die sich ›Forum‹ nennen. Da diese Zeitschrift nicht kartoniert erscheint, sondern lediglich mit einem dünnen, allzu biegsamen Umschlag versehen wird, läßt sie sich im Bücherschrank nicht aufstellen. Sie ist weder dekorativ noch würdevoll. Dafür ist sie lesbar. Sie wird mit Temperament und Umsicht redigiert, sie bietet die Aggressivität mit der leicht melancholischen Note, ist maßvoll österreichisch und fast europäisch. Die Skala der Mitarbeiter reicht von Franz König bis Georg Lukács, also vom offiziellen katholischen Kardinal-Erzbischof von Wien bis zum inoffiziellen marxistischen Kardinal-Erzbischof von Budapest. – Aber man kennt das ›Forum‹ in der Bundesrepublik kaum und in Norddeutschland überhaupt nicht. Die Anzeichen einer möglichen Direktionskrise an der Wiener Staatsoper werden in den großen bundesrepublikanischen Zeitungen allmonatlich so ausführlich referiert, als sei von diesen Krisen das Seelenheil des Intellektuellen in Köln oder Essen abhängig. Ich gebe zu: Es ist schon unerhört wichtig, ob die Gewerkschaft das Licht vor oder während einer Generalprobe abschalten ließ. Und es ist unzweifelhaft eine faszinierende kulturpolitische Frage, ob die ›Bohème‹ in Wien mit oder ohne *Maestro suggeritore* gespielt wird. Dennoch sollte man nicht übersehen, daß es dort auch ein literarisches Leben gibt. Während die Sänger, Schauspieler und Dirigenten zwischen Berlin, München, Wien und Zürich hin- und herreisen und die Leser stets über alle Einzelheiten informiert werden, können im ›Forum‹ oder im Feuilleton der ›Neuen Zürcher Zeitung‹ bedeutsame Aufsätze erscheinen – und in Hamburg oder Frankfurt kräht kein Hahn danach. Von einer Integration des literarischen Lebens, das sich in der Bundesrepublik, in Österreich und in der deutschen Schweiz in Zeitschriften und in den großen Zeitungen abspielt, kann noch lange nicht die Rede sein.

Wenig wissen wir über die Wiener Verhältnisse. Und Torberg scheint über die Verhältnisse in der Bundesrepublik auch nicht allzu gut orientiert zu sein. Jedenfalls lassen darauf manche Bemerkungen in einer längeren Artikelserie schließen, die er im November und Dezember 1963 in der ›Welt‹ veröffentlicht hat. Über die deutschen Intellektuellen schreibt Torberg, ihre »bisher geübte Kampfmethode« bestünde im wesentlichen darin, »zuerst einmal alles, was von seiten der Regierung oder eines Regierungsmitglieds geschieht, zu diskreditieren, also das Vertrauen zum Staat und zur Demokratie zu untergraben . . .«

Da sieht man, wie weit Wien von der Bundesrepublik entfernt ist. Für einen Wiener Journalisten muß doch die Verhaftung Rudolf Augsteins erheblich weniger als für uns bedeutet haben. Daß hierzulande manches ein wenig außerhalb der Legalität stattfindet, betrachtet Torberg offenbar mit einer Gelassenheit, um die ich ihn überhaupt nicht beneide. Und wer ist schuld an den Mißständen? Natürlich die Intellektuellen, die auf diese Mißstände hinweisen.

In den letzten zwei Nummern des ›Forum‹ – dem November- und dem Dezember-Heft – wurde ein ausgezeichneter Vortrag publiziert, in dem es heißt: »Die überhebliche Zurechtweisung, die sich ein Teil der deutschen Dichter so lange selbst erteilt hatte, bis sie zu einem Freibrief der Unverbindlichkeit geworden war – daß nämlich ein Dichter sich in Dinge, von denen er nichts versteht und auch gar nichts verstehen muß, nicht hineinzumischen habe –: sie war mit einem Schlag, mit einem fürchterlichen Schlag, hinfällig geworden. Plötzlich, und ohne daß man sie gefragt hätte, waren die Dichter in diese Dinge hineingemischt.«

Immer noch sind die deutschen Schriftsteller »in diese Dinge hineingemischt«. Und deshalb unter anderem sollte, glaube ich, die weitere Integration des literarischen Lebens der Bundesrepublik, Österreichs und der Schweiz energisch angestrebt werden. Den zitierten Vortrag hat übrigens Friedrich Torberg gehalten: Ende 1933.

»Neue Rundschau« – kein goldener Sarg

Werden im heutigen Deutschland literarische Zeitschriften erst dann öffentlich beachtet, wenn sie eingehen sollen oder bereits eingegangen sind?

Den ›Texten und Zeichen‹, die Alfred Andersch von 1955 bis 1957 herausgab, wird gelegentlich noch jetzt eine Träne nachgeweint. Mit Recht. Aber ich kann mich nicht entsinnen, daß man dieser Zeitschrift, solange sie erschien, in der deutschen Öffentlichkeit außergewöhnliches Interesse oder gar Wohlgefallen entgegenbrachte. Dem ›Merkur‹ widmete man die größte Aufmerksamkeit im Jahre 1962. Denn damals sollte er liquidiert werden. Als Peter Huchels Zweimonatsschrift ›Sinn und Form‹ ihrem Ende entgegenging, brachen auch jene in laute Klagen aus, die vorher Huchels Bemühungen ignoriert und mitunter dazu geneigt hatten, die Sympathie für dieses offizielle Organ der Ostberliner Akademie der Künste fast in der Nähe landesverräterischer Umtriebe zu sehen. Man stelle sich vor, was man in den bundesrepublikanischen Zeitungen lesen würde, wenn die Existenz der ›Akzente‹ gefährdet wäre – was Hanser und Höllerer verhüten mögen. Aber wer kümmert sich jetzt um die ›Akzente‹?

Die Binsenwahrheit, daß man um den Gesundheitszustand nicht erst dann besorgt sein sollte, wenn eine akute Krankheit eintritt, gilt natürlich auch für das Leben der Zeitschriften. Allerdings ist es oft bequemer und einfacher, sich in dieser Hinsicht auf Klagelieder und Trauergesänge zu beschränken. Sind derartige Klagen immer ganz aufrichtig? Sind die Trauergesänge frei von leisen Tönen der Schadenfreude? Wie dem auch sei: Wir sollten, wenn es um unsere Zeitschriften geht, nicht nur für Hiobsbotschaften und Nekrologe Platz finden, sondern auch für Erfreuliches und für Geburtsanzeigen.

Um eine Art Geburtsanzeige handelt es sich auch hier: Dem Jahr 1963 verdanken wir eine neue literarische Zeitschrift –

die ›Neue Rundschau‹. Gewiß, S. Fischer hat sie 1890 begründet. Und sie erschien auch nach 1945. Indes wurde das einst berühmte Organ allmählich – wie es Harry Pross in seinem Buch ›Literatur und Politik‹ formuliert hat – »zu einem Archiv des hohen Niveaus«. Als der Verlag 1960 in zwei (wirklich imponierenden) Bänden eine Auswahl der in der ›Rundschau‹ innerhalb von siebzig Jahren publizierten Erzählungen und Essays unter dem Titel ›Der goldene Schnitt‹ vorlegte, mußte sich die Zeitschrift in literarischen Kreisen die wenig schmeichelhafte Bezeichnung »Der goldene Sarg« gefallen lassen. Die ›Neue Rundschau‹ wurde gedruckt, aber – zumal in den letzten Jahren – kaum gelesen. Sie wurde herausgegeben, aber es gab sie nicht. Es gibt sie wieder.

In der Vorbemerkung zur ersten Nummer des Jahrgangs 1963 sprechen die Herausgeber (es sind nunmehr Golo Mann, Herbert Heckmann, Harry Pross und Gottfried B. Fischer) sowie der neue Redakteur (es ist Rudolf Hartung) von einem »Neuansatz der Zeitschrift« und bekennen sich zur Kritik, deren »Gegenstand nicht nur die Literatur« sein soll: »Kritischen Geistes wollen wir uns vielmehr um all das bemühen, was tatsächlich unsere Zeit prägt und in die Zukunft weist.« Damit hatten sie sich von der bisherigen, würdevoll-musealen Konzeption der ›Rundschau‹ distanziert. Da der erste Jahrgang unter der neuen Leitung jetzt abgeschlossen ist, sieht man, daß sie Wort halten wollen. Und können.

Eine Zeitschrift wie die ›Neue Rundschau‹ ist nicht für die Intelligenz schlechthin bestimmt und auch nicht für wenige Fachleute. Für wen also? Ich meine: vor allem für Schriftsteller und Journalisten, für Funkredakteure, Verlagslektoren und Dramaturgen, für die Universitätsprofessoren, die besseren Gymnasiallehrer und die intelligenteren Theologen. Und für jene natürlich, die morgen diese Funktionen erfüllen werden, also für einen Teil der Studenten. Kurzum: für diejenigen, die auf die öffentliche Meinung in geistigen und literarischen Fragen Einfluß ausüben und ausüben werden, die den Geschmack des Publikums formen und formen werden. Niemals, scheint es, war eine solche Zeitschrift dringender nötig als gerade heute. In der ›Neuen Zürcher Zeitung‹ vom 8. Dezember 1963 schrieb Werner Weber über die Situation in der Literaturkritik: »Unser Vergnügtsein in der Unbildung ... entspricht unserem Vergnügtsein in der Maßstablosigkeit.« Auf die Frage, ob es für beide Zustände eine einzige Bezeichnung gäbe, antwortet Weber: »Es gibt dieses Wort – es heißt ›provinziell‹.« – Damit ist, glaube ich, bereits angedeutet, was mir an der ›Neuen Rundschau‹ im Jahr 1963 gefällt: Ohne für alle verständlich zu sein und ohne andererseits nur Eingeweihte anzusprechen, hat die Zeitschrift zur Bildung beigetragen, indem sie Maßstäbe zu setzen imstande war. Sie hat sich dem Provinzialismus widersetzt.

Aber die Internationalität einer Literaturzeitschrift hängt in erster Linie nicht etwa vom Wohnort und von der Staatsangehörigkeit ihrer Mitarbeiter ab, sondern von der Atmosphäre, vom Niveau, von dem intellektuellen Format der einzelnen Beiträge. Denn Internationalität ist nicht eine Frage der Nationalität, sondern der Geisteshaltung. Die neue Redaktion vermochte in diesem Blatt sofort eine Atmosphäre zu schaffen, in der es selbstverständlich erscheint, daß neben der Lyrik von Bobrowski, Celan, Huchel und Krolow die Verse von Robert Frost, Jorge Guillén und Edith Sitwell stehen, daß man neben der Prosa von Grass, Lettau und Walser diejenige von Edward Albee, Italo Calvino, Henri Michaux und John Updike findet, neben den Essays von Adorno, Golo Mann und Sternberger die von Butor und Senghor. Zugleich spürt man in der ›Neuen Rundschau‹ – und auch das ist letztlich eine Folge ihrer Internationalität – keinerlei Diskrepanz zwischen der reinen Essayistik und der reinen Wissenschaft. Das soll heißen: Die gebotenen Essays haben in der Regel wissenschaftlichen Wert – und die wissenschaftlichen Arbeiten essayistischen Glanz.

Charakteristisch ist desgleichen die neue Rubrik »Rezensionen«. Es kann nicht Aufgabe einer derartigen Zeitschrift sein, zur Kette der in der Tages- und Wochenpresse veröffentlichten Besprechungen über das jeweils erschienene wichtigere Buch noch ein – besseres oder schlechteres – Glied hinzuzufügen. An Rezensionen mangelt es bei uns nicht. Aber es gibt wenig Kritik, die den Gegenstand auf dem Hintergrund der Literatur unserer Epoche sieht, die also Maßstäbe zu setzen bereit und fähig wäre. Hier einzugreifen, aus der Not der Verspätung, die durch die Erscheinungstermine einer Vierteljahresschrift bedingt wird, die Tugend der Distanz zu machen und damit zur Überwindung der Enge und der Beschränktheit, des Provinzialismus beizutragen ist, meine ich, die ›Neue Rundschau‹ besonders berufen. – Übrigens konnte ich mir, von kleinlicher Mißgunst getrieben, eine Statistik nicht versagen. Wird die Rubrik »Rezensionen« in der ›Neuen Rundschau‹ etwa mißbraucht, um mehr oder weniger diskret für die Publikationen des S. Fischer Verlags zu werben? Im Jahrgang 1963 sind insgesamt 32 Bücher besprochen worden. Davon erschien im S. Fischer Verlag 1 (ein) Buch. Es wurde vom Rezensenten eindeutig abgelehnt. Kommentare erübrigen sich.

Und schließlich gefällt mir diese Zeitschrift, weil sie Liberalität, Demokratie und Fairneß nicht mit Standpunktlosigkeit und der bequemen Haltung des Alles-Verstehens verwechselt. Viele Beiträge zeigen sehr deutlich die politischen und kulturpolitischen Positionen der ›Neuen Rundschau‹. Sie entspringen jenem Geist der Kritik, dem man im heutigen Deutschland mehr Platz als bisher wünscht.

Oft hört man, für Literaturzeitschriften gäbe es in der Bundesrepublik kein Publikum mehr. Ist das wahr? Und sind wirklich die Leser daran schuld? Oder vielleicht die Zeitschriften? Jedenfalls ist die Auflage der ›Neuen Rundschau‹, seit Hartung sie übernommen hat, erheblich gestiegen. Es hat sich wieder einmal erwiesen, daß das Publikum nicht so schlecht ist, wie die schlechten Redakteure es uns gelegentlich einreden wollen.

1964

Die Vorliebe für Ich-Erzählungen

Die meisten im Jahr 1963 erschienenen Romane deutschsprachiger Autoren der jüngeren und mittleren Generation sind Ich-Erzählungen. Das trifft auf die neuen Bücher von Böll, Grass und Lenz ebenso zu wie auf die Erstlinge von Thomas Bernhard, Peter Faecke, Hermann Moers und Paul Nizon. Das gilt für die epischen Versuche von Schweizern (wie etwa Jürg Federspiel) und Österreichern (wie etwa Peter von Tramin) ebenso wie für diejenigen der Schriftsteller aus der Bundesrepublik (wie etwa Ernst Augustin). Die Elbe scheidet die Geister in dieser Hinsicht nicht: Die wichtigeren 1963 in der DDR veröffentlichten Romane (z. B. ›Der geteilte Himmel‹ der Christa Wolf und Manfred Bielers ›Bonifaz‹) sind ebenfalls Ich-Erzählungen.

Es besteht jedoch, könnte man sogleich einwenden, kein Anlaß, verwundert zu sein. Schließlich seien ja fast alle bedeutenden deutschen Romane der fünfziger Jahre – von dem ›Erwählten‹ und dem ›Felix Krull‹ über den ›Stiller‹ und den ›Homo Faber‹ bis zur ›Blechtrommel‹ – auch Ich-Erzählungen gewesen. Mithin hätten wir es im Jahre 1963 lediglich mit der Intensivierung und Steigerung einer längst sichtbaren Vorliebe deutscher (und natürlich nicht nur deutscher) Schriftsteller zu tun. Ist das richtig? Handelt es sich wirklich um eine begründete Vorliebe? Oder vielleicht um eine bedenkliche Mode?

Der Romancier des 19. Jahrhunderts habe sich, heißt es, göttliche Attribute zuerkannt. Ein Weltschöpfer wollte er in der Tat sein. Er glaubte, die ganze Szene überblicken zu müssen und überblicken zu können. Er bildete sich ein, frei über seine Figuren verfügen zu dürfen. Er maßte sich an, alle ihre Taten und Empfindungen zu kennen, alle ihre Gedanken zu durchschauen. Und ob er wie ein Gott waltete oder nicht – sicher ist, daß er das Dasein für erkennbar hielt. Und das Erkennbare für erzählbar. Diese Überzeugung geht dem modernen Romancier ab. Balzac, Tolstoj und Fontane verwandelten das Leben in deutliche und übersichtliche epische Landschaften. Proust, Kafka und Joyce, André Gide, Virginia Woolf und Faulkner hielten es hingegen für ihre künstlerische Pflicht, epische Landschaften zu entwerfen, die der Undeutlichkeit und der Unverständlichkeit des Lebens gerecht werden sollten. Die einen beweisen, daß sich alles darstellen und daher auch deuten läßt. Die anderen zeigen, daß sich vieles nicht darstellen und kaum ahnen läßt. Die einen lösen Gleichungen auf, die anderen demonstrieren, daß die Gleichungen nicht aufgehen. Balzac war ein göttlicher Optimist. Wer würde kühn genug sein, dies Joyce nachzusagen? Tolstoj richtete sein Wort an die ganze Menschheit. Kafka wollte seine Hauptwerke nicht einmal drucken lassen.

Dem veränderten Verhältnis zum Leben entspricht die veränderte Perspektive. Dem modernen Erzähler, der sich der Grenzen seiner Möglichkeiten bewußt wird, muß die souveräne Manier des allgegenwärtigen und allwissenden, allumfassenden und allmächtigen Autors fragwürdig und verdächtig, wenn nicht gar lächerlich und verlogen erscheinen. In der Omnipräsenz und der Omnipotenz, die seine klassischen Vorgänger für ihre selbstverständlichen Privilegien erachteten, sieht er nicht mehr als eine veraltete, etwas rührende Konvention und eine heute nicht mehr erträgliche Fiktion. Er verzichtet freiwillig auf eine Macht, die, wie er meint, auf einem leichtsinnigen und naiven Trugschluß beruhte. Er schränkt also die Perspektive ein – oft auf die Erfahrungen und Erlebnisse einer einzigen Gestalt, die er nicht mit der Fähigkeit ausstattet, das menschliche Dasein zu begreifen, die Zusammenhänge zu durchschauen. Er bezieht alles auf dieses eine Individuum oder schildert nur das, was von ihm wahrgenommen werden könnte. Der Autor versteckt sich hinter dem Rücken seines Helden oder seines Ich-Erzählers. In vielen Fällen bedeutet das ein und dasselbe.

Auf diese Weise war ein großer Teil der Prosa unseres Jahrhunderts zu jener fundamentalen Sicht der Epik zurückgekehrt, die seit der ›Odyssee‹ immer wieder als besonders modern entdeckt wird. Von einer Überwindung der Fiktion kann allerdings nicht die Rede sein: Wie die Perspektive des auf seine Allmacht bestehenden Romanciers eine Konvention war, entspricht in nicht geringerem Maße auch die Haltung des Ich-Erzählers einer altehrwürdigen literarischen Konvention, die indes – und nur das ist entscheidend – unserem Weltgefühl eher angemessen zu sein scheint. Anders ausgedrückt: Die Objektivität des traditionellen Romanciers, der das dargestellte Geschehen genau begreift und uns alles zu erklären vermag, beruhte natürlich auf einer Fiktion. Die einseitige Perspektive des modernen Romanciers, der uns über die Vorgänge in seinem Buch im Ungewissen läßt, der vorgibt, die von ihm erfundenen Gestalten nicht genau zu kennen und lediglich Vermutungen über die Geschehnisse und Personen äußert, muß sich im Endergebnis ebenfalls als eine Fiktion erweisen. Aber diese bescheiden und resigniert anmutende Fiktion scheint heute, zumal nach den Erlebnissen, die unserer Generation in den letzten beiden Jahrzehnten zuteil wurden, eher annehmbar zu sein.

Der auffälligen Vorliebe der meisten deutschen Schriftsteller unserer Zeit für die Ich-Erzählung können also triftige Gründe nicht abgesprochen werden. Was jedoch bei Böll, Frisch und Nossack, Grass, Walser und Weiss ein legitimes, sinnvoll und oft auch vortrefflich angewandtes Ausdrucksmittel der Epik ist, wird bei vielen ihrer Nachahmer zur billigen Mode, zum primitiven Kompositionstrick und zur Masche, die sich jeder leisten kann. Denn von allen Eigentümlichkeiten des zeitgenössischen Romans läßt sich keine leichter imitieren als sein Hang zum Monologischen; von allen Kunstgriffen der modernen Epik läßt sich keiner einfacher nachmachen als die Perspektive des Ich-Erzählers. Und keiner wird, meine ich, häufiger mißbraucht. Autoren, die sich offenbar der Möglichkeiten dieser Erzählhaltung kaum bewußt sind, scheinen anzunehmen, sie sei besonders geeignet, ihre schriftstellerischen Schwächen zu bemänteln oder gar zu rechtfertigen. Intellektuelle Dürftigkeit, Banales und Fades, Pathos und Sentimentalität, Oberflächlichkeit und Langeweile, unbeholfener, parfümierter oder lederner Stil, chaotische Komposition und viele andere Mängel werden von fahrlässigen und törichten Romanciers ihren vorgeschobenen Ich-Erzählern zur Last gelegt: Ihr geistiges Format und ihre psychische Konstruktion, ihre Unbildung und ihr schlechter Geschmack sollen für alles, was der Leser ertragen muß, verantwortlich sein.

Einer bekannten Definition von Goethe zufolge ist der Roman »eine subjektive Epopöe, in welcher der Verfasser sich die Erlaubnis ausbittet, die Welt nach seiner Weise zu behandeln. Es fragt sich also nur, ob er eine Weise habe...« Das gilt auch für den Roman unserer Zeit – mögen es Er- oder Ich-Erzählungen sein. Die Existenz des Ich-Erzählers darf uns nicht den Umstand verdecken, daß viele Autoren keine Weise haben, die Welt zu behandeln. Der Germanist Wolfgang Kayser schrieb einmal: »Wir wollen nicht zurück zu der behaglichen Allwissenheit des Erzählers aus dem 19. Jahrhundert und seiner

Vertraulichkeit mit dem lieben Leser ... Aber mit dem ersten Wort, das der Romanschreiber setzt, schafft er eine Welt und schafft sie sich durch ihn.«

Ob der heutige Romancier die epische Allmacht beansprucht oder sich ihrer entledigt, ob er einen Ich-Erzähler einführt oder nicht – von der Pflicht, gute Prosa zu schreiben und eine Welt zu schaffen, können wir ihn nicht entbinden. Und warum sollten wir es?

Literarisches Leben ohne Kritik?

›Feiner Unfug auf Staatskosten‹ lautet der Titel eines Bändchens, in dem der kleine, aber ehrgeizige Merlin-Verlag in Hamburg mehrere Aufsätze und Vorträge des Schriftstellers Heinz Risse vereint hat. Ein Rezensionsexemplar wurde der ›Zeit‹ mit dem Hinweis zugeschickt, der Verfasser hätte es »zunächst zur Bedingung gemacht, gar keine Freiexemplare des Essaybandes für Besprechungszwecke an Zeitungen zur Verfügung zu stellen«, womit sich jedoch der Verleger nicht abfinden wollte: »Ich habe einen Kompromiß erzielt und die Erlaubnis erhalten, drei Besprechungs-Freistücke an Redaktionen meiner Wahl zu verteilen.«

Etwa gleichzeitig erfuhr die ›Zeit‹ vom Langen-Müller-Verlag in München, er könne ein Exemplar des dort 1963 erschienenen Romans ›Ringelreihen‹ von Heinz Risse nicht zusenden, denn der Verlag habe sich schriftlich verpflichten müssen, keiner einzigen bundesrepublikanischen Zeitung oder Zeitschrift Besprechungsexemplare zukommen zu lassen.

Bisher kannten wir derartige Methoden, die Kritik zu bekämpfen, eher aus dem Bereich des Theaterlebens: Manch ein Intendant hat sich schon damit lächerlich gemacht, daß er der Presse, von der er sich unfreundlich behandelt fühlte, die üblichen Eintrittskarten verweigerte. Daß ähnliche Unsitten nunmehr auch im literarischen Leben einreißen würden, steht nicht zu befürchten. Hingegen liegt es nahe, den Schriftsteller, der sich auf diese Weise seine Kritiker vom Leibe halten will, dem Spott der Leser auszusetzen. Ich möchte es nicht tun. Denn ich fürchte, daß diese grotesk anmutenden Maßnahmen eines Einzelgängers Symptome einer Haltung sind, der man in Deutschland immer noch häufig begegnet. Und deren Bedeutung wir nicht unterschätzen sollten.

Was eigentlich will Risse, ein gebildeter und erfahrener Mann, der 65 Jahre alt ist, zahlreiche Romane und Erzählungen geschrieben hat und vor allem durch den Roman ›Wenn die Erde bebt‹ (1950) bekannt wurde? In einem Vortrag, der in dem Band ›Feiner Unfug auf Staatskosten‹ abgedruckt ist, erklärt Risse kurzerhand: »Zwar spielt sich auch meine literarische Tätigkeit im Rahmen einer gewissen Öffentlichkeit ab, doch bin ich nicht deshalb schon geneigt, dieser das Recht zuzugestehen, mir zu sagen – und zu verlangen, daß ich ihr zuhöre –, ob ich meine Sache gut gemacht habe oder wie ich sie hätte machen müssen. Öffentliche Kritik ist weder an Waschmaschinen noch an Herrenhüten üblich ...«

Wie man sieht, jagt hier ein Irrtum den anderen. Erstens ist öffentliche Kritik an Waschmaschinen und anderen Industrieerzeugnissen inzwischen glücklicherweise üblich geworden. Zweitens ist es sinnlos, Kunstwerke und Erzeugnisse der Industrie auf derselben Ebene zu betrachten. Drittens und vor allem: Jemand, der seine literarischen Versuche der Öffentlichkeit vorlegt, räumt zugleich, ob er dazu geneigt ist oder nicht, der Öffentlichkeit auch das Recht ein, über den Wert dieser Versuche zu befinden. Es mag sein, daß Risse von der deutschen Kritik der fünfziger Jahre, als die meisten seiner Bücher erschienen, nicht ganz gerecht behandelt wurde. Daher versucht er jetzt, das Kind mit dem Bade auszuschütten: Seine Verlagsverträge sind Demonstrationen gegen die Existenz der Kritik schlechthin. Er möchte sie als Institution der literarischen Öffentlichkeit nicht gelten lassen und vermerkt ausdrücklich, für ihn habe der Gedanke, auf Literaturkritik ganz und gar zu verzichten, »etwas Bestechendes«: »Die Kritiker« – fügt Risse hinzu – »könnten sich der Aufgabe zuwenden, bessere Bücher zu schreiben als die Autoren.«

Da haben wir ein deutsches Erzübel, von dem schon oft die Rede war. Und von dem nicht oft genug die Rede sein kann. Es fällt hierzulande vielen schwer, den Geist der Kritik zu akzeptieren oder sich gar mit ihm zu befreunden. Sie wollen und können nicht begreifen, daß literarisches Leben ohne Kritik ebenso undenkbar ist wie parlamentarisches Leben ohne Opposition, daß Kritik ein immanenter Faktor jeder geistigen Betätigung ist und nicht etwa Nörgelei oder Besserwisserei; und ganz gewiß nicht ein Tummelplatz für jene Romanciers oder Lyriker, die gescheitert sind und sich daher an ihren glücklicheren Kollegen rächen möchten. »Ich finde meine Suppe versalzen: darf ich sie nicht eher versalzen nennen, als bis ich selbst kochen kann?« Der Titel der kleinen Arbeit von Lessing, in der dieser Satz steht, lautet: ›Der Rezensent braucht nicht besser machen zu können, was er tadelt‹.

Obwohl seitdem zwei Jahrhunderte vergangen sind, begegnet man in Deutschland derartigen, letztlich ebenso richtigen wie schlichten Einsichten immer noch mit einem Mißtrauen, das freilich oft verheimlicht wird: Seit Goebbels die Kritik liquidiert hat, ist es nicht opportun, sich offen zu ihren Gegnern zu bekennen. Aber wir sollten nicht vergessen, daß er es in dieser Hinsicht leicht hatte. Ein Teil der deutschen Intelligenz war in den Jahren des »Dritten Reiches«, ohne unbedingt nationalsozialistischen Anschauungen zu huldigen, doch davon überzeugt, daß Kritik im Grunde stört, hemmt und zersetzt.

Ich habe den Eindruck, daß im Unterbewußtsein vieler Deutschen immer noch die Vorstellung spukt, die Kritik möge zwar eine legitime Form geistiger Äußerung sein, sei aber doch eher der französischen und der englischen als der deutschen Mentalität gemäß. Und dabei war es der deutscheste aller deutschen Dichter, der das vollendete literarische Denkmal des Geistes der Kritik geschaffen hat: Ich meine die Gestalt des Mephistopheles. Freilich war es auch ein genialer Deutscher, der sich zur läppischsten Verspottung der Kritik hinreißen ließ. Mit seinem Beckmesser hat Wagner viel Unheil angerichtet. Mephisto oder Beckmesser – so lautet vielleicht, auf eine simple Formel gebracht, die Alternative für die Kritiker.

Es gilt, meine ich, der Kritik zu ihren Rechten und Pflichten im literarischen Leben dieses Landes zu verhelfen. Und das heißt: sie zu einer Institution zu machen, die der deutschen Literatur unserer Zeit zu zeigen vermag, was sie ist, was sie nicht sein darf und was sie sein könnte.

Christa Reinig und die DDR

»Sie sind im Westen, keiner von uns kann sich von Ihrem Aufatmen wohl den rechten Begriff machen, jeder aber wird Sie herzlich willkommen heißen« – also liest man in einem »Gruß an Christa Reinig« in der ›Frankfurter Allgemeinen Zeitung‹ vom 30. Januar 1964. Gewiß: jedermann heißt die Dichterin, die nach Ostberlin nicht zurückkehrt, hier willkommen.

Zugleich hat jedoch ihr Schritt auch besorgte Kommentare

der literarischen Welt hervorgerufen. Welche Folgen – fragen sich manche – kann diese Entscheidung für jene Schriftsteller zeitigen, die in der DDR leben und an Kontakten mit dem Westen interessiert sind? Das ›Neue Deutschland‹ betont am 30. Januar 1964, Christa Reinig habe sich zur Entgegennahme des ihr verliehenen Preises nach Bremen mit Zustimmung der Staatsorgane der DDR begeben; diese »großzügige Handlungsweise« hätte »reaktionären Kreisen der Bundesrepublik« und »kalten Kriegern ... nicht in den Kram« gepaßt. Manche hiesigen Beobachter befürchten jetzt, die neueste Erfahrung könnte die Behörden der DDR veranlassen, Schriftsteller, die künftig ebenfalls aus diesen oder jenen Gründen ein westliches Land besuchen möchten, weniger »großzügig« zu behandeln. Davon wird zur Zeit viel gemunkelt. Aber wir können und sollten, meine ich, hierüber offen reden.

Warum wurde eigentlich der Christa Reinig die Ausreise erlaubt? Sie hat im literarischen Leben der DDR niemals auch nur die geringste Rolle gespielt. Nie sind ihre Gedichte in ›Sinn und Form‹ oder in der ›Neuen Deutschen Literatur‹ gedruckt worden – und im ›Aufbau‹ ein einziges Mal (September 1949). Weniger wichtige Blätter durften ihre Arbeiten auch nur bis zum Jahre 1951 publizieren. Eine Buchveröffentlichung war somit in der DDR erst recht unmöglich. – Natürlich konnte die SED diese Lyrik nicht akzeptieren. Mit einigen dialektischen Kunststücken kann man, wenn man will, den sozialistischen Realismus so großzügig auslegen, daß die Grenzen verschwimmen und auf diese Weise Platz gemacht wird beispielsweise für Erich Arendt und Johannes Bobrowski, für Peter Hacks und Günter Kunert, ja sogar für die meisten Verse von Peter Huchel. Hingegen hätte es sich als unmöglich erwiesen, mit derartigen theoretischen Manipulationen die Lyrik der Christa Reinig für die Literatur der DDR zu retten – selbst wenn die Kulturpolitiker einigermaßen tolerant und überdies bereit wären, ein Auge zuzudrücken. Denn eine Dichterin, die das Leben besingt, »das langsam auseinanderbricht«, und zu deren Personal der »stummgeschlagne bruder«, der Henker, der zum Tode Verurteilte und ein Robinson gehören, dem »die worte still in seiner kehle stehn« und der es lernt, »schweigend mit sich umzugehn«, eine Dichterin, die verkündet: »kein wort soll mehr von aufbau sein / kein wort mehr von arbeit und altersrente«, und die programmatisch erklärt, sie »rede allein / für asoziale elemente / für arbeiter die nicht mehr arbeiten wollen« – eine solche Lyrikerin läßt sich beim besten Willen nicht mit einem noch so liberal und weitherzig aufgefaßten sozialistischen Realismus in Einklang bringen.

Indes bereitete ihre Dichtung den Literaturfunktionären zunächst keinen Kummer: Verboten in der DDR, blieb sie auch in der Bundesrepublik unbekannt – trotz gelegentlicher Veröffentlichungen in Zeitschriften und Anthologien, trotz der beiden 1960 und 1961 (nur in minimaler Auflage) erschienenen kleinen Hefte mit einigen Proben ihrer Kunst. Erst die im Frühjahr 1963 vom S. Fischer Verlag edierten ›Gedichte‹ brachten der Ostberliner Lyrikerin die ihr längst gebührende Anerkennung der Kritik und letztens den Bremer Literaturpreis.

Die Behörden der DDR, die 1962 und noch im Herbst 1963 der Christa Reinig die Ausreisegenehmigung strikt verweigert hatten, hätten dies jetzt wiederum tun können: Die unfreundlichen Kommentare der bundesrepublikanischen Presse hätte man dort, an derartiges schließlich gewöhnt, leicht in Kauf genommen. Aber die Kulturpolitiker mußten zugleich mit einer anderen Konsequenz rechnen: Es war anzunehmen, daß die im Westen gerühmte und gefeierte, zu Hause jedoch beharrlich totgeschwiegene Autorin, deren Verse von Anspielungen strotzen, in den intellektuellen Kreisen der DDR rasch zum Geheimtip werden würde und – sollte man ihr nicht einmal die Entgegennahme des Preises gestatten – plötzlich in den Ruf einer Märtyrerin kommen könnte. Und dies wäre für die SED viel bedenklicher gewesen als das unliebsame westdeutsche Presse-Echo.

Allein, es gab ja für die Kulturpolitik noch eine andere Möglichkeit und zwar: der Preisträgerin die Reise nach Bremen zu erlauben. Christa Reinig hat keine Angehörigen in der DDR, wohl aber in Westberlin. Hierüber waren die zuständigen Behörden der DDR bestens informiert: Wir wissen genau, daß ihnen in dieser Hinsicht kein Irrtum unterlaufen ist. Warum, frage ich jetzt, sollten in einer solchen Situation die Kulturpolitiker auch nur einen Augenblick lang glauben, daß die von ihnen seit zwölf Jahren systematisch unterdrückte Dichterin, die auch jetzt nichts Besseres in der DDR zu erwarten hätte, zurückkehren und nicht dort bleiben würde, wo ihre Bücher erscheinen dürfen? Mehr noch: Warum sollten sie diesen Schritt verhindern? Der Schaden, den er – vom Standpunkt der SED betrachtet – anrichtet, ist lächerlich gering im Vergleich zu dem Gewinn, den die Partei, die sich überdies auf ihre »großzügige

Handlungsweise« berufen kann, jetzt erzielt hat: Der Fall Christa Reinig, der manche Unannehmlichkeiten verursachen konnte, wurde liquidiert, noch bevor er innerhalb der DDR entstanden oder jedenfalls in den an der Literatur interessierten Kreisen dieses Landes bekannt geworden war.

Die verantwortlichen Kulturpolitiker der DDR haben in den letzten Jahren begriffen, daß es auf die Dauer aus taktischen Gründen vernünftiger ist, unbequeme Schriftsteller ziehen zu lassen und eher den üblichen, meist doch kurzen Wirbel der westlichen Presse in Kauf zu nehmen als ein ständiges Ärgernis im eigenen Lande. Den Kulturpolitikern mußte es auffallen, daß Ernst Bloch oder der um ein halbes Jahrhundert jüngere Uwe Johnson, nachdem sie die DDR verlassen hatten, nicht eben Bonn-Propagandisten geworden sind. Die DDR-Instanzen, die im Sommer 1963 eine Reise Hans Mayers nach der Bundesrepublik genehmigt haben, brauchen nun seinen Einfluß auf die Studenten der Leipziger Universität nicht mehr zu befürchten. Mayer hat seitdem viele Vorträge gehalten, doch belehrt er seine westlichen Hörer nicht über die SED, Ulbricht und den Staatssicherheitsdienst, sondern über Goethe und Thomas Mann, über Kafka und Dürrenmatt. Und Christa Reinig? Sie schrieb: »Ich habe mich entschlossen, in der Bundesrepublik zu bleiben. Ich wünsche keine weitere Erklärung abzugeben.« Diese lakonische Verlautbarung wird in Ostberlin aufmerksam gelesen und richtig verstanden werden.

Auch aus dem Fall Peter Huchel wußten manche Ostberliner Kulturpolitiker Lehren zu ziehen: Sie haben inzwischen eingesehen, daß es nicht opportun war, einen der größten deutschen Dichter unserer Zeit zu isolieren und völlig in Ungnade fallen zu lassen. Und daß der daraus für das Ansehen der DDR erwachsende Schaden weit jenen angeblichen Schaden übersteigt, den Huchels Lyrik und Wirken nach Ansicht der Partei anrichten könnten. Mit ihm, dessen Verse nicht nur in der Bundesrepublik vorliegen, sondern auch in Prag (in tschechischer Nachdichtung) herausgegeben werden, ist gerade das geschehen, was die SED in der Regel vermeiden will: Er wird bisweilen im Westen als Held gefeiert und als Märtyrer. Je länger man seine jetzige Situation bestehen läßt, desto schriller wird sein Schweigen in ganz Deutschland klingen. Daran ist den dortigen Kulturpolitikern wahrlich nicht gelegen. Sie wissen bereits, daß sie nur zwei Möglichkeiten haben: Entweder Huchel in aller Stille die von ihm erbetene Ausreisegenehmigung zu erteilen oder aber ihn als Dichter innerhalb der DDR gelten zu lassen. An einer vernünftigen Lösung dieser Frage ist schließlich auch und vor allem die SED interessiert.

Es scheint möglich, daß die verständigen und liberalen Kräfte innerhalb der Partei demnächst etwas an Boden gewinnen werden. Immerhin haben diese Kräfte einigen Auftrieb erhalten, als Moskau im vergangenen Dezember ausdrücklich die Passierschein-Vereinbarung mit Westberlin wünschte. Und Außenpolitik und Kulturpolitik stehen in kommunistischen Ländern in engem Zusammenhang.

Jene westlichen Beobachter, die nach der Entscheidung der Christa Reinig allerlei Bedenken äußerten, schätzen die Lage, glaube ich, nicht ganz richtig ein.

Betrifft Literatur und Sport

Der Erzähler und Dramatiker Siegfried Lenz, der in seiner Jugend, wie ich aus zuverlässiger Quelle erfahren habe, auch als Leichtathlet, zumal als Speerwerfer, Beachtliches zu leisten vermochte, schreibt im Literaturblatt des ›Tagesspiegel‹ vom 26. Januar 1964: »Wer zum Verständnis der modernen Gesellschaft gelangen will, kommt – so scheint mir – ohne Berücksichtigung des Sports nicht mehr aus; denn die Arenen der Welt sind zu Spiegeln geworden, in denen sich vieles abbildet: die Wünsche, Ehrgeize, die Hoffnungen und Sehnsüchte der Zeitgenossen, aber auch ihre Leidenschaften, Neurosen und Hysterien, ihre Räusche und Ansprüche.«

In der Tat: Der Sportwettkampf ist eine Volksbelustigung, die man sich aus dem Leben unserer Epoche nicht mehr wegdenken kann. Und die Volksbelustigung erweist sich zugleich als eine einzigartige Passion, die Menschen, die nichts miteinander gemein haben, doch für die Dauer eines Boxkampfes, eines Fünftausendmeter-Laufs oder eines Fußballmatches zu fast identisch reagierenden Gemeinschaften werden läßt. Hier sind sie sich plötzlich alle einig: Der Greis und der Jugendliche, der Universitätsprofessor und der Analphabet, der Regierungschef und der Portier, der Krösus und der Bettler. Für eine Weile vergessen sie alle ihre Sorgen, sie lassen sich betäuben, berauschen, verzaubern. Sie fiebern nur noch mit dem Mann, der verzweifelt die Aschenbahn umkreist, sie leiden und triumphieren mit ihrem Helden im Ring, sie sind beglückt, wenn es der

Mannschaft, der sie den Sieg wünschen, gelingt, den Ball durch jenes Rechteck zu befördern, das man »Tor« nennt.

Millionen werden vom Sport hingerissen. Nur nicht die Literatur. Sie läßt dieses Phänomen links liegen, sie zeigt ihm die kalte Schulter, sie kümmert sich wenig um den Sport. Gewiß haben Schriftsteller oft über den Sport geschrieben, gewiß ist es ihnen oft gelungen, wichtigen Sportereignissen in Reportagen, Berichten und Impressionen gerecht zu werden. Als typisches Beispiel kann man das Buch ›Römisches Olympia‹ von Rudolf Hagelstange nennen, der übrigens – wie ein Literaturlexikon informiert – »mitteldeutscher Meister im Stabhochsprung 1938« war, und gerade jetzt, während der Olympischen Winterspiele in Innsbruck, besonders geehrt wurde. Aber nicht darum geht es mir hier, sondern um Sport als Thema von Romanen und Erzählungen, Dramen und Hörspielen. Gibt es derartige Werke? Wenn man lange sucht, kann man wenigstens etwas finden. Im Mittelpunkt des Romans ›Cashel Byrons Beruf‹ von Bernard Shaw steht ein Boxer. Sportmotive finden sich bei Jack London, bei Hemingway und bei manchen zweitrangigen amerikanischen Autoren. Cocteau hat sich mit dem Sport befaßt und – in noch viel stärkerem Maße – Montherlant. Ein Rennfahrer ist der Held eines bereits in den zwanziger Jahren geschriebenen Romans von Kasimir Edschmid. Aus den dreißiger Jahren stammt ein Fußballroman von Friedrich Torberg mit dem Titel ›Die Mannschaft‹.

In seinem Buch ›Verteidigung der Poesie‹ wandte sich Johannes R. Becher an die Schriftsteller der DDR: »Es ist ganz und gar bedauernswert, daß die verschiedenen Sportarten, die verschiedenen Meister in diesen Sportarten noch nicht ihre Dichter gefunden haben.« Kein namhafter Schriftsteller der DDR ist der Aufforderung nachgekommen. Auch für die westdeutschen Autoren hat der Sport als Thema nach 1945 nichts an Attraktivität gewonnen. Immerhin kann man jedoch den Läuferroman ›Brot und Spiele‹ von Lenz anführen und das Johnsonsche ›Dritte Buch über Achim‹, der ja ein Radrennfahrer ist.

Mit Mühe und Not ließen sich in der Weltliteratur natürlich noch einige Beispiele finden – zumal wenn wir Fliegen, Reiten und Fechten berücksichtigen. Noch einige Namen, noch einige Titel – sie können alle nicht über die Tatsache hinwegtäuschen, daß der Sport, der in unserer Epoche eine geradezu gigantische Rolle spielt, für die Literatur kaum existiert – obwohl doch jeder

Sportwettkampf von Dramatik strotzt, obwohl die Arenen der Welt zu jenen Spiegeln geworden sind, in denen sich »die Wünsche, Ehrgeize, die Hoffnungen und Sehnsüchte der Zeitgenossen« spiegeln. Obwohl? Nein: weil.

Der Sport und die Literatur sind nahe Verwandte, die sich zu sehr ähneln, um sich aufrichtig lieben zu können. Vielmehr wetteifern sie miteinander und bekämpfen sich insgeheim. Es sind im Grunde feindliche Brüder. Denn die Literatur und der Sport appellieren auf verschiedenen Ebenen und mit unterschiedlichen Mitteln an dieselben fundamentalen Gefühle. Viele große Motive, mit denen sich die Literatur seit Jahrtausenden befaßt – Heldentum, Leidenschaft, Solidarität, Neid, Ruhmsucht – dominieren auch in den Sportwettkämpfen, nur sind sie hier ungleich einfacher, primitiver, oberflächlicher, direkter. Viele Elemente, die die Literatur dem Leser zu bieten hat oder jedenfalls bieten möchte, kann er im Stadion finden – ohne Verschlüsselung, ohne Intellekt, ganz und gar unkompliziert. Kein Drama der Welt kann so übersichtlich sein wie ein Fußballspiel. Nichts zeigt die Brutalität des Lebens deutlicher als ein Boxkampf. Und ist nicht ein Langstreckenlauf zugleich eine Art Parabel vom Kampf ums Dasein? Und wo ließe sich die Vergänglichkeit des Ruhms besser beobachten als in der Arena? »Im Sport« – schreibt Lenz – »wird jedem geboten, worauf er aus ist.« Daher macht das Erlebnis, dessen der Sportzuschauer teilhaftig wird, für Millionen die Kunst überflüssig. In diesem Sinne darf man den Sport als Kunstersatz bezeichnen.

In einem Artikel über den ›Sport und die Literaten‹ meinte Gideon Freud in der ›Welt‹ vom 18. Januar 1964: »Der Sport ist Ausdrucksform, Charakterbekenntnis und ein Spiel der Persönlichkeiten, er ist Schauspiel und Komödie, Grazie und Kraft, Schönheit und Wissen ...« Aber wenn das alles der Sport schon ist, was soll da noch der Schriftsteller ausrichten? Er braucht nur noch zu berichten. Es hat keinen Sinn, daß der Maler sich um die Bewältigung von Aufgaben müht, die der Photograph besser, zuverlässiger und schneller lösen kann. Nein, hier bleibt für den Schriftsteller eigentlich nichts mehr zu tun: Der Sport ist kein Thema.

Am Ende seines Aufsatzes sagt Lenz, er höre, da er in der Nähe eines Sportplatzes lebe, »jeden Sonntag die Gezeiten der Begeisterung und Enttäuschung von zwanzigtausend Zeitgenossen ..., die hier Andachtsübungen vor ihren wadenstarken Ikonen abhalten«. Und er fügt hinzu: »Während ich einst das

Brausen der Stimmen nur irritiert zur Kenntnis nahm, lausche ich ihm heute mit nachdenklichem Wohlwollen.«

Dem ehemaligen Leichtathleten muß man vermutlich dieses »nachdenkliche Wohlwollen« zuschreiben. Aber in ihm scheint mir auch eine Prise Melancholie enthalten zu sein, die der Schriftsteller beigesteuert hat – der Schriftsteller, der sich dessen bewußt ist, daß »die Gezeiten der Begeisterung und Enttäuschung« von der gefährlichsten Konkurrenz hervorgerufen werden, vom feindlichen Bruder, gegen den die Literatur nicht aufkommen kann.

Literaturpreise, Affären und Skandale

Daß in der Bundesrepublik in den letzten Jahren allerlei Literaturpreise gestiftet wurden, ist höchst erfreulich. Solange sie sinnvoll und vernünftig verliehen werden, kann ihre Zahl, meine ich, nicht groß genug sein. Allerdings ist das Prestige der meisten Preise, milde gesagt, gering. Denn eine literarische Auszeichnung verdankt ihren Ruf nur der Liste der Preisgekrönten, die sich mit der Zeit tatsächlich als eine Elite erweisen sollten. Preise müssen also, um etwas zu gelten, einige Tradition haben. Indes sind die bundesrepublikanischen Literaturpreise in der Regel noch sehr jung. Müssen wir deshalb geduldig warten, bis es ihnen gelingt, das notwendige Ansehen zu gewinnen? Nein, wir müssen nicht und wir können nicht geduldig warten. Und nicht nur deshalb, weil die Jurys oft den Weg des geringsten Widerstands wählen und damit die Indifferenz der Öffentlichkeit rechtfertigen und begünstigen. Noch wichtiger scheint es mir, daß diejenigen, die gütig genug sind, Gelder für die Literatur zur Verfügung zu stellen, zwar in bester Absicht handeln, aber mitunter dennoch der Autorität der von ihnen gestifteten Preise entgegenwirken. Und sie sogar anrüchig machen.

Als 1960 der Bremer Literaturpreis Günter Grass für die ›Blechtrommel‹ zugesprochen wurde, war der Senat der Hansestadt mit dem Beschluß der von ihm berufenen Jury nicht einverstanden. Die Juroren traten zurück, Grass ging leer aus und die Bremer sahen sich gezwungen, den kompromittierten Preis rasch zu liquidieren und einen neuen zu gründen, dessen Jury jetzt unabhängig zu sein scheint. Der Blechtrommel-Skandal war eine Lehre für das Bremer Stadtparlament. Für dasjenige von

Düsseldorf ebenfalls – nur in umgekehrter Richtung. Der Immermann-Preis für Literatur wurde bisher von der Stadt Düsseldorf auf Grund der Entscheidung eines unabhängigen Gremiums von Künstlern und Kunstsachverständigen vergeben. Das paßt den Ratsherren nicht mehr. Wie der Zeitschrift ›Vorgänge‹ (Januar 1964) zu entnehmen ist, die Gerhard Szczesny in Verbindung mit der Humanistischen Union herausgibt, haben sie in der Debatte über neue Statuten für diesen Preis kurzerhand verlangt, »daß dem Stadtrat eine letzte Entscheidung eingeräumt werde«.

Warum so ängstlich? Weil es sonst geschehen könnte – so meinen die Ratsherren –, »daß der Immermann-Preis einem Günter Grass für seinen Roman ›Hundejahre‹ zugesprochen werde, in welchem Roman es von pamphletistischen Randbemerkungen über Düsseldorf nur so wimmele«. Dieses Argument soll das Stadtparlament überzeugt haben: Die Befürworter der uneingeschränkten Befugnisse der Jury fanden keine Mehrheit mehr, die Statuten mußten an den zuständigen Ausschuß zurückverwiesen werden. Was hat sich inzwischen in dieser Angelegenheit ereignet? Sollte die Jury nur das Recht haben, die Preisträger vorzuschlagen, sollte also darüber, ob ein literarisches Kunstwerk preiswürdig ist, in letzter Instanz der Stadtrat entscheiden – dann hätten wir gern gewußt, wie die Namen jener Künstler und Kunstsachverständigen lauten, die sich bereit erklärt haben, einem solchen Gremium anzugehören.

Konsequenter als das Stadtparlament von Düsseldorf ist dasjenige von Dortmund, das jeglichen Ärger mit einer bockigen oder unberechenbaren Jury ein für allemal zu verhindern wußte. Denn für den von der Stadt Dortmund gestifteten Nelly Sachs-Preis wurde eine Jury überhaupt nicht einberufen. Wer entscheidet also? Die Ratsherren selber. Sie haben auf Sachverständige verzichtet, weil sie sich offenbar das zutrauen, was sogar manchem prominenten Kritiker größte Schwierigkeiten bereitet: Gut und Schlecht in der deutschen Gegenwartsliteratur zu unterscheiden. Die Dortmunder Bürger können nun sicher sein, daß ein Autor, in dessen Büchern sich unfreundliche Worte über ihre Stadt finden, nicht preisgekrönt wird. Aber zugleich verdanken die Dortmunder dem Verfahren, das ihre Ratsherren für richtig hielten, eine Affäre, die auch diesen erst unlängst gestifteten Preis anrüchig machte.

Nachdem ihn zuerst Nelly Sachs selber erhalten hatte, schlug die SPD-Fraktion des Stadtparlaments als nächste Preisträgerin die Erzählerin Johanna Moosdorf vor; die CDU-Fraktion meinte dagegen, der vierunddreißig Jahre alte Josef Reding, auch er vor allem Erzähler, hätte die Auszeichnung eher verdient. Einigen konnte man sich nicht. Da jedoch in Dortmund die SPD die Mehrheit hat, bekam Johanna Moosdorf den Preis. »Die Verleihung ... ging unter skandalösen Begleitumständen vor sich« – berichtet die Wochenzeitung ›Christ und Welt‹ am 31. Januar 1964, in der es ferner heißt: »Erstaunlich war das Vorgehen der CDU, die einen Tag vor der feierlichen Preisüberreichung der Preisträgerin Johanna Moosdorf in einer Erklärung die ›literarische Legitimation‹ für den Nelly Sachs-Preis absprach. Ihr Werk diene außerdem nicht genügend dem Geist der Toleranz und der Völkerversöhnung. Die CDU will das in den nächsten Tagen noch näher begründen. An der Preisverleihung ... nahmen die CDU-Ratsmitglieder ›aus Protest‹ nicht teil.« Die Zeitung vermerkt mit Recht, Johanna Moosdorf habe »den Schrecken der Nazijahre, besonders der Judenverfolgung dargestellt und dabei nicht vergessen, wie viele Menschen damals aus Menschlichkeit den Juden zu helfen versuchten«.

War nun die Dortmunder CDU gegen die Moosdorf, obwohl oder weil sie derartige Themen behandelt hat? Oder ging es den CDU-Ratsherren vor allem um jene »literarische Legitimation«, die in diesem Fall tatsächlich angezweifelt werden kann? Nein, von künstlerischen Fragen ist in der versprochenen und inzwischen in der ›Dortmunder Union‹ veröffentlichten Begründung überhaupt nicht mehr die Rede. Vielmehr heißt es jetzt – im Gegensatz zur ursprünglichen Erklärung –, daß die Leistungen der Johanna Moosdorf »sie möglicherweise für einen allgemeinen Literaturpreis qualifizieren könnten«, daß sie aber nicht den Richtlinien für die Verleihung des Nelly Sachs-Preises entsprächen. In den Richtlinien ist lediglich von der »Förderung der zwischenstaatlichen Kulturarbeit« und vom Geist »der Toleranz und der Versöhnung unter den Völkern« die Rede. Warum meint eigentlich die CDU, das Werk der Moosdorf, das eindeutig gegen den Faschismus und den Antifaschismus gerichtet ist, könnte mit diesen Anforderungen nicht in Einklang gebracht werden? Der erhobene Vorwurf wird in der Verlautbarung der Fraktion mit keinem einzigen Wort begründet. Keine einzige literarische Arbeit der beanstandeten Preisträgerin ist auch nur erwähnt. Kennen die CDU-Ratsherren wenigstens teilweise die Bücher von Johanna Moosdorf? Die hilflos formulierte und von Phrasen strotzende Erklärung läßt nicht darauf schließen. Und haben die CDU-Ratsherren wirklich etwas von Josef Reding, ihrem Gegenkandidaten, gelesen?

Aber mich beunruhigt noch eine andere Frage: ob nämlich die SPD-Ratsherren Zeit hatten, sich mit Josef Redings Prosa zu befassen, und ob sie geduldig genug waren, das Hauptwerk ihrer Preisträgerin, den Roman ›Nebenan‹, zu studieren, der so ungewöhnlich kompliziert ist, daß seine Lektüre – wie die Kritikerin Christa Rotzoll in der ›Welt‹ vom 9. September 1961 schrieb – »streckenweise zur fast unsinnigen Tortur« wird.

Wer den Preis eher verdient hat – Johanna Moosdorf oder Josef Reding –, kann ich nicht beurteilen. Eins jedoch glaube ich sicher zu wissen: daß das in Dortmund angewandte Verfahren der Preisverleihung nicht diskutabel ist.

Vergleiche sind nicht mehr möglich

Immerhin gibt es in der DDR ein paar jüngere Lyriker, deren Gedichte nicht nur deswegen lesenswert sind, weil sie drüben ungern und selten gedruckt werden. Und immerhin leben in der DDR mehrere Dichter der älteren und mittleren Generation, die sich zwar nicht der Gunst des Regimes erfreuen, deren Verse jedoch weder des augenzwinkernden Hinweises auf den Ort ihrer Entstehung noch der gütigen Nachsicht bedürfen, um von der westlichen literarischen Öffentlichkeit als künstlerische Leistungen anerkannt zu werden. Hingegen bleibt die Suche nach neuen Prosawerken der DDR-Literatur, denen man eine ähnliche Qualität nachsagen könnte, immer wieder vergeblich. Die Romane, denen die Presse in beiden Teilen Deutschlands besondere Aufmerksamkeit gewidmet hat, ›Der geteilte Himmel‹ der Christa Wolf und Erwin Strittmatters ›Ole Bienkopp‹, sind mehr oder weniger aufschlußreiche Zeitdokumente; als epische Kunstleistungen kommen diese Bücher beim besten Willen nicht in Betracht.

Einiges erhoffte man sich von Manfred Bielers erstem Roman ›Bonifaz oder Der Matrose in der Flasche‹, der unlängst in Ostberlin und zugleich in der Bundesrepublik erschien. Der neunundzwanzigjährige Autor, der seinen Ruf vor allem einem ausgezeichneten Parodienband (›Der Schuß auf die Kanzel‹, 1958) verdankt, ist nicht nur bei Sterne, Hašek und wohl auch Grass in die Schule gegangen, sondern hat sich überdies von dem

Strittmatterschen ›Wundertäter‹ allzusehr beeindrucken lassen. Das Buch beginnt mit leidlich amüsanten Episoden und enthält Abschnitte, die von Bielers Phantasie und Humor zeugen. Aber letztlich erweist sich dieser moderne Schelmenroman als so armselig, primitiv und schwerfällig, daß sogar die DDR-Presse, obwohl er die westdeutschen Verhältnisse nach 1945 sehr scharf kritisiert, ihre Enttäuschung nicht verbergen wollte. – Offenbar sind die zwischen der Elbe und der Oder wohnhaften Schriftsteller in der dortigen Verlagsproduktion des Jahres 1963 mit keinem einzigen Roman oder Erzählungsband vertreten, der literarisch einigermaßen bemerkenswert wäre. Das vergangene Jahr hat abermals gezeigt, daß zur Zeit die DDR-Lyrik doch mehr taugt als die DDR-Prosa. Natürlich ist dies kein Zufall.

Denn dort, wo die Kunst vom Staat überwacht und verwaltet wird, sind die Chancen, wenigstens ein Schattendasein zu führen, für die Lyrik in der Regel größer als für die erzählende Prosa oder gar für die Dramatik. Die Szene kann zum Tribunal werden. Ein Roman oder Novellenband kann auf Hunderttausende, ein Fernsehfilm auf Millionen Einfluß ausüben. Ein verschlüsseltes lyrisches Gedicht wirkt indes nur auf eine intellektuelle Minderheit. Daher gewähren die Machthaber, wenn sie sich zu Konzessionen gezwungen sehen, eine gewisse Narrenfreiheit noch am ehesten den Lyrikern – vorausgesetzt freilich, daß sie nicht zu weit gehen und, sobald sie sich heiklen Themen nähern, auf Klarheit und Direktheit verzichten; sie sollen sich vielmehr auf Anspielungen und vieldeutige Formulierungen beschränken, die erlaubt und bisweilen sogar erwünscht sind. Das Risiko, das sich für die Partei aus solchen Zugeständnissen ergibt, bleibt schon deswegen gering, weil die Verse, die nicht linientreu sind oder nicht linientreu anmuten, entweder in Publikationsorganen mit niedriger Auflage erscheinen oder nur auf Veranstaltungen vorgetragen werden, die sich leicht kontrollieren lassen. Groß hingegen ist der Gewinn, den die Kulturpolitiker gleichzeitig erzielen: Ob sie sich nur den Anschein der Hochherzigkeit geben oder tatsächlich einen liberaleren Kurs anstreben – auf jeden Fall erreichen sie es, daß die Wogen der Unzufriedenheit in manchen intellektuellen Kreisen, zumal unter Jugendlichen, auf verhältnismäßig harmlose und billige Weise geglättet und, vor allem, kanalisiert werden. Um die Widerspenstigen besser überwachen zu können, lohnt es sich, ihnen ein wenig Freiheit zu gönnen.

Aber darüber hinaus spielt eine wichtige Rolle der ebenso

simple wie unzweifelhafte Umstand, daß auch ein Autor, der kein Dilettant ist, an einem Gedicht arbeiten kann, ohne sich von der Frage ablenken zu lassen, wann und wo sich eine Gelegenheit zu seiner Veröffentlichung bieten wird. Ein derartiges Verhältnis zu einem Romanprojekt ist jedoch, wenn wir von Ausnahmen und Dilettanten absehen, kaum denkbar. Während also Gedichte in der DDR mitunter für die Schublade geschrieben und erst später dort oder hier gedruckt werden, entstehen Romane drüben in vollem Bewußtsein der Beschränkungen, die die Kulturpolitik der Literatur auferlegt. Daher haftet diesen Werken von vornherein das Stigma der Zensur an. Denn sie wird in erster Linie nicht etwa vom Lektor oder Redakteur ausgeübt und nicht vom Beamten, der das Papier zuteilt, oder von einem anderen Beauftragten des Regimes, sondern vom Autor selber. Die offiziellen Kontrollinstanzen können Änderungen, Kürzungen und Ergänzungen des Manuskripts durchsetzen. Die innere Zensur, also die durch die Richtlinien der Kulturpolitik bewirkte Selbstkontrolle des Schriftstellers, lähmt seine Hand, bevor er den ersten Satz geschrieben hat. Die amtliche Zensur kann verhüten, daß ein literarisches Kunstwerk veröffentlicht wird; die innere Zensur erstickt es jedoch im Keim. Die eine zerstört Bücher, die andere ist noch gefährlicher: Sie richtet Talente zugrunde.

Die Folgen dieses Zustands und dieser Atmosphäre lassen sich im Werk der älteren Prosaschriftsteller der DDR unschwer erkennen: Man braucht nur ihre Arbeiten aus dem vergangenen Jahrzehnt mit ihren früheren Büchern zu vergleichen. Wie aber, wenn es sich um Autoren handelt, die in der DDR erzogen wurden und – wie etwa Manfred Bieler – ihre literarische Laufbahn erst in den letzten Jahren begonnen haben? Die alten und gefeierten Romanciers der dortigen Welt, von Arnold Zweig bis Willi Bredel, geben den Kontrollinstanzen immer wieder nach und sind bereit, ihre Manuskripte entsprechend zu überarbeiten. Kann man dann vermuten, die Jungen seien imstande, den Einfluß erfahrener Lektoren und intelligenter Funktionäre – denn es gibt auch solche – abzuwehren? Und wollen sie ihn überhaupt abwehren? Wo enden ihre Irrtümer und Selbsttäuschungen, und wo beginnen die resignierten Zugeständnisse und die zynischen Kompromisse, zu denen sich diese Autoren veranlaßt sehen, um die Publikation ihrer Bücher zu ermöglichen? Wofür darf man also in den Versuchen der Anfänger, zu denen auch der Verfasser des Romans ›Bonifaz‹ gehört, die

Kulturpolitik der SED verantwortlich machen, und was läßt lediglich auf die Grenzen der künstlerischen Fähigkeiten dieser Autoren schließen?

Bieler ist vor allem Satiriker. Nun mag es schwer sein, in der DDR zu leben und keine Satiren zu schreiben. Aber es ist ganz gewiß noch schwerer, sie zu veröffentlichen. Was die Satiriker jenseits der Elbe in ihrer Umwelt sehen, dürfen sie in der Regel nicht behandeln. Und was sie behandeln sollen, dürfen sie nicht sehen. Denn die Gegenstände der Betrachtung, die für eine schärfere satirische Kritik freigegeben sind und ihr empfohlen werden, befinden sich nicht etwa in der heimatlichen DDR, sondern meist in der westlichen Welt, zumal in der Bundesrepublik. Dem ›Bonifaz‹ könnte man entnehmen, Bieler habe von den Verhältnissen in der Bundesrepublik entwaffnend naive, ja kindische Vorstellungen. Die Niederschrift seines Romans war jedoch, wie der Klappentext der westdeutschen Ausgabe betont, bereits vor zwei Jahren beendet. Was ist in der Zwischenzeit mit dem nicht umfangreichen Manuskript geschehen?

So häufen sich Fragen, die man weder beantworten kann noch ignorieren darf, wenn man der Literatur der DDR einigermaßen gerecht werden will. Denn dies jedenfalls scheint mir sicher zu sein: Zu groß ist der Unterschied zwischen den Arbeitsbedingungen der deutschen Schriftsteller östlich und westlich der Elbe, als daß die Ergebnisse ihrer Bemühungen miteinander verglichen werden könnten.

Rolf Hochhuth und die Gemütlichkeit

Deutsche Schriftsteller unserer Zeit unterhalten sich gern über deutsche Schriftsteller unserer Zeit. Auch neulich, als sich einige Meister der Feder, begleitet von ihren meist andächtig lauschenden Damen, zu einem geselligen Beisammensein trafen, plauderte man über die Kollegen. Zurückhaltend, einsilbig und skeptisch wurde ihrer wenigen Erfolge gedacht; ihre vielen Mißerfolge hingegen erörterte man ausführlich, wortreich und mit bedächtigem Eifer. Es war sehr gemütlich. Dann sagte jemand: »Der Hochhuth hat ja in New York wieder einen dollen Erfolg gehabt.« Und plötzlich wurde es sehr ungemütlich und ziemlich still. Alle schienen sich einig zu sein, daß der junge Mann es sehr gut gemeint habe und sein Stück als Zeitdokument gewiß nützlich sei, daß es aber zugleich als literarisches Phänomen überhaupt nicht in Betracht gezogen werden könne. Und das internationale Echo? Nun ja, Erfolge seien ja meist Mißverständnisse (dies behaupten in der Regel Schriftsteller, die sich für verkannt halten), und hier hätten den Erfolg offenkundig politische, jedenfalls außerkünstlerische Umstände verursacht. Die zögernden, nahezu widerwilligen Äußerungen über Hochhuth klangen geringschätzig und herablassend. Es war nicht nur ungemütlich, sondern schon fast unheimlich.

Seit mehreren Wochen veröffentlicht die ›Stuttgarter Zeitung‹ in ihrer Wochenend-Beilage eine Diskussion über das Thema: ›Was ist Literatur?‹ Am 11. Januar 1964 hieß es im redaktionellen Vorspann zu dieser Artikelserie: »Während die einen alles der Öffentlichkeit gedruckt übergebene ›Geschriebene‹ ... für Literatur erklären, meinen die anderen, wohl die Essays von Hans Magnus Enzensberger, nicht aber ›Der Stellvertreter‹ von Rolf Hochhuth oder gar die ehrenwerten Verse eines Sonntagsdichters seien dieses Etiketts würdig.« Tatsächlich ist damit eine Eigentümlichkeit des Verhältnisses fast der ganzen literarischen Öffentlichkeit dieses Landes zu dem Stück von Hochhuth angedeutet. Während es sich die Bühnen der westlichen Welt erobert und überall heftige Debatten auslöst, wird es hier von den Schriftstellern mit einem stillschweigenden Bann belegt oder ignoriert. Gewiß ist es im vergangenen Jahr in der bundesrepublikanischen Presse und auch in öffentlichen Veranstaltungen eingehend erörtert worden. Aber die Schriftsteller und Literaturkenner haben die Diskussion – von wenigen Ausnahmen abgesehen – den Theologen, Historikern und politischen Kommentatoren überlassen, für die jedoch die Frage nach dem künstlerischen Wert oder Unwert des Werks nebensächlich oder indifferent war. Ihnen ging es also nicht um die Möglichkeiten, Verdienste und Sünden des Dramatikers Hochhuth, sondern um die Möglichkeiten, Verdienste und Sünden des Papstes Pius XII. In der Regel behandelt man den Autor des ›Stellvertreter‹, als sei er nicht ein Künstler, der Verfasser eines Dramas, sondern ein politischer Publizist und höchstens noch ein rührender Sonntagsdichter.

Es kann und soll nicht bestritten werden, daß Hochhuth seinen außerordentlichen internationalen Erfolg, für den es in der Geschichte der deutschen Dramatik seit 1945 kein Parallelbeispiel gibt, zum großen Teil dem Stoff verdankt, der heiklen Problematik, dem sensationellen Thema. Dieser Stoff ist ihm jedoch nicht vom Himmel gefallen. Er hat ihn sich ausgesucht und erarbeitet. Allen anderen deutschen Schriftstellern war es seit neunzehn Jahren nicht verwehrt, sich dieses Themas anzunehmen. Aber sie haben es nicht getan. In jeder Epoche gibt es zentrale und periphere Fragen, und es darf uns nicht gleichgültig sein, ob ein Dramatiker oder Romancier sich mit den einen oder mit den anderen befaßt. Schon die Wahl der Motive und Probleme, auf die ein Autor einzugehen gedenkt, spricht somit in gewissen Grenzen für oder gegen ihn. Wer die Attraktivität eines Stoffes rühmt, lobt zugleich den Autor, der sich für ihn entschieden hat – vorausgesetzt freilich, daß er überhaupt ein literarisches Werk zustande bringen kann.

Nun sind die Mängel des ›Stellvertreter‹ nur allzu offenkundig. Man übertreibt nicht, wenn man sagt, seine Schwächen seien in sämtlichen Szenen geradezu mit Händen zu greifen. Nichts einfacher also, als das Stück anzugreifen und mit Zitaten lächerlich zu machen. Denn die Sprache bereitet dem Anfänger noch oft unüberwindliche Schwierigkeiten, seine Gestalten sind meist primitiv und klischeehaft, vieles ist allzu simpel und naiv. Um die Errungenschaften des Dramas dieses Jahrhunderts scheint sich Hochhuth nicht gekümmert zu haben. Und bisweilen hat man leider den Eindruck, sein Stück sei nicht für ein erwachsenes Publikum bestimmt, sondern für die reifere Jugend.

Zugleich vermochte aber Hochhuth bereits mit diesem Erstling zu beweisen, daß er etwas kann, was die deutschsprachigen Schriftsteller unserer Zeit (mit Ausnahme von höchstens einem halben Dutzend) eben nicht können: nämlich ein spielbares Theaterstück schreiben. Recht hatte Heinz von Cramer, als er im Frühjahr 1963 in der ›Zeit‹ meinte, dem Verfasser des ›Stellvertreter‹ sei es gelungen, »große dramatische Szenen aufzubauen, die ihre Kraft allein aus dem Wort, aus der dialektischen Spannung beziehen«. Kurzum: Ich bin überzeugt, daß diese Szenenfolge trotz aller offensichtlichen Mängel eine bemerkenswerte literarische Begabung beweist.

Aber warum ist man gerade in literarischen Kreisen am wenigsten geneigt, die künstlerische Leistung Hochhuths anzuerkennen, ja, ihn überhaupt als Schriftsteller gelten zu lassen? Friedrich Torberg, der glaubt, den ›Stellvertreter‹ temperamentvoll ablehnen zu müssen, wirft in dem Wiener ›Forum‹ (Februar 1964) »diesem in jeder Hinsicht monströsen Theaterstück« vor, daß es »so unsäglich viel zu sagen, so unfaßlich viel zu fassen und zu bewältigen« unternehme – »nämlich außer der deutschen Vergangenheit auch noch die Stellung der Kirche zur Diktatur, die Stellung des einzelnen zu beiden, die Stellung des Papstes innerhalb der Kirche, die historische und die ideale Rolle des Vatikans, den Mord an sechs Millionen Juden, das Problem des offenen und geheimen Widerstands sowie eine Unzahl klerikaler, theologischer, moralischer und sogar chemischer Probleme . . .«

Dieser Vorwurf ist, weiß Gott, berechtigt. Nur wäre wohl die Frage zu stellen, ob Hochhuth nicht zu viel zu sagen und zu fassen und zu bewältigen versuchte, weil die deutsche Literatur nach 1945 sich zu wenig bemüht hat, diese Themen aufzugreifen, ja vor ihnen oft genug ins Unverbindliche und Harmlose geflohen ist. Denn ›Der Stellvertreter‹, in dem bereits so viele Probleme angeschnitten werden, wirft noch ein weiteres Problem auf: das der deutschen Gegenwartsliteratur. Das Drama klagt allein durch seine Existenz die deutschen Schriftsteller an – jene zumal, die vermutlich imstande gewesen wären, ähnliche Fragen mit künstlerischen Mitteln tiefer, reifer und origineller als der Anfänger Hochhuth zu behandeln. Und die es doch nicht getan haben – weil es ihnen an Mut fehlte oder an Verantwortungsgefühl oder an Selbstlosigkeit oder an Konsequenz.

So rühren dieses »christliche Trauerspiel« und sein Welterfolg an das Gewissen der deutschen Literatur unserer Zeit. Und vielleicht ist damit erklärt, warum es in Schriftstellerkreisen, wenn der Name Rolf Hochhuth fällt, still und ungemütlich wird.

In Sachen Literaturkritik

Hat man sich eigentlich in der deutschsprachigen Welt je so intensiv und gründlich für die Literaturkritik der Vergangenheit und der Gegenwart interessiert wie in der letzten Zeit? Nein, man hat es nicht. Diese Behauptung mag zunächst verwundern und frappieren. Denn sie steht im Widerspruch zu den landesüblichen Klagen. Aber nicht zu den Tatsachen, die sich leicht nachprüfen lassen.

Im Artemis Verlag erscheint seit 1962 die von Emil Staiger herausgegebene Reihe »Klassiker der Kritik«. Hans Mayers vorher in der DDR veröffentlichte und fast tausend Seiten umfassende Anthologie ›Meisterwerke deutscher Literaturkritik – Aufklärung, Klassik, Romantik‹ hat der Goverts-Verlag zugänglich gemacht. Dem Deutschen Taschenbuchverlag verdanken wir eine von Gerhard F. Hering bearbeitete Sammlung ›Meister der deutschen Kritik‹; der Erste Band betrifft die Zeit von 1730 bis 1830, der Zweite – von 1830 bis 1890. Die vom Kohlhammer Verlag edierte Reihe »Sprache und Literatur« ist zum großen Teil der Kritik gewidmet. Innerhalb dieser Reihe erschien der Erste Band der ›Deutschen Buchkritik‹ von Anni Carlsson und erscheint demnächst Northrop Fryes ›Analyse der Literaturkritik‹. Der Walter Verlag hat in dem Sammelband ›Schriftsteller der Gegenwart‹ Aufsätze von 53 Verfassern vereint, die teils Kritiker sind, teils vom Herausgeber, Klaus Nonnenmann, für Kritiker gehalten wurden.

Alle diese Publikationen werden nicht nur gedruckt und angeboten, sondern auch tatsächlich gekauft und gelesen. Mehr noch: Es ist kein Geheimnis, daß die in den letzten Jahren veröffentlichten Bücher einiger deutscher Literaturkritiker höhere Auflagen erreicht haben als die Romane und Erzählungsbände der meisten zeitgenössischen Autoren. Daher gibt es heute in der Bundesrepublik keinen einzigen wichtigeren Verlag, der nicht bemüht wäre, auch Literarkritisches auf den Markt zu bringen.

Auch kann es keinem Zweifel unterliegen, daß die großen Tageszeitungen, die Zeitschriften und die Rundfunksender den Fragen der Kritik jetzt weit mehr Raum widmen als vor fünf oder gar vor zehn Jahren – und das gilt für die Bundesrepublik ebenso wie für die DDR, für Österreich ebenso wie für die Schweiz. Allein in der ›Zeit‹ las man in den letzten Monaten vier grundsätzliche Artikel über diese Problematik: von Hans Mayer, Benno von Wiese, Peter Demetz und Walter Boehlich. Das in Norddeutschland viel und in Süddeutschland wenig gelesene Hamburger ›Sonntagsblatt‹ hat in der Nummer vom 15. März 1964 mit einem Aufsatz von Karl August Horst eine Serie begonnen, in der sich bekannte Kritiker im Selbstporträt vorstellen sollen.

Der Westdeutsche Rundfunk veranstaltet seit über einem Jahr eine höchst originelle Sendereihe unter dem Titel ›Selbstkritik der Kritiker‹: Prominente und weniger prominente Kritiker sowie Schriftsteller und Redakteure, die sich gelegentlich als Kritiker betätigen, bekennen sich zu ihren professionellen Irrtümern und bemühen sich, deren Ursachen zu erklären. Hierbei hat sich allerdings erwiesen, daß es manchen Kritikern der älteren Generation trotz eifrigsten Nachdenkens ganz und gar unmöglich war, sich nennenswerter Irrtümer zu entsinnen. Literarkritische Essays sind heutzutage auch auf Schallplatten zu haben: Walter Jens' ›Plädoyer für das Positive in der modernen Literatur‹ kann man, vom Autor vorgetragen, auf einer Langspielplatte genießen, die der Neske Verlag feilhält. Schließlich muß man die vielen Kolloquien und Symposien, Podiumsdiskussionen und Rundfunkgespräche erwähnen, vor allem das von der Westberliner Akademie der Künste im November 1963 veranstaltete Kolloquium, an dem rund fünfzig Kritiker teilgenommen haben und dessen Thema lautete: »Maßstäbe und Möglichkeiten der Kritik zur Beurteilung der zeitgenössischen Literatur«.

Sofort könnte man einwenden, dies alles lasse ja noch nicht auf die Qualität der Kritik schließen. Das ist natürlich richtig. Niemand wird so leichtsinnig sein, zu behaupten, die heutige deutsche Literaturkritik sei gut. Aber so schlecht sie auch sein mag – wann war sie in diesem Jahrhundert besser? Bestimmt nicht in den letzten drei Dezennien. Und in der Weimarer Republik? Darf man übersehen, daß die Zahl der literarkritischen Bücher aus den zwanziger Jahren, deren Neudruck sich heute lohnen würde, nur sehr gering ist? Man beschränke sich nicht auf die Lektüre der in den Auswahlbänden gebotenen Rosinen, sondern lese auch das, was damals im ›Berliner Tageblatt‹ und in der ›Vossischen Zeitung‹, in der ›Weltbühne‹ oder in der ›Literarischen Welt‹ über Schriftsteller und Bücher geschrieben wurde – und man wird sich gezwungen sehen, die Leistungen der heutigen Kritik, mag sie auch in vielen Fällen fragwürdig sein, nachsichtiger zu beurteilen.

Als unbestritten kann gelten, daß die Rolle der Kritik in den letzten Jahren erheblich größer geworden ist. Man braucht die Kritiker, man kümmert sich um sie. Und fast entsteht der Eindruck, Heimito von Doderer habe nur wenig übertrieben, als er sagte, der Kritiker sei »Mittelpunkt des literarischen Kosmos, der um ihn kreist«. Nun schön. Wenn aber alles so gut ist, warum ist es dann doch so schlecht?

Vielleicht kommen wir etwas weiter, wenn wir die schlichte Frage stellen, worauf es denn eigentlich zurückzuführen ist, daß die Öffentlichkeit der Kritik mehr Aufmerksamkeit als früher widmet. Weil das Interesse für die deutsche Gegenwartsliteratur in letzter Zeit gewachsen ist? Weil man endlich auch in Deutschland die fatalen Folgen erkannt hat, die sich sofort bemerkbar machen, wenn man die Kritik nicht duldet? Weil man sich also ihrer Bedeutung für die Literatur und für das ganze geistige Leben bewußt geworden ist? Weil die Arbeit der Kritiker jetzt – alles in allem – höheren Ansprüchen genügen kann als vor mehreren Jahren? Weil wir in einem alexandrinischen Zeitalter leben? Das alles mag in einem gewissen Maße zutreffen, nur gibt es noch eine andere, sehr prosaische und möglicherweise wichtigere Ursache.

Die Buchverlage, Zeitungen und Zeitschriften, Rundfunksender und Akademien haben aus diesen oder jenen Gründen ein gewaltiges literarisches Leben angekurbelt, dessen Anforderungen die Literatur nicht mehr erfüllen kann. Ein Symptom dieses Zustandes ist die Flut der Anthologien. Da es nicht genug Schriftsteller gibt und es daher schwierig wird, in ausreichendem Maße druckbare Buchmanuskripte zu beschaffen, stellt man immer wieder kleinere Manuskripte verschiedener Autoren zusammen: Aus Erzählungen, Dramen, Gedichten, Kurzgeschichten, Hörspielen, Essays, Rezensionen, Reportagen, aus Zeitungsartikeln und Rundfunksendungen jeglicher Art lassen sich rasch Sammelbände machen. Schriftsteller werden aufgefordert, zu sagen, warum sie in der Bundesrepublik leben und warum sie nicht in der Bundesrepublik leben, welche Schwierigkeiten sie beim Schreiben der Wahrheit haben, ob sie an Gott glauben und was sie von der deutschen Provinz halten.

Zu den Folgen dieses Zustandes, der Disproportion also zwischen dem literarischen Betrieb und der tatsächlichen literarischen Produktion, gehört auch die wachsende Teilnahme an der Kritik und die Sorge um die Kritiker. Treffend bemerkt Karl August Horst in dem oben erwähnten Artikel: »Wenn es der Literatur gut geht, spielt das Befinden des Kritikers eine ziemlich untergeordnete Rolle.« Ist es aber um die Literatur weniger gut bestellt, dann befasse man sich damit, »die Fermente, Salze und Konservierungsmittel, die der Kritiker verwendet, aufmerksam zu analysieren«. Mithin steht das starke Interesse für die Kritik nicht zuletzt im Zusammenhang mit der Not der Literatur in diesen Jahren. So desillusionierend eine derartige Feststellung auch sein mag, so wenig sollte sie uns Kritiker entmutigen und hindern, die Chance wahrzunehmen, die uns von der literarischen Öffentlichkeit geboten wird. Und diese Chance werden wir, meine ich, nur dann wirklich wahrnehmen können, wenn wir eine Kritik anstreben, die im Dienste des Lebens steht. Also der Gegenwart. Also der Gesellschaft. Horst schreibt: »Der Kritiker, der sich von jeher in den Grenzbezirken aufgehalten hat, fühlt sich heute mehr denn je an den Rand gedrängt, an jenen Rand, wo die Entscheidung für oder gegen das Humane immer noch aussteht und in ihrer ganzen Schwere seinem Gewissen auferlegt ist.« Jawohl, darum vor allem geht es.

Wilhelm Emrichs Tohuwabohu

Der Germanist Wilhelm Emrich wurde vor einiger Zeit gebeten, eine Rundfunksendung über Büchner und seine Nachwirkungen in der modernen Literatur zu schreiben. Der Auftrag hatte Folgen, die der Auftraggeber nicht geahnt haben kann. Denn nach erneuter Beschäftigung mit Büchner und vielen Dramatikern unseres Jahrhunderts erlitt Emrich einen Schock. Er bekennt in der ›Welt der Literatur‹ vom 19. März 1964: »Manchmal sprengt eine Lektüre alle Vorstellungen, die man sich über die Literatur und ihre Geschichte zu machen pflegt. Man erhält plötzlich das erschreckende Bewußtsein, daß alles, was über Literatur geredet und geschrieben wird, falsch ist ...« Und: »Nahezu groteskerweise stürzten durch dieses kaleidoskopartige Lesen ... alle gemeinhin geltenden literaturwissenschaftlichen Begriffsschemata wie ein Kartenhaus in sich zusammen.« Dieser Schock hat jedoch Emrich nicht gehindert, letztens einige größere Aufsätze zu veröffentlichen, die ich dringend empfehlen möchte: Ihr Studium ist zwar etwas mühselig, aber der aufmerksame Leser wird sich gründlich belehrt sehen. Allerdings nicht über die Gegenstände, mit denen sich der Autor befaßt.

In seinem Essay über ›Kritisches und mythisch dirigiertes Bewußtsein‹, der in der Nummer 98 der Zeitschrift ›Neue Deutsche Hefte‹ zu finden ist, meint Emrich, unser Zeitalter werde durch den Versuch bestimmt, dem »Prinzip einer grenzenlos und autonom fortschreitenden Forschung und Naturbeherrschung Grenzen entgegenzusetzen durch andere Prinzipien, die aus dem ethischen, religiösen und ästhetischen Bereich stammen«. Hierzu schreibt nun Emrich: »Das Bewußtsein pendelt gleichsam ausweglos und notwendigerweise immer ergebnislos zwischen einem grenzenlosen, alles bestimmenden Prinzip und grenzensetzenden ethischen, religiösen und ästhetischen Prinzipien, die jedoch im Bereich des alles beherrschenden Prinzips keine Grenzen setzen können, da solche Grenzen dem Wesen dieses Prinzips selbst widersprechen, daher auch von ihm weder geleistet noch gefordert werden können.«

Daß ein Bewußtsein pendeln kann, überrascht mich ein wenig, daß es aber »ausweglos« pendelt, ist in bester Ordnung, da Pendelbewegungen schwerlich Auswege haben können. Und wenn schon etwas ausweglos pendeln muß, dann »notwendigerweise immer ergebnislos«. Durchaus logisch. Daß »grenzensetzende« Prinzipien einem »grenzenlosen« Prinzip keine Grenzen setzen können, ist ebenfalls überzeugend, »da solche Grenzen dem Wesen dieses Prinzips selbst widersprechen«. Emrich stellt also fest, daß etwas Grenzenloses keine Grenzen hat. Und daher können sie »von ihm weder geleistet noch gefordert werden«. Daran ist vor allem neu, daß man Grenzen »leisten« kann. Freilich läßt sich auf diese Weise endlos philosophieren. Man könnte etwa sagen, daß es unmöglich sei, das Maßlose zu messen, weil das Maß dem Wesen des Maßlosen selbst widerspricht und daher von dem Maßlosen nicht gefordert werden könne. Also ließe sich meditieren. Aber wozu sollte man es?

Indes hat es Emrich auf die moderne Kunst abgesehen, für die ein Moment charakteristisch sei, »das zumeist übersehen oder nicht ausreichend durchreflektiert« werde. Die sittlichen, religiösen und ästhetischen Normen seien »zerfallen zu bloß individuellen und darum auch nichtigen, leeren, belanglosen Meinungen, Ansichten, Ideologien, Thesen, kurz zu einem Tohuwabohu versprengter, atomisierter Einzelperspektiven«. – Man beachte das »darum«: Individuelle Meinungen sind offenbar ein für allemal nichtig, leer und belanglos. Weiter: »In der bildenden Kunst, Musik und Dichtung wird jeder beliebige zufällige Schnörkel bis zum blinden Pinselwurf auf die Leinwand oder Schlag aufs Klavier als individuelle, originäre Kunstleistung gefeiert, ohne nach irgendeiner Verbindlichkeit oder auch nur nach einer individuellen Gesetzmäßigkeit zu fragen.« Das Allgemeine, das erst jede individuelle geistige Schöpfung »zum Ausdruck einer Wahrheit des Geistes« mache, verschwinde in fortschreitendem Maße: »An seine Stelle tritt die Monotonie des Immergleichen.« Die Kunstwerke – hören wir – gleichen einander wie ein Ei dem anderen.

Welche Kunstwerke meint eigentlich Emrich? Hierüber kann man einiges seinem Artikel in der ›Welt der Literatur‹ vom 19. März 1964 entnehmen. Die Werke Hauptmanns, Wedekinds, Schnitzlers, Sternheims, Georg Kaisers, Tollers, Barlachs, Else Lasker-Schülers, Georg Heyms, Brechts, Kafkas,

Döblins, Ödön von Horvaths, Ionescos und Samuel Becketts seien »scheinbar völlig verschiedenartige Texte«. Nur scheinbar? Obwohl Hauptmann, Wedekind und Schnitzler am stärksten der Tradition verhaftet seien, »so schoß doch aus ihren Werken wie eine alles zerschmelzende Stichflamme aus dem Inneren ihrer Personen wie auch ihrer Umwelt und ›Natur‹ . . . eine unter- und übermenschliche Macht hervor, die über sie herrscht, sie zu Puppen und willenlosen Objekten degradiert und das ganze Spiel in einen sinnlosen Kreislauf, ein Karussell verwandelt, in dem monoton das immer gleiche passiert«. Und kurzerhand erklärt Emrich, dieser »sinnlose Kreislauf« sei für »alle Autoren unseres Jahrhunderts von Hauptmann bis Beckett« charakteristisch. Immer wieder erscheine »die Welt als Karussell, auf dem Ende und Anfang eines werden« und »der Mensch auf dem Karussell als Automat, Tier oder Ding, begriffen auf einer endlosen Reise, in der er weder leben noch sterben kann . . .«

Da wissen wir es nun also: Ob ›Die Weber‹ oder ›Die kahle Sängerin‹, ob ›Liebelei‹, ›Mutter Courage‹ oder ›Warten auf Godot‹, ob Sternheim oder Barlach, Kafka oder Döblin – es ist ein und dasselbe Modell, »in dem monoton das immer gleiche passiert«. Die totale Gleichschaltung der Literatur unseres Jahrhunderts scheint verwirklicht. Jedenfalls für Wilhelm Emrich. Damit begnügt er sich nicht. Vielmehr fragt er – in der ›Welt der Literatur‹ vom 16. April 1964 –, auf welche Weise dieses »monotone ›Karussell‹-Modell der gegenwärtigen Literatur durchbrochen« werden könne. Die »neueren Autoren« – Romanciers, Lyriker, Dramatiker – wüßten, »daß alles, was wir Erdenbürger leben, denken, fühlen, glauben, Lüge sei«. Wie er zu dieser fundamentalen Einsicht gekommen ist, verrät uns Emrich nicht, behauptet jedoch, das »Vorauswissen« der modernen Schriftsteller sei »nur eine feige Drückebergerei vor den Forderungen des Bewußtseins, eine einzige, ungeheuerliche, infantile Regression«, die »alles mit allem manscht in ihren vieldimensionalen ›Montagen‹, ›Simultan‹-Techniken und uferlosen ›inneren Monologen‹ . . .« Als Beispiel eines derartigen Werks, in dem alles mit allem »gemanscht« ist und das ein solcher feiger Drückeberger geschrieben hat, wird der Joycesche ›Ulysses‹ genannt. Kein Kommentar.

Emrich versichert jedoch, er schmähe nicht, er habe »nur das Bedürfnis, die Dinge richtigzustellen«. Er möchte mit dieser »liederlich sich selbst und ihre ›Angst‹ genießenden Literatur«

Schluß machen. Die modernen Schriftsteller, diese altklugen und feigen Kerle, die keinen Mumm in den Knochen haben, sollen auf Vordermann gebracht werden. Nicht nach dem Joyce sollen sie schielen, sondern sich die Klassiker zum Vorbild nehmen: Goethe, Schiller, Kleist. Es müssen ja nicht unbedingt deutsche Meister sein, auch von fremdstämmigen könne man viel lernen, von Shakespeare etwa und von Racine. Bei ihnen sei Dichtung und Liebe noch identisch gewesen, und die durch Liebe gewonnene Erkenntnis richte die Welt.

Nach dem Mut zu erkennender Liebe »fahndete« Emrich bei den modernen Autoren vergeblich. Henry Millers Helden hätten ihre Pubertät nicht geschafft – das sei, werden wir belehrt, »das Stigma der meisten modernen Männer« – und müßten obszöne Ausdrücke »aus sich herauskotzen«, um sich als Männer zu fühlen. In diesen Büchern triumphiere »der Ungeist, der ohnehin herrscht«. »Permanent jammernd« bade Miller »in seinen paradiesischen Pfützen«. Auch vor Nabokov wird gewarnt, denn seine ›Lolita‹ sei ein »Meisterstück Satans« und »mit einem subtilen Bewußtsein geschrieben, das man nicht anders denn als ›Widergeist‹ bezeichnen kann, wenn es sich anschickt, Bewußtsein zum Teufel zu jagen und alle poetischen Leistungen großer Dichter, die Liebe und Partnerschaft zu gestalten wußten, zu Produkten ahnungsloser Schwachköpfe zu erklären«. Nicht einmal den Schimmer eines Beweises hat Emrich für diese Behauptung zu bieten.

Und gibt es in unserer Gegenwartsliteratur kein einziges positives Beispiel? Wenn deutsche Männer versagen, dann muß man sich an deutsche Frauen halten. Zwei werden genannt: Ruth Rehmann und Johanna Moosdorf. Ihnen seien – im Unterschied zu Miller und Nabokov – »Differenzierungen« gelungen, »Grade der Bewußtseinsbildung in ihren Personen und Handlungsgestaltungen«. Leider bleiben sie jedoch auf halbem Weg stehen. Denn sie glauben nicht an die klassische erkennende Liebe. Meinen unsere Schriftsteller – fragt Emrich –, daß die Klassiker »samt und sonders illusionäre Idioten waren oder daß ihre ›Zeit‹ weniger barbarisch und hart war als unsere«? Ja, das ist schon aufrichtig: Wilhelm Emrich kann es wirklich nicht begreifen, warum sich die deutschen Schriftsteller heutzutage nicht ›Kabale und Liebe‹ oder ›Egmont‹ zum Vorbild nehmen wollen. Und wir werden es ihm nicht erklären. Denn wir wollen die Geduld unserer Leser nicht übermäßig in Anspruch nehmen.

Übrigens: Professor Dr. Wilhelm Emrich ist Ordinarius für deutsche Literatur und Direktor des Germanistischen Instituts der Freien Universität Berlin.

Schwierigkeiten heute die Wahrheit zu schreiben

Der Sammelband mit dem Titel ›Schwierigkeiten heute die Wahrheit zu schreiben‹ war nicht überflüssig. Allerdings wird sich wohl enttäuscht sehen, wer die hier gebotenen Bekenntnisse und Reflexionen einer Anzahl namhafter deutscher Autoren als schriftstellerische Leistungen betrachten und werten möchte. In dieser Hinsicht ist die Ausbeute spärlich: Die Verfasser der meisten Beiträge scheinen etwas rasch gearbeitet zu haben. Aber sie waren nicht um essayistische Untersuchungen gebeten worden, sondern um Auskünfte. Und an diesen mangelt es nicht – nur daß sie oft im Text verborgen sind oder gar gegen den Willen des Autors herausgelesen werden müssen. So ergeben die verschiedenen Äußerungen eine eigentümliche Dokumentation, der man allerlei über unsere Schriftsteller und unser literarisches Leben entnehmen kann.

Die Frage, die der Herausgeber Heinz Friedrich gestellt hat, lautet: »Welchen Schwierigkeiten sehen Sie sich gegenüber bei dem Versuch, heute die Wahrheit zu schreiben?« Der Akzent liegt hier auf den Worten »Sie« und »heute«. Die Autoren sollten also über ihre eigenen und aktuellen Erfahrungen berichten. Überdies hat der Herausgeber den Sinn seiner Frage eindeutig erläutert: »Wir leben in einer freien Welt. Aber ist diese Welt wirklich frei? Birgt sie Tabus, die heute ein Schriftsteller, will er Erfolg haben, beachten muß?... Und hat er die Möglichkeit, die von ihm erkannte und bekannte Wahrheit ohne Schwierigkeit niederzuschreiben und zu veröffentlichen?«

Die Antworten beweisen zunächst einmal, daß deutsche Schriftsteller große Schwierigkeiten haben, sich über ihre Schwierigkeiten mit der Wahrheit zu äußern.

In einem Beitrag von Ernst Meister, beispielsweise, heißt es: »Der Sache der Wahrheit geziemt nun aber vorzüglich das Wahrsein, das ist die Wahrhaftigkeit als der Geschmack für Angemessenheit.« Oder: »Wenden wir uns endlich dem ›Schreiben‹ zu, dem zusammennehmenden Bezug im Sinne eines Verhältnisses, das sich zu Verhältnissen verhält.« Nein, diese Sätze stammen nicht aus einer boshaften Parodie. So schreibt tatsächlich ein deutscher Schriftsteller, von dem man erfahren will, ob er heutzutage in Deutschland ungehindert sagen kann, was er sagen möchte.

Zugegeben, wir haben es hier mit einem extremen Fall zu tun. Aber er scheint mir trotzdem exemplarisch zu sein. Denn die meisten Vertreter der jüngeren und mittleren Generation, deren Beiträge in diesem Buch zu lesen sind, ziehen es vor, die konkrete Frage so abstrakt und allgemein wie möglich zu beantworten, über ewige Probleme zu meditieren und sich immer wieder mit Imponderabilien zu befassen. Es ist ein altes deutsches Leiden: Auf eine vornehmlich politische Frage wird mit philosophischen Erwägungen und pseudophilosophischen Bedenken reagiert. Von der Freiheit der Literatur sollte die Rede sein, indes hört man von den Grenzen der Mitteilbarkeit, von der Entstehung des Kunstwerks, von sprachlichen und handwerklichen Schwierigkeiten.

Die Wahrheit entziehe sich ihm in dem Augenblick – bekennt Siegfried Lenz –, in dem er sie »bezeichnen oder an die Kette legen« möchte. Vielmehr gebe sie sich »unbeabsichtigt zu erkennen, unwillkürlich, unerwartet«. Die Sprache sei es, die die Wahrheit daran hindere, dauerhaft sichtbar zu werden. – Helmut Heißenbüttel glaubt einen Widerspruch zwischen der Grundstruktur der Sprache und jener Erfahrung zu sehen, die in ihr ausgedrückt werden soll. Daher strebt er eine »sprachliche Utopie« dessen an, was seiner Ansicht nach »faktisch bereits handgreiflicher ist, als es jede denkbare Utopie sich ausdenken könnte«. – Nur eine Wahrheit gebe es, meint Herbert Eisenreich: »Die allumfassende, die allgültige, die kosmische Wahrheit: das Grundgesetz allen Werdens, Seins und Vergehens ...« Und: »Bei dem Versuch, heute die Wahrheit zu schreiben, begegnet der Schriftsteller (wie eh und je) nur einer einzigen Schwierigkeit, nämlich: dem eigenen Ich.« – Carl Amery schreibt sich und seinen Kollegen ins Stammbuch: »Auf gewisse Weise sind wir – nämlich durch Aussparen – Opfer unserer eigenen Konventionen geworden.« Diese Konventionen »wären zu ändern«. Wodurch? »Durch eine gewisse meditative Aufmerksamkeit, die zu den fast verlorenen Techniken des Abendlandes gehört.« – Für Reinhard Lettau, den jüngsten Schriftsteller, der sich an dieser Umfrage beteiligt hat, ist Schreiben nicht möglich »als Nachzeichnen und Abbilden einer Wahrheit«. Was er beobachten und feststellen möchte, kann er »erst beim Schreiben beobachten und feststellen«; er verstehe es

»als eine Art des Denkens mit anderen Mitteln«. – Walter Jens erklärt, es sei für einen deutschen Schriftsteller schwer, die Wahrheit zu schreiben, da unsere Gesellschaft nicht mehr sichtbar in Klassen zerteilt ist, die Alltäglichkeit der Demokratie sich der Darstellung widersetzt und die »positiven« Vokabeln verbraucht sind.

Kein Zweifel, das alles sind – wie auch ein halbes Dutzend weiterer Beiträge – aufschlußreiche Darlegungen. Aber sie bieten über die Situation des Schriftstellers nur indirekte, sonderbar zurückhaltende oder fast getarnte Informationen. Offenbar wollen sich diese Autoren, die meist in den zwanziger Jahren geboren wurden, nicht der an sie gerichteten Frage stellen. Haben sie Gründe, ihr auszuweichen? Wenn von äußeren Hemmungen, von Tabus und Toleranzgrenzen überhaupt die Rede ist, dann werden sie schnell als nebensächlich abgetan. Können also diese Schriftsteller öffentlich sagen, was sie sagen wollen? Ist die als frei geltende westliche Welt tatsächlich frei? Diese Fragen werden von ihnen nicht verneint. Und auch nicht ausdrücklich bejaht. Warum?

In dem einleitenden Essay von Heinz Friedrich heißt es, Wahrheit sei »in jedem Fall ein Martyrium, das der auf sich nimmt, dem das Schreiben mehr wert ist als Brotverdienst«. Indes behauptet Friedrich, kaum zwei Seiten weiter, die moderne Gesellschaft verwöhne den Schriftsteller, der sich ihr kritisch nähert: »Je härter die Schläge, um so mehr Lust empfindet sie ... Wer die Kirche angreift, kann sich von den Erträgnissen seiner Polemik bald ein Einfamilienhaus aufrichten ...« Wie also? Werden die Schriftsteller, die die Wahrheit lieben, verfolgt oder verwöhnt? Märtyrer oder Schoßhunde? Weder für die Märtyrerthese finden wir einen Beweis noch für Friedrichs Ansicht, daß »vor allem die jüngeren Schriftsteller ... unter dem Dilemma des von der Gesellschaft eingeplanten und freimütig gewährten Nonkonformismus« leiden.

Nein, nicht dieses Leiden ist in den Beiträgen spürbar, wohl aber eine erstaunliche Gelassenheit, eine beunruhigende Distanziertheit, was um so mehr auffallen muß, als die älteren Autoren nicht zögern, die direkte Frage direkt zu beantworten, und den Begriff »Wahrheit« sogleich mit dem Begriff »Freiheit« verbinden. Heimito von Doderer fühlt sich »durchaus in einer freien Welt lebend«. Hermann Kesten kommt nach allerlei Bedenken zu dem Ergebnis, daß er »keine allzu großen Schwierigkeiten« habe, »in der Bundesrepublik zu sagen und zu drucken«, was er für richtig hält. Ludwig Marcuse und Hans Erich Nossack bezweifeln die Freiheit und sprechen von Tabus; Friedrich Sieburg erklärt: »Jawohl, wir leben in einer freien Welt...«, protestiert jedoch zornig gegen diese Welt, »die wahrlich dazu aufruft, geändert zu werden«.

Jene politischen Motive, die fast alle jüngeren Schriftsteller ausgeklammert oder verdrängt oder nur beiläufig behandelt haben, vermißt man bei den Senioren nicht. Mit welchem Ergebnis? Kann man von ihnen erfahren, welche Tabus der Schriftsteller heute beachten muß und ob und wie er behindert wird? Bei Nossack findet sich ein Beispiel: »Auch in sogenannten freien Ländern gibt es Tabus... Wer das Wort ›Heimat‹ zu untersuchen wagt, macht sich verhaßt. Die Leute stellen das Radio ab und schreiben empörte Briefe. Unter Umständen wird eine Gruppe oder Partei zum Staatsanwalt laufen... Es kommt dann auf die Macht der Partei an, ob dem Schriftsteller der Mund verboten wird.«

Nossack wird nicht bestreiten wollen, daß jedermann das Recht haben muß, das Radio abzustellen, empörte Briefe zu schreiben und unter Umständen zum Staatsanwalt zu laufen. Damit wäre ein Tabu noch nicht bewiesen. Wichtig ist lediglich, ob der Schriftsteller die Möglichkeit hat, seine Ärgernis erregenden Arbeiten weiterhin zu publizieren, oder ob er unterdrückt wird. Manche Autoren, deren rebellische oder protestierende Stimme man immer noch im Ohr hat, schweigen seit einigen Jahren. Das ist sehr bedauerlich. Aber gibt es auch nur einen einzigen Schriftsteller, dem tatsächlich der Mund verboten wurde? Oder auch nur ein einziges deutschsprachiges Werk, das sich der Literatur zurechnen läßt und das dennoch seiner Motive oder Gedanken wegen nicht gedruckt werden konnte?

Marcuse meint, es gebe zwar »keine verbotenen Themen, dafür aber verbotene Präsentationen«. Die Schwierigkeiten seien nicht »durch Zeigen auf eine Person oder ein Kollegium oder einen Partei-Monolith zu konkretisieren«. Denn: »In der pluralistischen Gesellschaft ist auch der Zensor in einem unabsehbaren Plural da.« Diese Behauptung, die sich vor allem gegen zensierende Redakteure und Verleger richtet, wird mit Beispielen nicht erhärtet. Ist es möglich, daß sich die praktischen Folgen des in einem »unabsehbaren Plural« vorhandenen Zensors überhaupt nicht greifen und nachweisen oder wenigstens andeuten lassen?

Hochhuths ›Stellvertreter‹ sollte ursprünglich im Verlag Rütten und Loening erscheinen, der bekanntlich dem Bertelsmann-Konzern gehört. Als das Manuskript bereits gesetzt war, haben sich die Inhaber des Konzerns entschlossen, es doch nicht zu verlegen. Ihnen mißfiel gewiß nicht das Thema des Stücks, sondern eben die »Präsentation«. Man weiß, was geschehen ist: der Rowohlt Verlag griff gern und rasch zu. Die katholische Kirche hat getan, was in ihrer Macht war, um Aufführungen des ›Stellvertreter‹ zu verhindern. Ihre Bemühungen waren leider nicht vergeblich. Trotzdem wurde und wird das Stück in vielen deutschen Städten gespielt. Besteht der geringste Anlaß zu frohlocken? Nein, natürlich nicht. Aber wozu sollte man verheimlichen, daß die Literatur – ich spreche nicht von der Tagespresse und der politischen Publizistik, das ist eine andere Frage –, weder »verbotene Themen« noch »verbotene Präsentationen« kennt? Muß es ein Tabu sein, daß es für die Literatur Tabus glücklicherweise nicht mehr gibt?

Sollte also Sieburgs Feststellung zutreffen, »daß die deutsche Literatur der Gegenwart bei dem Versuch, ›die Wahrheit zu schreiben‹, überhaupt auf keine Schwierigkeiten stößt außer auf ihre eigene Feigheit«? Ähnliches sagt, allerdings weit milder, auch Marcuse. Von Feigheit kann jedoch nur da die Rede sein, wo Mut nötig ist. Und mit solchen Kriterien kann man, will man schriftstellerische Leistungen beurteilen, nicht viel ausrichten. In der Literaturgeschichte wimmelt es von feigen Talenten und mutigen Stümpern. Überdies zeigt uns das vorliegende Buch noch einmal, daß der Schriftsteller in der Bundesrepublik im Grunde nur selten Gelegenheit hat, seine Zivilcourage zu beweisen. Bedauerlich scheint mir dies nicht zu sein. Es geht doch nicht darum, daß die Schriftsteller mutig sind, sondern daß Verhältnisse bestehen, die ihren Mut überflüssig machen.

Nicht die angebliche Feigheit hemmt viele deutsche Schriftsteller, die jetzt etwa zwischen dreißig und fünfzig Jahren alt sind, vielmehr eine verständliche Unsicherheit, eine nicht unsympathische Ratlosigkeit und jenes große Unbehagen, das Friedrich in seiner Einleitung erwähnt. Ich gestehe, daß mich Unbehagen beschleicht, wenn ich das Wort »Unbehagen« höre. Aber wie »Mutmaßungen« ist es längst ein Stichwort der Epoche geworden. Indes: Unbehagen der Schriftsteller woran? An der Gegenwart? An Deutschland? An der Literatur? Ja, gewiß, aber vor allem an der eigenen Position, die so angenehm und so zweifelhaft zugleich ist. – Sie genießen eine in Wirklichkeit uneingeschränkte Freiheit, was sie jedoch verdrängen, weil sie spüren, daß sie von ihr nicht in genügendem Maße Gebrauch machen. Und weil sie andererseits nicht das geringste Vertrauen zu dem Staat und der Gesellschaftsordnung haben, die diese Freiheit garantieren. Sie beargwöhnen den bundesrepublikanischen Wohlstand. Mit Recht. Und sie partizipieren an diesem Wohlstand. Nochmals mit Recht. Sie sehen mit Entsetzen den leidenschaftlichen Fleiß ihrer Mitbürger, die dem Geldverdienen soviel Kraft widmen, daß sie sich um die Früchte ihrer Arbeit bringen. Und jagen selber dem Erfolg nach. Die Gelassenheit ist nur eine Maske. So schwanken sie zwischen Resignation und Ehrgeiz, zwischen Lethargie und Hektik – und das jahrelange Verstummen der einen ist ebenso unheimlich wie die fieberhafte Betriebsamkeit der anderen.

Und vielleicht darf man die Behauptung wagen, daß jenes große Unbehagen, das viele deutsche Schriftsteller der jüngeren und mittleren Generation empfinden, von ihrem schlechten Gewissen zeugt. Aber das würde auf keinen Fall gegen diese Schriftsteller sprechen.

In einer deutschen Angelegenheit

Hiermit empfehle ich der Aufmerksamkeit aller Leser die Mai-Nummer der Zeitschrift ›Der Monat‹. Sie kostet, wie immer, zwei Mark fünfzig. Und sie enthält, wie fast immer, einige gute Aufsätze. Indes hat meine ungenierte Werbeaktion einen besonderen Grund: Es ist der vielleicht etwas zu pathetisch betitelte Beitrag ›Im Labyrinth der Schuld‹. Geschrieben von Horst Krüger. Die literarische Form der Arbeit kann man allerdings kaum bestimmen: Der Verfasser schwankt zwischen Reportage, Bericht und Essay. Eingeflochten sind kulturgeschichtliche Bemerkungen, autobiographische Bekenntnisse und allerlei Reflexionen. Kein einheitliches Prosastück also. Und eines der besten, die ich in diesem Jahr in einer deutschen Zeitschrift gefunden habe. Der Gegenstand des Beitrags? Die Frage danach läßt sich nicht länger umgehen. Also es handelt sich, mit Verlaub, um Auschwitz.

Ich weiß, ich habe jetzt viele Leser verscheucht: Sie werden sich weder den ›Monat‹ kaufen noch diesen meinen Artikel weiterlesen; sie haben sich schon angenehmeren Themen zugewandt – und alle, ausnahmslos alle, sind angenehmer. Sogar

Stalingrad. Da kann noch, wer will, von deutschem Heldentum sprechen; da vernehmen noch manche Fanfaren und Trommelwirbel und den Trauermarsch aus der ›Götterdämmerung‹. Bei dem Wort »Auschwitz« gibt es keine musikalischen Assoziationen. Da hört man nur noch die unmenschlichen Laute der Opfer und die unmenschlichen Laute der Henker. Stalingrad – das war, sagt man, eine nationale Katastrophe. Wie ließe sich Auschwitz in zwei Worte zusammenfassen? Doch wohl nur: deutscher Mord.

Aber wozu soll man, um Gottes willen, wieder von dem reden, was damals war, da doch jetzt mehr als neunzehn Jahre seit Kriegsschluß verstrichen sind? Ich glaube, daß es jenen, denen wir zu verdanken haben, daß der Frankfurter Auschwitz-Prozeß stattfindet, nicht um die Vergangenheit geht, sondern um die Gegenwart, nicht um das »Dritte Reich«, sondern um die Bundesrepublik. Und so schreibt auch Krüger über den Prozeß – mit dem Blick auf das, was heute ist und was morgen sein kann. Verspätet kommt er in den Raum, in dem das Gericht tagt: »Ich suche die Angeklagten im Saal, aber ich finde sie nicht. Ich suche die Zeugenbank, aber ich sehe sie nicht. Ich habe einen guten Platz, ich kann alles überblicken, ... doch ich kann nicht erkennen, wer hier eigentlich die Ankläger und wer die Angeklagten sind.«

Damit ist die ganze Misere angedeutet, die bundesrepublikanische Misere. Erinnern wir uns: Zwei Bundesminister und der General-Bundesanwalt mußten in den letzten Jahren entlassen oder abgesetzt werden. Warum? Weil sie im »Dritten Reich« dies und jenes getan hatten? Formulieren wir lieber so: Weil die DDR-Behörden enthüllt hatten, daß ... Wie aber, wenn die DDR-Behörden aus irgendwelchen Gründen nicht daran interessiert gewesen wären, die Karriere dieser Würdenträger zu beenden? Was dann? Und wie viele Würdenträger gibt es hierzulande immer noch, deren Personalakten nicht im Besitz der DDR sind? Gewiß, unheimlich war, was sich in Auschwitz abgespielt hat. Aber unheimlich scheint es mir auch zu sein – obwohl es sich natürlich nicht um vergleichbare Phänomene handelt –, daß sich niemand wundern würde, wenn morgen zu lesen wäre, dem Hauptangeklagten im Auschwitz-Prozeß sei die Flucht gelungen und er befinde sich wohlauf in einem ägyptischen Luxushotel.

Wozu hat Krüger diesen Prozeß aufgesucht? Er sagt es: »Es ist eine letzte Chance ... Es ist eine unwiederholbare Möglichkeit, der Vergangenheit in Fleisch und Blut, der Geschichte in ihren Akteuren zu begegnen, die Täter und ihre Opfer nicht als Standbilder des Schreckens oder des Leidens zu sehen, sondern als Menschen wie Du und ich. Ich will dieses Drama der Zeitgenossen sehen, bevor es in den Abgrund der Geschichte versinkt. Nach dieser Prozeßwelle wird der Vorhang der Zeit für immer geschlossen.«

Als ich diesen Absatz las, fiel mir plötzlich ein, daß sich über diesen Prozeß, der – wie Krüger schreibt – »Pflichtreport der großen Zeitungen, Pflichtlektüre für niemanden« ist, kein einziger prominenter deutscher Schriftsteller auch nur mit einem Wort geäußert hat. In dem Buch ›Schwierigkeiten heute die Wahrheit zu schreiben‹ meint Hans Erich Nossack: »Selbstverständlich gehört es zu den Pflichten des Schriftstellers, zu den Tagesereignissen Stellung zu nehmen ...« So sympathisch mir diese Erklärung auch ist, sosehr glaube ich doch, daß Nossack übertreibt und zuviel vom Schriftsteller verlangt. Mir scheint es eher angebracht, von ihm zu fordern, daß er in seinem Werk unmittelbar oder mittelbar auf die Zeit reagiert, in der er lebt. Ob er sich zu den Tagesereignissen in der Presse oder im Rundfunk äußert, muß seine Sache bleiben. Kein Soll kann es geben, das ein Schriftsteller zu erfüllen hat – weder was die Gegenwart betrifft noch jene Vergangenheit, die sich angeblich aufarbeiten und bewältigen läßt.

Ich bitte also dringend, mich nicht mißzuverstehen: Ich denke nicht daran, die deutschen Schriftsteller zum Besuch des Frankfurter Prozesses zu ermahnen. Und ich weiß auch, daß es fast unmöglich scheint (aber Horst Krüger hat bewiesen, daß es doch möglich ist), über dieses Thema noch etwas zu sagen, was unkonventionell und eindringlich wäre.

Ich bin jedoch, ich schäme mich dessen nicht, sehr neugierig. Ich möchte so gern lesen, was hierüber, ganz gewiß, ein Schriftsteller schreiben könnte wie, beispielsweise, Nossack. Auf den Roman, an dem Wolfgang Koeppen arbeitet, warten wir seit Jahren und wir werden weiterhin respektvoll und geduldig warten, solange es nötig sein sollte. Wahrlich, Koeppen darf man nicht stören. Und doch würde ich es sehr bedauern, sollte ich nichts von diesem großen Prosaisten über Auschwitz in Frankfurt lesen können. Denn es ist – wie Krüger schrieb – »eine letzte Chance ..., unwiederholbare Möglichkeit«.

Und gern möchte ich wissen, was ein Mann wie Gerd Gaiser auf der Zuhörertribüne des Auschwitz-Prozesses fühlen und denken würde. Das meine ich ganz ohne Ironie und Bosheit. Er hat damals mitgemacht, seitdem viele Bücher verfaßt, die aber, meiner Ansicht nach, fast immer von demselben Geist zeugen. Ist es denkbar, daß er sich tatsächlich nicht geändert hat? Ich möchte es doch nicht glauben. Jedenfalls ist, was da in Frankfurt abgehandelt wird, unser aller Sache. Ist es Gaisers Sache nicht? – Was fühlen und denken eigentlich diejenigen, die damals kleine Kinder waren, wenn erzählt wird, wie ihre Eltern drei Millionen Menschen in Auschwitz ermordet haben? Ich weiß, es sind andere Themen, die Uwe Johnson faszinieren, und doch ...

Ich habe diese Namen, versteht sich, nur als Beispiele angeführt. Man könnte viele andere nennen. Indes: es geht ja nicht um einzelne Autoren. Keiner ist verpflichtet, sich dieser Frage anzunehmen. Aber die deutsche Literatur unserer Zeit ist es.

Krüger beendet sein Prosastück mit folgenden Worten: »... Hitler – den gibt es auch noch in uns. Er herrscht noch im Dunkeln, im Untergrund; irgendwie hat er uns allen einen Sprung beigebracht. Die einen hasten dem Geld nach, und die anderen gehen zum Auschwitz-Prozeß, die einen decken zu, die anderen decken auf – das sind zwei Seiten derselben deutschen Medaille. Dieser Hitler, denke ich, der bleibt uns lebenslänglich – bis zum Tode.« Ja, das ist sicher – er hat uns allen einen Sprung beigebracht. Natürlich auch den deutschen Schriftstellern – wie sollte es anders sein. Aber gehören sie zu jenen, die zudecken oder zu jenen, die aufdecken? Mag jeder die Frage für sich beantworten. Der Auschwitz-Prozeß wird übrigens noch mehrere Monate dauern.

Untergang der erzählten Welt?

Wird die Belletristik im technischen Zeitalter nur ein Schattendasein führen können? Sollte es tatsächlich zutreffen, daß sie im Wettbewerb mit Wissenschaft und Publizistik verkümmern und schließlich unterliegen muß? Geht etwa die erzählte Welt, die es immerhin seit der Bibel und seit Homer gibt, ihrem Ende entgegen? Sind also Geschichten überflüssig geworden, ist der Roman schon ein Anachronismus, die Novelle längst ein Relikt? Alle sprechen davon – zumindest alle, die glauben, die Belletristik sei doch nicht ganz entbehrlich. Oder solche, die glauben ohne Literatur nicht leben zu können. Es wird viel vermutet und befürchtet, manches verwirrt und nichts bewiesen. Seit Kassandra sind düstere Prophezeiungen billig zu haben. Da kann jeder ohne Risiko mitmachen. Das Wort »Krise« hört nicht auf, modern zu sein. Vor allem redet man von der Krise jenes Erzählens, das als das »herkömmliche« bezeichnet wird. Nur fällt mir auf, daß sich über dieses Thema am liebsten diejenigen verbreiten, die sich selber als Romanciers oder Geschichtenerzähler versucht haben und unumstritten gescheitert sind. Gleichviel: an leichtfertigen Diagnosen fehlt es nicht. Freilich auch nicht an ernsten Symptomen.

Zunächst einmal kann als sicher gelten, daß die meisten namhaften Vertreter der erzählenden deutschen Prosa, die in den letzten Jahren, jedenfalls aber nach 1950, bekannt wurden, seit einiger Zeit mit ungewöhnlich großen Schwierigkeiten zu kämpfen haben und sie meist nicht überwinden können. Anerkannte Schriftsteller veröffentlichen mißlungene oder höchst fragwürdige Romane und Geschichten – so Herbert Eisenreich (›Der Urgroßvater‹), Siegfried Lenz (›Stadtgespräch‹), Hans Erich Nossack (›Nach dem letzten Aufstand‹), Wolfdietrich Schnurre (›Funke im Reisig‹). Junge Autoren, deren Erstlinge enthusiastisch begrüßt wurden, bringen die Kritik mit ihren zweiten oder dritten Büchern in Verlegenheit – so Ernst Augustin (›Das Badehaus‹), Jürg Federspiel (›Massaker im Mond‹), Uwe Johnson (›Karsch‹), Jakov Lind (›Landschaft in Beton‹). Manche Schriftsteller der mittleren Generation schweigen unüberhörbar – so Ilse Aichinger und Ingeborg Bachmann, Wolfgang Koeppen und Ernst Schnabel. Oder sie gehen vom Roman zum Drama, zum Theater über – wie Martin Walser und Peter Weiss. Oder zum Fernsehspiel – wie Christian Geißler. Von anderen wiederum hört man, daß sie Filme und Opernlibrettos schreiben.

Zugleich heißt es oft genug, daß viele Leser heutzutage der Belletristik mit Argwohn begegnen, sie bagatellisieren oder gar ignorieren. Die knappe Zeit, die ihnen für die Lektüre bleibt, würden sie eher Sachbüchern und Dokumentarberichten als den Schöpfungen der Dichter widmen. Nicht künstlerische Phantasie werde benötigt, sondern nüchterne Information. Buchhändler und Verleger können mit Ziffern aufwarten, die zu denken geben. In der Tat besteht kein Zweifel, daß der Bedarf an nichtbelletristischer Literatur in unserer Epoche überall außerordentlich gewachsen ist. Dem entspricht auch die Quantität und die Qualität des Angebots. Die Themenskala der

Sachbücher wird immer breiter, und sie sind auch – alles in allem – zuverlässiger, interessanter, besser geworden. Gewiß haben sich also Rolle und Funktion des Sachbuchs im Bewußtsein des Publikums und im ganzen geistigen Leben verändert und vergrößert. Und gewiß haben wir es mit einem verständlichen und erfreulichen Phänomen zu tun. Allerdings bin ich nicht davon überzeugt, daß man vor allem mit diesem Phänomen die Abwendung vieler Leser von der belletristischen Literatur erklären kann.

Das Mißtrauen, das der Belletristik entgegengebracht wird, ist ebenso alt wie sie selbst: Wer etwas erzählen wollte, mußte immer schon darauf gefaßt sein, daß man seine Glaubwürdigkeit anzweifeln würde. Aber im Grunde genommen ist dieser Zweifel des Publikums den Erzählern nie unlieb gewesen. Sie sahen in ihm den Widerstand, der sie reizte und den es zu brechen galt. Daher haben sie ihn oft provoziert, indem sie sich – um nur ein Beispiel anzuführen – erkühnten, gerade das Unwahrscheinlichste zum besten zu geben. Und immer schon waren die Historiker und Biographen, die Chronisten und Sittenschilderer – kurz: die jeweils am meisten gefragten Sachbuchautoren – gefährliche Konkurrenten der Poeten. Denn immer gab es Menschen, die sich von der Magie der Fakten bannen ließen, jedoch der Magie der Dichtung trotzten oder sich ihr entzogen. Es handelt sich also im wesentlichen um eine uralte Erscheinung, die in verschiedenen Zeitabschnitten mehr oder weniger bemerkbar wird, jedoch nie ganz verschwinden kann: Das Mißtrauen des Publikums gehört zur Belletristik wie das Risiko zum Abenteuer.

Sollte es also denkbar sein, daß zu jener in unseren Jahren so auffälligen Vorliebe für die Sachbücher auch die Belletristen beigetragen haben, weil es ihnen nicht gelungen ist, dem traditionellen Argwohn der Leser wirkungsvoll entgegenzutreten? Und was können die Schriftsteller, die sich bemühen, den Zweifel an der Belletristik zu verringern oder auszuschalten, eigentlich tun? Es gibt zwei fundamentale Möglichkeiten, die beide nicht neu sind.

Um den natürlichen und notwendigen Widerstand des Publikums zu brechen, genügt es nämlich, sehr gut zu erzählen. Die Leser aller Epochen und aller Völker ähneln in dieser Hinsicht manchen Damen: Zwar widerstehen sie, doch hoffen sie zu unterliegen. Sie mißtrauen, aber sie wollen überzeugt werden. Sie zweifeln, weil sie glauben möchten. Woran? An Ideen?

Nicht unbedingt. Wohl aber an Gestalten und Motive, Situationen und Stimmungen. An menschliches Leid und menschliches Glück. Und hier ist das Sachbuch machtlos. Der Kinsey-Report hat die Liebesgeschichten nicht überflüssig gemacht. Auch das heutige Publikum will, wie eh und je, dem Erzähler glauben. Und wenn er sich nur auf seine Kunst versteht, glaubt es ihm schlechterdings alles – daß etwa ein Handlungsreisender im Schlaf in ein schreckliches Ungeziefer verwandelt wurde, daß die Liebe zu einem zwölfjährigen Mädchen aus einem reifen und vernünftigen Intellektuellen einen Mörder gemacht hat oder daß ein trommelnder Zwerg, ganz allein auf sich gestellt, eine mächtige Nazikundgebung durcheinanderbringen konnte.

Diese Methode, die Leser, die der Belletristik abgeneigt sind, zu gewinnen, erweist sich somit als die Flucht des Erzählers nach vorn. Daneben hat sich seit einigen Jahrhunderten noch eine andere Methode bewährt – das Täuschungsmanöver: Die Belletristik wird als Nicht-Belletristik ausgegeben, die Epik als Dokument oder gar als Sachbuch getarnt, als Chronik, Protokoll, Bericht, Brief oder Tagebuch maskiert. Vertraut der eine Autor der Überredungskraft seiner Stimme und seiner Erzählkunst, so hält es der andere für angebracht, mit verstellter Stimme zu sprechen und seine Erzählkunst indirekt wirken zu lassen. Der eine hofft, den Leser zu überwältigen, der andere – ihn überlisten zu können. Nichts gegen diese zweite Methode: Sie erfordert nicht weniger Talent als die erste und hat längst den Segen der Literaturgeschichte erhalten. Auch ist es verständlich, daß viele Schriftsteller gerade in den letzten beiden Jahrzehnten die Tarnung des epischen Kunstwerks als zeitgemäß empfanden.

Doch wird wohl diese Mode allmählich abklingen. Denn es scheint mir, daß sich im Wettkampf mit dem Sachbuch vor allem jene Belletristik behaupten kann, die sich auf ihre Eigenart besinnt, und nicht jene, die sie verleugnet. Die nicht vorgibt zu sein, was sie nicht ist. Die darauf verzichtet, den Leser in freundlicher Absicht irrezuführen, ihm vielmehr Fiktion als Fiktion anbietet und nicht versucht, den Anschein zu erwecken, es handle sich um nackte Tatsachen. Ich glaube also eher an die Flucht der Romanciers nach vorn als an ihre Täuschungsmanöver. Das Erzählen, mag es herkömmlich sein oder nicht, hat nicht nur eine große Vergangenheit, sondern auch eine große Zukunft.

Ohne Fuß auf deutscher Erde?

Was wollte der Autor sagen? Wer die alte Oberlehrerfrage zitiert, beeilt sich meist hinzuzufügen, sie habe uns in der Schule die Lektüre der Klassiker verleidet. Wenn ich mich aber recht erinnere, hat diese Frage die Klassiker nur jenen verleidet, die sie nicht beantworten konnten. So ähnlich geht es den Kritikern mit ihren Schützlingen und Patienten, den zeitgenössischen Dichtern also. Denn gegen die Frage, was sie denn eigentlich mit ihrem neuesten Roman oder Drama oder Gedicht sagen wollten, protestieren am heftigsten diejenigen Autoren, die keine Antwort wissen und denen von der Kritik vorgeworfen wurde, daß sie nichts oder nur sehr wenig zu sagen haben. Und dann heißt es gleich, die Kritiker sollten sich nicht soviel um den Sinn und den Inhalt eines literarischen Werks kümmern, sondern vor allem seine Sprache und Form untersuchen. Amüsanterweise fordern dies gern Schriftsteller, deren Werke sich zwar durch inhaltliche Schwäche, aber mitnichten durch formale Vorzüge auszeichnen. Natürlich sind sich alle längst einig, daß man im literarischen Kunstwerk Inhalt und Form nicht voneinander trennen und gesondert betrachten darf, daß sie sich gegenseitig bedingen und somit eine Einheit bilden müssen. Nur ist in diesem Postulat – und das scheinen manche, die sich von der Kritik benachteiligt fühlen, zu vergessen oder zu verdrängen – die Inhaltsanalyse eben einbegriffen.

Nicht ohne aktuelle Anlässe komme ich auf dieses Thema zu sprechen. Denn in seiner ersten Vorlesung als Gastdozent für Poetik an der Frankfurter Universität soll Heinrich Böll folgende Gedanken geäußert haben: »Statt die Syntax zu studieren, statt Rhythmen herauszufinden oder Wörter zu sammeln«, betreibt man »Inhaltsanalyse. Leser und Kritiker sind darauf aus zu erfahren, was der Autor gemeint haben möge.« So wurde in der ›Frankfurter Allgemeinen Zeitung‹ vom 15. Mai 1964 referiert. Vielleicht hat der Berichterstatter – und ich möchte es hoffen – den Gastdozenten mißverstanden. Sollte dies aber nicht der Fall sein, dann muß Böll nachdrücklich geantwortet werden: Freilich sind wir Leser und Kritiker darauf aus zu erfahren, was der Autor gemeint hat. Und was sein Werk uns zu sagen hat. Zumal in diesem Land und in diesen Jahren muß man solche simplen Fragen immer wieder in aller Deutlichkeit stellen. Böll, der die Einheit von Sprache und Gewissen im Dienste der Gegenwart gefordert und auch bisweilen verwirklicht hat, braucht derartige Fragen – was sein Gesamtwerk, nicht aber einzelne Arbeiten betrifft – keineswegs zu scheuen. Um so verwunderlicher, daß er sich ihnen offenbar entziehen möchte und daher Ansichten äußert, die Schaden anrichten und Verwirrung stiften.

Die Geschichte der deutschen Literatur, insbesondere in unserem Jahrhundert, zeigt, welche Folgen sich ergeben haben, wenn die Frage nach der Substanz des literarischen Kunstwerks nicht mit der Frage nach seiner Funktion verbunden wurde. Indem wir auf dieser Verbindung bestehen, bleiben wir der schönsten Tradition der deutschen Literaturkritik treu. In seinem Aufsatz ›Von Ähnlichkeit der mittleren englischen und deutschen Dichtkunst‹ klagte Herder im Jahre 1777: »Da schreiben wir denn nun ewig für Stubengelehrte und ekle Rezensenten, aus deren Munde und Magen wir's dann zurückempfangen, machen Romanzen, Oden, Heldengedichte, Kirchen- und Küchenlieder, wie sie niemand versteht, niemand will, niemand fühlt. Unsre klassische Literatur ist Paradiesvogel, so bunt, so artig, ganz Flug, ganz Höhe und – ohne Fuß auf die deutsche Erde.« – Darum geht es: daß eine Literatur verhindert wird, die »niemand versteht, niemand will, niemand fühlt«. Daß die deutsche Literatur mit dem Fuß auf deutscher Erde bleibt. Schlichter gesagt: daß sie sich nicht vom Leben und von der Wirklichkeit entfernt. Daß sie wenigstens versucht, die Aufgaben zu erfüllen, die ihr von der Gesellschaft und der Gegenwart gestellt werden.

Mit dieser Problematik im Bereich des deutschen Theaters und des deutschen Dramas befaßte sich die Zeitschrift ›Theater heute‹ (Juni 1964). Das ungewöhnliche Echo, das Hochhuths Stück überall findet, hat die Redaktion veranlaßt, eine Debatte zu eröffnen, in der jedoch nicht der Wert oder Unwert des ›Stellvertreter‹ erörtert wird, sondern die Frage, »ob das Theater nicht seine Aufgabe, Themen wie diesem ein Podium zu geben, das ihnen die Öffentlichkeit offenbar versagt, in den letzten Jahren zu sehr vernachlässigt hat«. Die Redaktion meint: »Es geht darum, ob wir unseren dramatischen Autoren nicht zurufen sollten: Steigt herunter aus euren abstrakten Wolkenkuckucksheimen, aus euren Träumereien am Kamin des Absurden, aus euren Weltveränderungsparabeln! ›Die Wahrheit ist konkret!‹ – so hat es einer ausgedrückt. Es mag sein, daß wir das Zeitstück einmal satt bekommen haben, weil wir zuviel davon bekamen. Aber haben wir heute nicht zuwenig davon?«

Und in einem Diskussionsbeitrag stellt Christian Schütze fest, daß auf deutschen Bühnen heutzutage »mancher gar nichts meint, dieses aber höchst kunstvoll« und »viele weder meinen noch können«. Ferner: »Wenn das Theater seine Freiheit weiterhin nur von Außenseitern benutzen läßt, und noch dazu mit halbem Herzen, wäre es nicht verwunderlich, wenn die öffentliche Meinung dem Theater den Kredit entzöge.«

Was hier vom Theater gesagt wurde, gilt für die gesamte deutsche Literatur dieser Jahre. Sie hat konkrete, oft unangenehme und harte Pflichten zu erfüllen. Niemand kann sie ihr abnehmen. Die Kritiker sind dazu da, sie an diese Pflichten zu erinnern. Daher müssen sie sich überlegen, was der Autor sagen wollte und was er gesagt hat. Das ist übrigens oft genug ebenfalls eine unangenehme und harte Pflicht.

Der Donkosak in Goethes Frack

Michail Scholochow, der repräsentative Schriftsteller der Sowjetunion, der bedeutendste lebende Epiker russischer Zunge und der Verfasser einer Roman-Tetralogie, die zu den Meisterwerken der Weltliteratur unseres Jahrhunderts gehört, Michail Scholochow, dessen Werke in 52 Sprachen erschienen sind und allein in der DDR eine Auflage von 1 175 000 Exemplaren erreicht haben, Michail Scholochow, Künstler, Würdenträger und Nationalheld zugleich, Kommunist seit 1920 und Deputierter des Obersten Sowjets seit 1937, Michail Alexandrowitsch Scholochow, der große Kosak vom stillen Don, haßt die Deutschen.

›Die Schule des Hasses‹ war ein Band seiner 1942 veröffentlichten Frontberichte und Kriegsgeschichten betitelt. Aber sein Haß galt und gilt nicht nur den deutschen Imperialisten und Faschisten, den Kapitalisten und Revanchisten, den Ruhrbaronen und den Bonner Ultras. Er gilt den Deutschen schlechthin. Es ist ein intuitiver, elementarer und wilder, ein fast tierischer Haß. Da kann der proletarische Internationalismus offenbar kaum etwas ausrichten; in dieser Hinsicht scheint bei Scholochow Hopfen und Marx verloren zu sein. – Hartnäckig lehnte er es ab, nach 1945 Deutschland zu besuchen. Nicht etwa, daß er dem Reisen abgeneigt wäre. Er war im letzten Jahrzehnt in manchen europäischen Ländern und auch in Amerika. Alle Einladungen und Bemühungen der DDR blieben jedoch vergeblich. Als sich vor einigen Jahren auf einem Moskauer Kongreß der offizielle Vertreter der DDR-Schriftsteller – wenn ich mich recht erinnere, war es Nationalpreisträger Erwin Strittmatter – Scholochow in scheuer Ehrfurcht nahte, soll ihn der berühmte Mann in Gegenwart vieler Zeugen angebrüllt haben: »Scher dich zum Teufel, verfluchter Deutscher!« Oder noch etwas derber. Bedrängt von den kompetenten Stellen in Moskau hat sich schließlich Scholochow überwunden und, rund fünfzehn Jahre nach der Gründung der DDR, zum Besuch bequemt, über den er bisher nicht einmal mit sich reden ließ.

Das Interview, das er vor seiner Abreise aus der Heimat gewährte, brachte das ›Neue Deutschland‹ in der Leitartikelspalte. Zur Begrüßung auf dem Flughafen Berlin-Schönefeld erschienen am 25. Mai 1964: der Chefideologe der SED, Kurt Hager, der Minister für Kultur und zahlreiche Würdenträger der DDR sowie der Botschafter der Sowjetunion. Schriftsteller durften auch anwesend sein, Strittmatter nicht ausgeschlossen. Am 27. Mai lautete die Schlagzeile des ›Neuen Deutschland‹: »Scholochow trägt Großen Stern der Völkerfreundschaft.« Darunter ein Bild: Ulbricht und Scholochow prosten sich zu. Es sei – so heißt es – »ein ergreifender Augenblick« gewesen, als Scholochow »aus den Händen des führenden Repräsentanten unseres sozialistischen deutschen Staates« den Großen Stern in Gold erhielt.

Auch weiterhin beachtete man das in der DDR bei Staatsbesuchen übliche Ritual. Das ›Neue Deutschland‹ vom 27. Mai meldete: »Am Sowjetischen Ehrenmal in Treptow legt Michail Scholochow für die sowjetischen Soldaten, die im Kampf mit dem Faschismus gefallen sind, ... einen Kranz nieder. Ernst, in stummer Zwiesprache mit seinen Freunden, verharrt er minutenlang. Ebenso stumm und ergriffen läßt ihn eine Klasse aus Lauchhammer passieren, die zur gleichen Zeit das Ehrenmal besucht.« Danach begab sich »der hohe Gast« zur »Gedenkstätte der Sozialisten in Berlin-Friedrichsfelde« und trug sich am Nachmittag im »Roten Rathaus« ins »Goldene Buch der Hauptstadt« ein. Am selben Tag beehrte Scholochow auch den Verlag, der seine Bücher in deutschen Übersetzungen vorgelegt hat. Im Foyer des Verlagsgebäudes war die gesamte Belegschaft wie eine Ehrenkompanie aufgestellt. Den hohen Gast begleiteten: ein Staatssekretär, der Leiter der Kulturabteilung beim Zentralkomitee und der Erste Sekretär des Schriftstellerverbandes.

Am nächsten Tag traf Scholochow in Dresden ein. Das ›Neue Deutschland‹ vom 28. Mai berichtete: »Pünktlich um 11.45 rollte die Tatra-Limousine vor dem Hauptportal des Dresdener Klubs der Kulturschaffenden vor.« An der Schwelle warteten, mit roten Nelkensträußen in der Hand, der Oberbürgermeister und der Leiter der Ideologischen Kommission. Es folgte ein Besuch der Gemäldegalerie. Das ›Neue Deutschland‹ teilte mit: »Lange verweilte Michail Scholochow vor dem Meisterwerk Raffaels, der Sixtinischen Madonna.« – Der Bericht über den Besuch des hohen Gastes in der Dresdner Gemäldegalerie wurde im ›Neuen Deutschland‹ vom 29. Mai ergänzt: »Der Rundgang war nur kurz und die Zwiesprache stumm. Was der Schriftsteller empfunden haben mag beim Anblick der ›Sixtinischen Madonna‹, des ›Trunkenen Herkules‹ oder der ›Schlummernden Venus‹, kann man nur erraten. Auf dem Gesicht des Gastes mischten sich Freude über die Rettung der Schätze mit der Hochachtung vor dem Können, dessen Größe vielleicht nur ein Meister in vollem Umfange abzumessen vermag.«

Über »den dritten Tag seines Aufenthaltes in unserer Republik« soll sich Scholochow – dem ›Neuen Deutschland‹ zufolge – »außerordentlich befriedigt« gezeigt haben. Denn: »Wir atmeten zuerst in der Gemäldegalerie den spezifischen Geruch, der jedem Museum anhaftet, und dann ging es in die LPG ›Am Heiderand‹ in Dresden-Klotzsche, wo uns unverkennbar ländliche Lüfte umwehten.« Den hohen Gast beeindruckte vor allem »die großzügige Aufbringung von Stalldung«.

Von Dresden ging es nach Weimar. Professor Helmut Holtzhauer, der Direktor der Nationalen Forschungs- und Gedenkstätten der klassischen deutschen Literatur in Weimar, und seine Mitarbeiter haben sich bemüht, dem hohen Gast und seiner Gattin – so das ›Neue Deutschland‹ vom 30. Mai – »ein intimes Bild von Goethe zu vermitteln«. Am 31. Mai berichtete das ›Neue Deutschland‹: »Michail Scholochow und seine Familie besichtigten am Sonnabend die Staatsgrenze am Brandenburger Tor ... Der Stadtkommandant, Generalmajor Poppe, erläuterte dem Gast den Verlauf der Grenze und ihre Sicherungsanlagen ...« Am 2. Juni gab das Zentralkomitee einen Empfang zu Ehren Scholochows. Die Nachrichtenagentur ADN meldete: »Im Verlauf des Abends, der in einer herzlichen Atmosphäre verlief, wurde eine Reihe Trinksprüche ausgebracht.«

Bisweilen bemühte sich das ›Neue Deutschland‹, die feierliche Berichterstattung etwas aufzulockern, den hohen Gast menschlich zu sehen. »Bewundernswert bescheiden und gleichzeitig mit einem jugendhaft-spitzbübischen Humor« versuchte er die vielen Ehrungen abzuwehren (27. Mai). Sein Lachen sei »von einer so wunderbaren menschlichen Wärme und Herzlichkeit«. In der Sächsischen Schweiz hat Scholochow geangelt – in Begleitung des Leiters der Kulturabteilung beim Zentralkomitee und des Ersten Sekretärs des Schriftstellerverbandes. Das ›Neue Deutschland‹ verheimlichte jedoch nicht, daß die Bemühungen des hohen Gastes vergeblich waren: »Wenn Genosse Scholochow seiner Begleitung auch hinsichtlich der Erfolge um nichts voraus ist, im Flachsen ist er es um Längen.« (29. Mai.)

In dem Bestreben, den Bürgern der DDR die Bedeutung des Autors des ›Stillen Don‹ in vollem Umfang augenscheinlich zu machen, entschloß sich das ›Neue Deutschland‹, in der Nummer vom 2. Juni aufs Ganze zu gehen: Scholochow wird mit Goethe verglichen. Als der hohe Gast im Haus »Am Frauenplan« vor der Vitrine stand, »in der Frack und Mantel des Dichters und Staatsmannes Goethe aufbewahrt werden«, habe Professor Holtzhauer gesagt: »Genosse Scholochow, Sie könnten ohne weiteres in das Gewand hineinschlüpfen. Sie haben die gleiche Statur wie unser größter Dichter.« Diese Bemerkung veranlaßte die Redaktion, Parallelen zu ziehen. So sei, beispielsweise, Goethes wie Scholochows Sprache vom Volkslied beeinflußt worden: »In einem jedoch ist er (Scholochow) über Goethe hinausgewachsen.« In welcher Hinsicht? »Er hat tatkräftig eingegriffen in die Umwälzungen, die notwendig waren, um die sozialistische Nation entstehen zu lassen. Er hat bekannt, daß er zuerst Kommunist und dann Schriftsteller ist.« Das allerdings kann man von Goethe nicht behaupten. Ihm wirft das Zentralorgan der SED bei dieser Gelegenheit vor, daß er die Umwälzungen nicht wünschte, »durch die das Deutschland seiner Zeit eine bürgerliche Nation geworden wäre«. Und fährt fort: »Dennoch hat Scholochow von dem großen deutschen Genius Goethe in Weimar gesprochen.« Dieses »dennoch« scheint mir Goldes wert zu sein.

Zum Abschluß dieses zehntägigen Aufenthaltes in der DDR fand eine Pressekonferenz statt, die das ›Neue Deutschland‹ am 4. Juni 1964 referierte. Über Chruschtschow und Ulbricht sagte der Schriftsteller mit Goethes Statur: »Ich glaube, es sind beide sehr kluge Männer.« Befragt, was er von dem Brief halte, den

Ulbricht an Erhard gerichtet hatte, antwortete Scholochow: »Ich halte den Brief des Genossen Ulbricht für eine sehr wichtige Angelegenheit.« Auf die Frage des Vertreters der ›Schwäbischen Donauzeitung‹, ob er denn einmal die Bundesrepublik besuchen möchte, erwiderte der große Scholochow klipp und klar: »Ich fürchte, wenn ich nach Westdeutschland fahren würde, dann fände ich das gleiche vor wie vor 34 Jahren.« Und »verschmitzt lächelnd« fügte er hinzu, er werde Westdeutschland erst besuchen, wenn dort die ersten Kolchosen entstehen.

Bundesrepublikanische Kommentatoren meinten, diese Antwort zeuge von haarsträubender Ignoranz. Aber man sollte es sich nicht zu leicht machen. Gewiß gehört Scholochow zu jenen bedeutenden Epikern, deren Äußerungen in Reden, Artikeln und Interviews keine überragende Intelligenz, sondern eher eine Art Naivität und Beschränktheit erkennen lassen. Trotzdem kann man sich schwer vorstellen, daß er im Ernst glaubt, in Westdeutschland habe sich seit 1930 nichts verändert. Vielleicht wollte der verschmitzt lächelnde Donkosak nur andeuten, er denke nicht daran, ein deutsches Land freiwillig zu besuchen. Und es mag sein, daß er meint, die Seinigen würden ihn zu einer solchen Reise erst dann zu überreden versuchen, wenn auch westlich der Elbe Kolchosen zu besichtigen wären.

Wie dem auch sei: Von dem kurzen Besuch kehrte er mit einer neuen sowjetischen Maschine zurück, einer TU 114, die erstmalig in Berlin-Schönefeld gelandet war. Es ist eine besonders schnelle Maschine.

Und was immer man denken mag von Michail Alexandrowitsch Scholochow, dem Kosaken vom stillen Don – die Lektüre seiner Tetralogie kann ich nachdrücklich empfehlen. Sie ist 1960 auch in der Bundesrepublik erschienen, im Paul List Verlag, München. Übrigens handelt es sich nicht um ein Buch des Hasses. Am Ende des Zweiten Teils steht der Satz: »In den Jahren der Unruhe und der Sünde beschuldige niemand seinen Nächsten!«

Arnold Gehlens Kraut und Rüben

Im Mitteilungsblatt des Rheinisch-Westfälischen Verleger- und Buchhändler-Verbandes wurde unlängst ein Festvortrag veröffentlicht, den der Soziologe Arnold Gehlen, Professor an der Technischen Hochschule in Aachen, vor den Mitgliedern dieses

Verbandes gehalten hat. Thema: »Soziologische Beiträge zur Kritik moderner Literatur«. Tucholsky pflegte bei solchen Gelegenheiten zu sagen: Da laßt mich mal ran.

Er, Arnold Gehlen, sei »seit bereits einigen Jahrzehnten leidenschaftlich an der zeitgenössischen Literatur interessiert«. Daher könne er heute »um den Eindruck eines Absinkens des Durchschnittsniveaus nicht herumkommen«. Warum? »Für die Aufstellung und für die Aufrechterhaltung eindeutiger Qualitätsmaßstäbe fehlt es heute ... an den allgemeinen soziologischen Bedingungen.« Denn: es gibt »keine irgendwie zusammenhängende, geschweige denn institutionalisierte ... Oberklasse, die entschlossen wäre, bestimmte Geschmacksforderungen zu stellen oder an einer moralischen Generallinie festzuhalten«. Früher habe es »eine solche Schicht« gegeben, auch noch in unserem Jahrhundert. »Altadel, Neuadel, Bankiers, altes Bürgertum« bildeten ein Milieu, in dem man seines Geschmackes sicher war und »in dem Künstler existieren konnten und sich auch irgendwie anpaßten«. – Künstler haben sich also irgendwie an den Geschmack des Adels und der Bankiers angepaßt. Und das war gut so – meint Gehlen. Er führt auch ein Beispiel an: Rilke. »Der stammte ja aus einem dubiosen böhmischen Milieu«, doch sei er im Laufe seines Lebens mit dem alten Bürgertum und mit dem Großkapital in Verbindung gekommen und sei auch »hin und wieder mit dem Hochadel liiert« gewesen. Auf diese Weise habe er »die soziologischen Abstützungen« gefunden, »in denen Qualitätsforderungen gestellt werden«. – Somit verdanken wir die Qualität der, sagen wir, ›Duineser Elegien‹ und der ›Sonette an Orpheus‹ dem damaligen Geschmack des Großkapitals und des Hochadels. Immerhin eine kühne These.

In Deutschland wurden jedoch die »tonangebenden Kreise« in unserem Jahrhundert durch drei Revolutionen »zerrieben«. Drei? Ist das nicht ein bißchen viel? Aber wir wollen nicht darüber streiten, was der Begriff »Revolution« eigentlich besagt. Gemeint sind jedenfalls die Ereignisse von 1918, 1933 und 1945. Der Mangel an jenen »tonangebenden Kreisen« sei also »einer der Hauptgründe für die kritische Lage, in der sich heute die Literatur und ... der Dichter befinden«. Doch habe »eine stark durchdemokratisierte Massengesellschaft ... ihre eigenen Formen der Öffentlichkeit erzeugt, nämlich die Massenmedien« – und bei ihnen »muß er (der Schriftsteller) ankommen«. Diese Massenmedien wollten vor allem das Unterhaltungsbedürfnis der Zuschauer und Zuhörer befriedigen. Dennoch gebe es »eine Highbrow-Literatur, ... die auf ein schmales Publikum hochgezüchteten Geschmacks hinarbeitet«. Von wem ist die Rede? Von Benn, Bierce, Borges und Saint-John Perse. Dem Festredner scheint entgangen zu sein, daß Ambrose Bierce vor einem halben Jahrhundert gestorben ist. Und auch Benn kann schon seit acht Jahren auf nichts mehr »hinarbeiten«.

Der größte Teil der Literatur sei aber »sozusagen qualitäts- und stimmungsangepaßt an das, was in den großen Medien betrieben und verlangt wird«. Und zwar: »in meinen Augen eben Unterhaltungsstoff«. Wen meint Gehlen jetzt? Er nennt insgesamt zwei deutsche Autoren: Böll und Jens. In der Tat, nicht alle, aber doch viele Bücher Bölls sind unterhaltsam. Nur spricht dies, denke ich, nicht gegen, sondern für diese Bücher. Und Jens? Im letzten Jahrzehnt hat er veröffentlicht: ›Das Testament des Odysseus‹, ›Statt einer Literaturgeschichte‹, ›Die Götter sind sterblich‹, ›Deutsche Literatur der Gegenwart‹, ›Herr Meister‹. Unterhaltungsstoff? Da befürchte ich doch, daß Gehlen die Bildung des deutschen Lesepublikums erheblich überschätzt. Oder daß er Jens mit einem anderen Autor verwechselt.

Auch den *nouveau roman* – erfahren wir – hält Gehlen für Unterhaltungsliteratur. Schade, daß er uns nicht verrät, welche Autoren er dem *nouveau roman* zurechnet. Vielleicht Maupassant? Bei einem Festredner, der Bierce für einen hochmodernen Highbrow-Literaten unserer Tage hält, wäre das so überraschend nicht. Was für einen Sinn hat eigentlich das Wort »Unterhaltungsliteratur« für Gehlen? Er bietet uns eine Definition: »Unterhaltungsliteratur heißt heutzutage, daß eben schon die intellektuellen Standpunkte und die Sprachmöglichkeiten so ausformuliert sind, daß man sehr schnell zu akzeptablen Graden von Avantgardismus kommt.« Wer kommt zu jenen Graden von Avantgardismus? Für wen sollen sie akzeptabel sein? Diese Definition müßte Gehlen wohl noch einmal »ausformulieren«.

Darauf folgt ein aufschlußreicher Exkurs über die Unterhaltungsliteratur. Da gebe es zunächst einmal ein Genre, das Gehlen »neo-bürgerlich« nennt – »so wie es auch eine unzerstörbare Anhänglichkeit des Publikums an Fontane oder an die ›Buddenbrooks‹ gibt«. Wenn ich Gehlen recht verstanden habe, bedauert er diese Anhänglichkeit des Publikums. Möchte er sie lieber »zerstört« sehen? Was die ›Buddenbrooks‹ betrifft, so hat man das vor nicht zu langer Zeit versucht. Aber warum verwendet Gehlen hier das Wort »unzerstörbar«? Wäre nicht »unausrottbar« passender? Böll und Jens können jedenfalls zufrieden sein: Als Unterhaltungsschriftsteller eingestuft, sind sie sogleich in der Gesellschaft der größten deutschen Romanciers des 19. und 20. Jahrhunderts.

Und dann hätten wir noch – innerhalb der Unterhaltungsliteratur – »das sogenannte progressive Genre, die Literatur-Linke«. Um nun die Rheinisch-Westfälischen Verleger und Buchhändler gegen diese üble Bande, die Literatur-Linke, zu mobilisieren, teilt Gehlen mit, »daß man dort gegen Institutionen überhaupt ablehnend gesonnen ist«. Überhaupt? Auch gegen die Feuerwehr und gegen das Rote Kreuz? Etwas weiter erklärt Gehlen genau, wogegen die Literatur-Linke (warum eigentlich nicht Linksliteraten?) eingestellt sei – »von Grund aus gegen das Bestehende, gegen den Staat, gegen die Gerichte und gegen die Justiz, gegen das große Eigentum, gegen die Kirche, gegen das Heer, gegen das sogenannte Establishment, d. h. gegen alles, was in der harten Welt der Geschäfte sich abmühen muß, einschließlich der Parteikader aller Parteien«. Zwar gebe es viele Nuancen, »aber der radikale Flügel zeigt einen sozusagen doch verwilderten Haß gegen die bestehenden Verhältnisse überhaupt«. Wenn ich mich doch bloß daran erinnern könnte, aus welcher Zeit mir dieser »verwilderte Haß« so bekannt vorkommt.

Gehlen weiß auch, worauf man die »großen Haßquanten« in jener linken Literatur zurückführen müsse. Sie sei »klassenspezifisch«, denn sie stamme aus Kreisen, die »durchaus mit der Tendenz einer neuen Aristokratie nach Macht und Beherrschung der Situation« streben: »Es ist hier gelungen, die Instinkte einer Klasse, die sich nicht genügend honoriert fühlt, in der Öffentlichkeit und in der Lesewelt tonangebend zu machen.« Ein klarer Fall: »die große Unrechtsklage gegen das Bestehende« hat einen einzigen Grund – die Unzufriedenheit der Schriftsteller mit der Rolle, die sie selber spielen. Es handelt sich um nichts anderes als um einen »Machtkampf«. Beispiele? Genannt werden erstens Uwe Johnson, zweitens »das pornographische Genre« (leider ohne Namen) und drittens Günter Grass, der als einziger deutscher Schriftsteller in diesem Vortrag gut wegkommt. Was immer man über Grass denken mag – das hat er nun wirklich nicht verdient.

Überdies müsse man einen allgemeineren Umstand bedenken: »Es ist überhaupt keine große und bedeutende Aufgabe mehr zu sehen, die von der Literatur gelöst werden könnte, es ist keine große Sache zu sehen, die sie durchzusetzen versuchen sollte.« Meint Gehlen. Etwas weiter findet er doch ein »großes Anliegen«, dessen sich die Literatur annehmen könnte: »die Auseinandersetzung der Deutschen mit ihrer Geschichte«. Die Frage erledigt er rasch: »Die Urteile sind ja schon fertig, deshalb fängt ja keiner erst an.« Selbst wenn diese Beobachtung zuträfe, würde das nichts daran ändern, daß das Thema vorhanden ist.

In der Zusammenfassung heißt es, die Literatur könne sich »nicht mehr die Aufgabe stellen, für den sozialen Fortschritt einzutreten«. Mag sein, aber warum? »Der Fortschritt hat einen mechanischen Charakter erhalten, er vollzieht sich von selber.« So? Tatsächlich? – Schließlich bemerkt Gehlen, der eben noch »überhaupt keine große und bedeutende Aufgabe« für die Literatur sehen wollte, sie könne sich vielleicht mit der »Zerstörung von Tabus« und mit der »Abtragung von Vorurteilen« beschäftigen. Immerhin gäbe es – meint er – noch zwei große »Tabuposten«, »unberührbare Mächte in unserer Gesellschaft, die Arbeiter und die Kirchen«. Indes: »an die wird sich ja wohl niemand heranwagen«. Und somit ist auch diese Frage erledigt. Für Gehlen.

Die Existenz dieses Festvortrags beweist, daß sich in geistigen Dingen der Fortschritt keineswegs von selber vollzieht. Und noch eins: Wer mit »Soziologischen Beiträgen zur Kritik moderner Literatur« aufwarten will, muß diese Literatur wenigstens etwas kennen. Logisches Denken ist auch nicht überflüssig.

Die Legende vom Dichter Marchwitza

Der höchste Preis, mit dem die Deutsche Demokratische Republik einen Schriftsteller auszeichnen kann, der Nationalpreis Erster Klasse für Kunst und Literatur, wurde 1964 Hans Marchwitza zuerkannt. Damit hat er den Nationalpreis der DDR jetzt zum drittenmal erhalten.

Kein einziges Buch dieses Autors wurde in der Bundesrepublik verlegt. In keiner westlichen Anthologie ist er vertreten; in hiesigen Nachschlagebüchern wird er nicht erwähnt. Hingegen bezeichnet ihn das in Weimar erschienene ›Deutsche

Schriftstellerlexikon von den Anfängen bis zur Gegenwart‹ als einen »der bedeutendsten Prosaschriftsteller der deutschen Arbeiterklasse«. Seine Werke gehören zum Lehrplan aller Schulen der DDR. Das für den Deutschunterricht verbindliche Lehrbuch widmet ihm 66 Seiten – den Anhang mit Leseproben nicht einbegriffen. In diesem Lehrbuch heißt es, Marchwitzas Romane hätten »eine wahrhaft nationale Bedeutung« erlangt und stünden in der Tradition des ›Simplicius Simplicissimus‹ von Grimmelshausen, des Goetheschen ›Wilhelm Meister‹ und des ›Grünen Heinrich‹ von Gottfried Keller. »Er setzt diese Tradition aber« – bemerkt das Lehrbuch – »auf einer höheren, auf einer sozialistischen Grundlage fort.«

Indes wissen in der DDR viele, daß der Doktor honoris causa der Philosophischen Fakultät der Ostberliner Universität und nunmehr dreifache Nationalpreisträger Hans Marchwitza kaum als Schriftsteller gelten kann und im Grunde lediglich eine Rolle spielt. Nur er selber weiß es nicht.

Marchwitza, der 1890 in Oberschlesien geboren wurde, war Bergmann – zunächst in seiner Heimat und ab 1910 im Ruhrgebiet. Kurz nach dem Ersten Weltkrieg, den er als Unteroffizier mitgemacht hatte, trat er der KPD bei und avancierte bald zum Leiter einer Ortsgruppe. »Die ersten Verse schrieb ich« – erinnert sich Marchwitza – »unten in der Grube auf die Kohlenschippe.« Als er Mitte der zwanziger Jahre arbeitslos war, konnte er sich ganz dem Schreiben widmen. Seine damaligen Bemühungen hat er mehrfach geschildert – in Erzählungen und Skizzen, die teils rührend und bescheiden, teils unerträglich rührselig und pathetisch sind. Da ist von einem hungernden Familienvater die Rede, dem Grammatik und Rechtschreibung unüberwindliche Schwierigkeiten bereiten, der sich aber dennoch in den Kopf gesetzt hat, Schriftsteller zu werden, und den weder seine Angehörigen, die ihn für wahnsinnig halten, noch Mißerfolge entmutigen können. »Wahrlich« – sinnt Marchwitza –, »meine Hände hatten Tausende Tonnen Kohlen geschleppt und geschlagen, ich fühlte noch immer den Riesen Bergmann drinnen toben, bei der Niederschrift einer kleinen Erzählung jedoch zitterten sie und glitten unbeholfen vom Blatt...« Nach einiger Zeit war er »sozusagen von der Schippe zur Rutschenförderung übergegangen«. Denn: »Während ich am Anfang meiner Schriftstellerei jedesmal lange am Bleistift kauen mußte, bis ich einen Satz zuwege gebracht hatte, war ich jetzt mit der Übung schon soweit fortgeschritten, daß ich an einem Tag – wenn ich von niemandem gestört wurde – eine Unmenge Papier beschreiben konnte.«

Die Redaktion des kommunistischen ›Ruhr-Echo‹, in dem gelegentlich kleine Korrespondenzen von Marchwitza abgedruckt wurden, meinte jedoch, seinen Arbeiten fehle »sozusagen die literarische Tiefe«. Während aber der Redakteur dieser Zeitung, übrigens Alexander Abusch, kurz vorher den ungleich begabteren und intelligenteren Willi Bredel als völlig unfähig zurückgewiesen hatte, ermunterte er den arbeitslosen Bergmann zu weiteren Schreibversuchen. Damals wurde ihm auch empfohlen, Bücher zu lesen. Erst nachdem er »einen Berg verschiedener Literatur durchgewühlt hatte«, fand er das Richtige – sowjetische Autoren nämlich. Er betont jedoch, daß trotz so intensiver Lektüre bei ihm niemals die Gefahr bestanden habe, er könne sich »in einen ›Elfenbeinturm‹« zurückziehen, denn: »Das Leben riß mich in den Versammlungen in seinen empörten Strudel und in die rotgeflügelten Stürme seiner Streiks und Aufstände hinein. Mit stärkster, geduldigster und sicherster Hand aber leitete mich die Partei.« Bei ihr habe er »mütterliche Pflege und Anerkennung« gefunden. 1930 erschien im Parteiverlag als »Roter 1 Mark-Roman« sein Buch ›Sturm auf Essen‹, eine zwischen naivem Bericht und unbeholfener Reportage schwankende Darstellung der Erlebnisse Marchwitzas während der Kämpfe im Ruhrgebiet am Anfang der zwanziger Jahre. Zugleich wurde er von der Partei in das Herausgeber-Kollegium der kommunistischen Monatsschrift ›Die Linkskurve‹ delegiert, denn da als Chefredakteur ein Adliger (Ludwig Renn) fungierte und die Herausgeber (wie etwa Johannes Becher und Erich Weinert) bürgerlicher Herkunft waren, benötigte man dringend einen Renommierproletarier. Marchwitza schien gerade der rechte Mann am rechten Ort zu sein: ein disziplinierter Genosse und ein waschechter Kumpel, bei dem man nicht zu befürchten brauchte, er würde je eigene Ansichten haben. Und da er überdies kaum schreiben konnte, war er ganz auf die »mütterliche Pflege« angewiesen.

1933 mußte er emigrieren: Er ging in die Schweiz und dann nach Frankreich und gehörte während des Spanischen Bürgerkriegs den Internationalen Brigaden an. Später war er interniert, doch gelang es ihm, nach den Vereinigten Staaten zu entkommen. Im Exil war Marchwitzas Roman ›Die Kumiaks‹ erschienen, die Geschichte eines Bauern, der auf der Suche nach Brot ins Ruhrgebiet kommt, Bergmann wird und nur Enttäuschungen erlebt. Diesem primitiven und naiven Buch – es ist sein bestes – kann man immerhin einen gewissen zeitdokumentarischen Wert nachsagen. Das gilt auch für den in Amerika entstandenen, stark autobiographischen Roman ›Meine Jugend‹, zumindest für den Ersten Teil, in dem sich Schilderungen des Elends der oberschlesischen Bergarbeiter in der wilhelminischen Zeit finden.

In der DDR hätte sich Marchwitza nach Jahrzehnten der Not etwas Ruhe gönnen können. Er wollte es aber anders und seine Partei auch. Der jüngeren Generation sollte ein vorbildlicher, im Kampf ergrauter proletarischer Schriftsteller vorgeführt werden. Es war nicht einfach, einen geeigneten Kandidaten ausfindig zu machen, da fast alle bekannten Autoren, die sich östlich der Elbe niedergelassen hatten, schon ihrer sozialen Herkunft wegen nicht in Betracht kamen. So mußte Marchwitza wieder einmal als Renommierproletarier herhalten. Er wurde kurzerhand zum Klassiker der zeitgenössischen deutschen Literatur ernannt. Man überhäufte ihn mit Orden, Ehrenämtern und Preisen. Seine Werke erschienen in hohen Auflagen, mußten von allen Bibliotheken angekauft und von allen Zeitungen gepriesen werden. Es wurde die Legende vom Dichter Marchwitza gebastelt.

Hierbei ergaben sich freilich allerlei Schwierigkeiten. Marchwitzas frühe Bücher und Broschüren bewiesen, wie gering die Ansprüche waren, die die Partei einst an schreibende Bergleute stellte. Die Bücher wurden jetzt gründlich überarbeitet und nicht weniger gründlich ergänzt. Lesbarer sind sie dadurch nicht geworden. Dem Roman ›Die Kumiaks‹ warf die SED vor, er sei zu pessimistisch: Sein Schluß erwecke den Eindruck – so zu lesen auch im ›Lexikon sozialistischer deutscher Literatur‹ – »als habe der Held kaum etwas dazugelernt«. Da dieses Buch jedoch 1934 im Ausland veröffentlicht wurde, schien eine gänzliche Änderung des Schlusses nicht ratsam zu sein. Statt dessen schrieb Marchwitza einen Zweiten Band (›Die Heimkehr der Kumiaks‹, 1952), in dem sein Held nach vielen bitteren Erfahrungen Mitglied der KPD wird. Als dieser Roman ins Polnische übersetzt wurde, protestierte das Zentralorgan der polnischen Kommunisten, die ›Trybuna Ludu‹, die ohne Umschweife erklärte, er sei »zu langweilig, als daß jemand bereit wäre, ihn freiwillig zu Ende zu lesen«, und seine »intellektuelle Armseligkeit« sei »geradezu peinlich«.

In seinem nächsten Buch, ›Roheisen‹ (1955), beschreibt

Marchwitza den Aufbau eines Eisenhüttenkombinats in der DDR. Als das »wegen seiner schmierigen Verhalbgötterung Ulbrichts vom Parteisekretariat als tabu erklärte Buch« (Alfred Kantorowicz) mit dem Nationalpreis ausgezeichnet wurde, kam dies einer höhnischen Brüskierung der in der DDR wohnhaften Schriftsteller gleich. Die ›Neue Deutsche Literatur‹ bemerkte damals diplomatisch, der Roman werfe »das Problem der Gestaltungsmethode« auf, und fügte hinzu: »Wir dürfen aber froh sein, daß wir es an einem ... unter erbittertem Kampf des Autors mit Stoff und Thematik schwer genug errungenen Werk tun können.« Das stimmt: Marchwitza ringt mühselig – und nicht nur mit Stoff und Thematik, sondern auch und vor allem mit der Grammatik und mit der Syntax, mit elementaren Sprachregeln, die ihm jetzt offenbar nicht geringere Schwierigkeiten bereiten als vor vierzig Jahren. Dennoch produziert er – von Sekretären und Lektoren unterstützt und kontrolliert – weitere Bücher, die niemand lesen und niemand besprechen will. Es lohnt nicht einmal, ihre Titel hier anzuführen.

Natürlich handelt es sich nicht darum, Hans Marchwitza am Zeug zu flicken. Dem jetzt Vierundsiebzigjährigen sei der Wohlstand gegönnt und meinetwegen auch der Ruhm. Und nicht unsere Sache ist es, ihn zu belehren, daß man aus ihm einen Popanz gemacht hat. Nicht um Marchwitza also geht es, sondern um die Literatur. Wenn Bücher, die mit dem, was wir unter dem Begriff »Literatur« verstehen, keinerlei Berührungspunkte mehr aufweisen, unentwegt und nachdrücklich als Fortsetzung der Tradition Grimmelshausens, Goethes und Kellers – als Fortsetzung, wohlgemerkt, auf höherer Grundlage – gerühmt werden, dann kann das bei gutgläubigen Lesern, zumal jüngeren, zur katastrophalen Verwirrung der Kriterien führen. Eine Propagandakomödie, wie sie mit Marchwitza in der Hauptrolle in der DDR gespielt wird, ist heute im literarischen Leben Polens oder Ungarns oder der Tschechoslowakei einfach undenkbar. Mehr noch: Ein derartiges Phänomen war dort, jedenfalls in diesem Ausmaß, sogar in den dunkelsten stalinistischen Zeiten nicht möglich. Denn was auch in jenen Ländern geschah – es gab immer zumindest Reste eines literarischen Bewußtseins, einer literarischen Tradition und auch, trotz des Terrors, einer literarischen Öffentlichkeit. Gibt es das in der DDR überhaupt nicht mehr?

Schlechte Zeiten für Konfektionäre?

Reinhard Lettau schrieb in der ›Zeit‹ vom 5. Juni 1964, von amerikanischen Kritikern höre man manchmal den Vorwurf, ». . . der deutsche Roman biete zu oft eine fertig ausgedachte Welt, seine Helden entbehrten des Inzidentellen, jener zufälligen, beobachteten, individuellen Merkmale, durch die sie erst glaubwürdig würden«. Hierzu meinte Lettau: »Es ist wahr, daß es bei uns kaum jemanden von Talent gibt, der sich damit zufriedengäbe, einfach eine Geschichte zu erzählen und sich darauf zu verlassen, daß das Inzidentelle, dem er sich anvertraute, für sich selbst spräche . . . Das Material muß bei uns verändert, verzerrt, gedehnt, verfremdet, verwischt, gesteigert werden, sprachliche und strukturelle Eingriffe schreiben die Interpretation vor, determinieren das Material, statt es zu befreien.«

Hat Lettau mit seinen Behauptungen wirklich recht? Oder wird hier vielleicht zeitgenössischen deutschen Schriftstellern kurzerhand zur Last gelegt, was doch für einen beträchtlichen Teil der modernen Literatur gilt?

Nachdem sich die Wege, die die Kunst im 19. Jahrhundert gegangen war, als nicht mehr begehbar erwiesen hatten, mußten natürlich neue Wege gesucht werden. Das Ziel der Kunst blieb unverändert. Doch konnten zu ihm, schien es, nur noch Umwege führen. Nur noch mit dem Indirekten ließ sich also die angestrebte Wirkung erreichen. Die Schriftsteller wandten sich dem Surrealen zu. Aber um der Realität willen. Sie verfremdeten das Leben. Um es zu vergegenwärtigen. Sie verschwiegen Gefühle. Um Gefühle zu provozieren. Sie erfanden den Anti-Helden und das Understatement. Um dem Heroischen und dem Pathos gerecht zu werden. Sie zeigten das Absurde. Um die Vernunft herauszufordern. Sie ließen den Wahnsinn ausbrechen. Um den Sinn zu reizen. So wurde die Negation zum entscheidenden Faktor der Kunst, der Literatur. Diese Negation bezweckt indes nichts anderes als die Verdeutlichung der Phänomene. Die Denaturierung erfolgt um der Natur willen. Erst die Verunstaltung der Wirklichkeit ermöglicht ihre künstlerische Gestaltung. Aus der Deformation ergibt sich die neue Form. Die Fratze soll aufschrecken und dadurch das Antlitz beschwören. Die Entstellung des Menschen in der modernen Kunst dient seiner Darstellung. So wird das Material unentwegt verändert, verzerrt, gedehnt, verfremdet, verwischt, gesteigert.

Wer dies beanstanden wollte, würde die Entwicklung der Kunst in den letzten fünfzig Jahren anzweifeln. Trotzdem scheint mir Lettaus Bemerkung treffend zu sein.

Denn die Frage drängt sich auf, ob, beispielsweise, surreale Motive von manchen jüngeren Autoren in Hülle und Fülle angeboten werden, weil dies ihrer Sicht des Lebens entspricht oder weil sie Kafkas ›Verwandlung‹ gelesen haben? Ist es tatsächlich unsere Welt, die die vielen Verfremdungen erforderlich macht – oder haben wir es etwa nur mit Brecht-Imitationen zu tun? Vielleicht werden Gefühle ängstlich und konsequent verschwiegen, weil Hemingway einst mit der unterkühlten Tonart so erfolgreich war? Sollten wir die Vorliebe für das Absurde lediglich dem Ruhm Ionescos zu verdanken haben? Die hier angeführten Namen sind natürlich austauschbar. Man könnte ebenso gut Joyce, Faulkner, Camus, Borges, Beckett oder Nathalie Sarraute nennen. Oder auch Celan, Dürrenmatt, Grass und Peter Weiss.

Ja, aber was ist daran eigentlich bemerkenswert? War das nicht immer so, daß Talente, zumal in der Jugend, Vorbilder haben wollten und haben mußten? Und folgte nicht immer schon den Meistern, oder jenen zumindest, die als Meister galten, die Masse der Nachahmer? Schließlich zogen bedeutende und erfolgreiche Künstler stets einen Troß von Kunstgewerblern nach sich. Und wie die Propheten und Priester der Avantgarde gehören zum literarischen Leben auch die Konfektionäre und Jünger der Arrieregarde, wobei natürlich die letzten vorgeben, die ersten zu sein.

Gewiß, das alles ist nicht neu. Nur daß die Eigenart eines Teils der modernen Kunst junge Talente ernsthaften Versuchungen aussetzt und zugleich den geschickten Konfektionären ungewöhnliche Möglichkeiten eröffnet. Indem sie repetieren und kopieren, imitieren und montieren, vergeuden die einen ihre Begabung und tarnen die anderen ihre Unfähigkeit. Sie fliehen ins Unwirkliche, weil sie der Wirklichkeit nicht oder noch nicht beikommen können. Sie verschweigen ihre Gefühle. Aber sind sie überhaupt imstande, Gefühle auszudrücken? Sie weichen ins Absurde aus. Aber wollen sie tatsächlich die Vernunft herausfordern oder sich, vielleicht, der rationalen Kritik entziehen? Sie verzerren und verfremden, dehnen und verwischen die Realität, ohne daß man den Eindruck gewänne, sie könnten sie auch nur annähernd abbilden. Sie erinnern an Maler, die konsequent der abstrakten Malerei huldigen, aber leider unfähig sind, einen Stier oder einen Stuhl zu zeichnen. Die Entstellung des Menschen in dieser Literatur dient dann nicht mehr seiner Darstellung, sondern erspart sie und ermöglicht es den Autoren zu verheimlichen, daß eine Darstellung ihre Kräfte übersteigen würde. Es wird uns oft eine Literatur aus zweiter Hand geboten, die von dem Vorbild nur das übernimmt und nachahmt, was sich am leichtesten übernehmen und nachahmen läßt.

Psychologie und Realismus, deren Fehlen in vielen deutschen Romanen Lettau beklagt, braucht man bei den Meistern der Moderne nicht zu vermissen. Sie sparen jenes »Inzidentelle« nie aus. Das gilt ebenso für die angelsächsische Prosa von Joyce über Virginia Woolf, Faulkner, Hemingway und Thomas Wolfe bis zu Henry Miller wie für die Franzosen von Proust bis zu Michel Butor. Nur kann man das, was hier mit den Stichworten »Psychologie« und »Realismus« gemeint ist, bei diesen Vorbildern zwar lernen, hingegen läßt es sich nicht einfach kopieren. Da muß man schon eigene Lebenserfahrungen haben und sein Würzburg oder Gelsenkirchen ein wenig kennen. Indes: »Wer es wagt, einen deutschen Roman zu schreiben, hat entweder nicht Erfindung genug und seine Erzählung wird langweilig; ... oder er versteht die Kunst, zu zeichnen nicht, kennt die Welt und das menschliche Herz nicht, und seine Geschichte ist ohne Charakter und ohne Sitten ... Der eigentümliche Charakter unserer Nation und die daraus fließenden Sitten würden viel Stoff zu Romanen geben, aber man hütet sich sehr davor, die Szene nach Deutschland zu versetzen. Warum wohl? Man kennt seine Nation am wenigsten; und es ist immer leichter, in dem einförmigen französischen Modeton eine Geschichte nachzustammeln, als seine Nation zu studieren...«

Der »einförmige französische Modeton«, der sich leicht nachstammeln lasse, ist nicht etwa als Anspielung auf die Prosa von Alain Robbe-Grillet zu verstehen. Das Zitat entstammt der Zeitschrift ›Allgemeine Deutsche Bibliothek‹, Jahrgang 1765. Aber es mag sein, daß für die Konfektionäre der Arrieregarde und die Kunstgewerbler des Modischen jetzt etwas schwerere Zeiten kommen. In diesem Herbst haben sich neue Autoren zu Wort gemeldet. Es sind die schlechtesten nicht. Sie haben vom Nachstammeln genug. Sie lassen uns hoffen.

Sexus und die Literatur

Hunderttausende von Bürgern der Bundesrepublik haben den Roman ›Die Clique‹ von Mary McCarthy gekauft und gelesen. Es handle sich jedoch, hört man, um einen manipulierten Erfolg. Ich glaube nicht daran. Es ist richtig, daß für das Buch mit ungewöhnlicher Intensität geworben wurde. Gewiß hat man dadurch den Absatz erheblich gesteigert. Vielleicht wäre – hätte sich die Reklame in den üblichen Grenzen gehalten – nur die Hälfte oder sogar nur ein Drittel des bisherigen Verkaufs erzielt worden. Niemand kann das beweisen. Hingegen kann man beweisen, daß diese Hälfte oder dieses Drittel schon genügt hätte, um der ›Clique‹ einen der ersten Plätze auf den diesjährigen westdeutschen Bestsellerlisten zu sichern. Wir haben es also, meine ich, nicht mit einem vorfabrizierten oder manipulierten Erfolg zu tun, sondern lediglich mit einem durch die Werbung potenzierten oder multiplizierten Verkaufsergebnis.

Kein Zweifel nämlich, daß dieser Erfolg ebenso gute wie einleuchtende Gründe hat. Ich halte ›Die Clique‹ zwar nicht für ein bedeutendes Kunstwerk der Epik, wohl aber für ein beachtliches, trotz mancher Einwände gutes und auf jeden Fall sehr lesenswertes Buch. Und lesenswert ist es besonders dank der Kapitel und Szenen, die sexuelle Phänomene betreffen. Deshalb vor allem – ich bin davon überzeugt – greifen Hunderttausende zu dem Roman der Mary McCarthy.

Es fällt auf, daß auch mehrere andere Bücher, die in den letzten Jahren in der Bundesrepublik ein außerordentlich starkes Echo gefunden haben und weiterhin finden, mehr oder weniger ausführliche Darstellungen von Vorgängen und Erscheinungen aus der Sexualsphäre enthalten. Das gilt, beispielsweise, für Nabokovs ›Lolita‹, Lawrence's ›Lady Chatterley‹ und Tanizakis ›Schlüssel‹, für die Romane von Lawrence Durrell, Alberto Moravia und, vor allem, von Henry Miller. Nichts verständlicher als das Interesse für diese Bücher: Die Antwort auf Fragen, die weder die Medizin noch die Psychologie, weder die Philosophie noch die Soziologie (von Theologie ganz zu schweigen) beantworten kann, suchen, bewußt oder unbewußt, viele Menschen dort, wo immer schon alles Menschliche vergegenwärtigt und gedeutet wurde: in der Literatur. Ob jemand einen Roman schreibt oder liest – er hofft, sich klarzuwerden: über sich selbst, sein Dasein, seine Zeit. Und daß im Leben des Individuums das Sexuelle eine außerordentliche Rolle spielt, wird heutzutage nur von gefährlichen Heuchlern und weltfremden Narren geleugnet. Die Bücher, von denen hier die Rede war, kommen also einem zwar oft verheimlichten und verdrängten, aber dringenden, vollkommen natürlichen und legitimen Bedürfnis entgegen. Es ist nicht das Recht, sondern geradezu die Pflicht der modernen Literatur, diesen Fragenkomplex zu berücksichtigen. Und die Literatur eines Landes, die ihn ignorieren wollte, würde sich damit ihr Urteil sprechen.

Diese Thematik stellt jedoch an die Autoren ungewöhnliche Anforderungen. Stets riskieren sie, daß ihre Absichten gründlich mißverstanden werden; sie haben sich auf verlogene und entrüstete Ablehnung ebenso gefaßt zu machen wie auf Beifall von falscher Seite, sie dürfen verständliche Hemmungen und Vorurteile vieler Leser nicht ganz außer acht lassen. Vor allem aber: Gelingen und Scheitern befinden sich hier immer in erschreckender Nähe. Denn den Schriftsteller bedrohen einerseits Poetisierung, Verklärung und Dämonisierung, andererseits Zynismus und Vulgarität, Schlüpfrigkeit und Frivolität. In Henry Millers Prosa, beispielsweise, reicht die Skala von romantisch-mystischer Sicht bis zur extremen Vulgarität. Schwer hat es also der Künstler, der diesen Lebensbereich weder verzaubern noch entzaubern möchte – und eben das ist wohl wünschenswert und wichtig. Fast scheint es unmöglich, ihm mit Unbefangenheit und Selbstverständlichkeit zu begegnen – jedenfalls hierzulande.

Man darf daher manchen deutschen Autoren nicht verübeln, daß sie Sexuelles in ihrem Werk aussparen – es genügt, sich das mögliche Ergebnis zu vergegenwärtigen, um ihnen für die Enthaltsamkeit eher dankbar zu sein. Aber es bleibt bedauerlich, daß dieser Fragenkomplex in der deutschen Gegenwartsliteratur nicht in dem ihm gebührenden Maße gezeigt wird. Freilich könnte man auf Wolfgang Koeppen und Arno Schmidt verweisen – nur handelt es sich dabei um Romane und Erzählungen, die fast alle vor mehr als einem Jahrzehnt entstanden sind. Auch Günter Grass muß hier genannt werden. Kein Zweifel, daß seine Bücher Szenen aus der Sexualsphäre enthalten, die mit großem Talent geschrieben sind. Grass' von einem Stich ins Pubertäre nie ganz freie Vorliebe für die Darstellung des Widerwärtigen und Abstoßenden hat es jedoch verursacht, daß in seiner Prosa das Geschlechtsleben als eine ziemlich ekelhafte, zumindest aber wenig attraktive Prozedur erscheint. Ein ähnliches, wenn auch nicht so aggressives und eindeutiges Verhältnis zum Sexuellen ist in manchen Kapiteln der ›Halbzeit‹ von Martin Walser bemerkbar.

Fast könnte man annehmen, es sei die teuflische Absicht dieser Autoren, aus den Deutschen Lesbierinnen und Homosexuelle zu machen, was logischerweise zum raschen Aussterben der Nation führen müßte und den beiden jungen Schriftstellern ohne Zweifel die Dankbarkeit eines nicht geringen Teils der Menschheit sichern würde. Vorerst allerdings ist ein derartiger radikaler Einfluß auf die Lesermassen weder zu befürchten noch zu erhoffen. Hingegen hat wohl der Grass-Erfolg die literarischen Bemühungen mancher jüngerer deutscher Autoren auf eine Bahn gelenkt, die mir bedenklich zu sein scheint. Sie versuchen nicht etwa, mannigfaltigen Erscheinungen des Lebens gerecht zu werden, sondern wollen lediglich mit Makabrem und Schockierendem innerhalb des sexuellen Bereichs auftrumpfen. Abstoßendes aus der Feder von Grass will ich mir letztlich – wenn auch oft mit Widerwillen – gefallen lassen. Aber bei seinen Zwerge produzierenden Nachahmern ist das Unappetitliche nun doch zu langweilig.

Auf diesem Hintergrund sollte man, meine ich, das starke Interesse für die ›Clique‹ der Mary McCarthy sehen – es wird gesteigert durch den Umstand, daß die deutsche Gegenwartsliteratur entweder den Phänomenen der Sexualsphäre überhaupt nicht gewachsen ist oder aber sie ignoriert und vernachlässigt oder, schließlich, sich bemüht, nur das Ekelhafte zu betonen. Und es versteht sich, daß es der bessere Teil des von der deutschen Gegenwartsliteratur enttäuschten Publikums ist, der sich für ein Buch wie ›Die Clique‹ entscheidet. Der andere greift zu Romanen, die sich einer literarkritischen Beurteilung ganz und gar entziehen.

Gewiß: die Behandlung dieser Thematik in der Literatur erfordert vom Schriftsteller nicht nur Geschmack und Takt, nicht nur Talent, sondern auch Mut. Der Künstler, der sich in seinem Werk des sexuellen Bereiches ernsthaft annimmt, wird es wohl kaum vermeiden können, früher oder später in die Nähe des Exhibitionismus zu geraten. Es geht also vor allem um jenen Mut, der nötig ist, um die eigenen Hemmungen zu überwinden. Nur wäre die Frage zu stellen, ob Literatur auf einer gewissen Ebene nicht immer in der Nähe des Exhibitionismus ist und sein muß. Man sollte, glaube ich, den deutschen Autoren zu diesem Mut Mut machen.

In der Sache Oppenheimer und Kipphardt

Da der italienische Physiker Galileo Galilei 1642 gestorben ist, hat er gegen das Schauspiel ›Leben des Galilei‹ des deutschen Stückeschreibers Bertolt Brecht nicht protestiert. Da jedoch der amerikanische Physiker J. Robert Oppenheimer glücklicherweise lebt, hat er natürlich gegen das Schauspiel ›In der Sache J. Robert Oppenheimer‹ des deutschen Stückeschreibers Heinar Kipphardt Einspruch erhoben. Natürlich? Ja, ich finde den Schritt des großen Gelehrten verständlich und natürlich. Warum?

Oppenheimer wirft Kipphardt »Improvisationen« vor, »die der Geschichte und der Natur der betroffenen Leute widersprechen«. Dafür führt er drei Beispiele an. Er beanstandet eine nicht zutreffende Behauptung über den Physiker Niels Bohr. Kipphardt antwortet, diese Behauptung sei in seinem Stück überhaupt nicht vorhanden; bei der Erwähnung Bohrs handle es sich nur um »eine winzige Episode«, die er – da er den ganzen Zusammenhang, auf den sie anspielt, nicht darstellen könne – streichen wolle. Das erste Beispiel betrifft also eine Marginalie. Das zweite scheint mir wichtiger zu sein: Es stimme nicht, daß man Oppenheimer keine Gelegenheit zu einem Schlußwort gegeben habe. Dieser Vorwurf bezieht sich jedoch nicht auf Kipphardts Stück, sondern auf seinen im Programmheft gedruckten Artikel, in dem er das Verhältnis des Schauspiels zu den Dokumenten darlegt. Schließlich erklärt Oppenheimer, er habe niemals seine »Beteiligung am Bau der Atombombe... bedauert«. Kipphardt antwortet, es gebe in dem Stück »keine Stelle«, die derartiges behaupte.

Keines dieser drei Beispiele überzeugt mich. Daher glaube ich, daß es Oppenheimer nicht gelungen ist, seinen Protest zu belegen. Warum hat er dennoch – und mit Recht – protestiert? In einem Kommentar vom 11. November 1964 meint die ›Süddeutsche Zeitung‹, die Gefühle eines Menschen, der sich auf der Bühne dargestellt sehe, »hängen vermutlich davon ab, wie er dabei wegkommt. Es wurde jedenfalls noch nicht gehört, daß sich ein derart Porträtierter über eine Verzeichnung zu seinen Gunsten beschwert hätte.« Die ›Süddeutsche Zeitung‹ bietet noch eine zweite Vermutung an: »Womöglich sieht der voll Rehabilitierte seinen Fall heute anders, als er ihn noch vor einem Jahr sah, bevor ihm Präsident Johnson, in Erfüllung des Wunsches von John F. Kennedy, den Enrico Fermi-Preis verlieh.« Grob ausgedrückt: bare Eitelkeit oder Unaufrichtigkeit, die sich vielleicht sogar der Korruption nähert. So einfach darf man es sich nicht machen. Denn einem Mann wie Oppenheimer sollte man nicht billige oder subalterne Motive unterstellen - zumal andere auf der Hand liegen.

Alle in Kipphardts Stück erscheinenden Tatsachen sind zwar der historischen Wirklichkeit entnommen, aber er hat diese Wirklichkeit verändert und umgewandelt. Was sich im Frühjahr 1954 vor der Atomenergie-Kommission der Vereinigten Staaten abgespielt hat, wurde von ihm konzentriert, oft anders angeordnet und oft anders formuliert. Er bemühte sich – laut eigener Aussage – »die Worttreue durch Sinntreue zu ersetzen«. Es schienen ihm auch »einige Ergänzungen und Vertiefungen erforderlich«. Aus den drei Verteidigern Oppenheimers machte er zwei, aus den vierzig Zeugen, die damals gehört wurden, machte er sechs. Er läßt seine handelnden Personen Monologe sprechen, die er versucht, »aus der Haltung zu entwickeln, die von den Personen im Hearing und bei anderer Gelegenheit eingenommen wurde«. Er läßt den Physiker Edward Teller Gedanken vorbringen, die dieser in Wirklichkeit nicht vor der Atomenergie-Kommission, sondern in Reden und Aufsätzen geäußert hat. Und er läßt Oppenheimer ein Schlußwort sprechen, das von ihm nie gesprochen wurde. Dies alles und manches andere hat Kipphardt getan, weil er – wie er ausdrücklich betont – dem Ratschlag Hegels folgen wollte, der in seiner ›Ästhetik‹ dem Dramatiker empfahl, den »Kern und Sinn« einer historischen Begebenheit aus den »umherspielenden Zufälligkeiten und gleichgültigem Beiwerke des Geschehens« freizulegen, »die nur relativen Umstände und Charakterzüge abzustreifen und dafür solche an die Stelle zu setzen, durch welche die Substanz der Sache klar herausscheinen kann«.

Aber ein J. Robert Oppenheimer oder ein Edward Teller, von denen der Bühnenautor die »nur relativen Umstände und Charakterzüge« abgestreift hat, sind nicht mehr identisch mit den realen Gestalten. Und können es auch nicht sein. Es ist daher nicht verwunderlich, daß Oppenheimer weder sich noch andere in dem Stück auftretende Persönlichkeiten wiedererkennen kann. Daß er die Änderungen als »Improvisationen« empfindet. Daß er gegen eine Bühnengestalt Einspruch erhebt, die den Namen J. Robert Oppenheimer trägt und deren Äußerungen und Reaktionen mit den seinigen sehr viel gemein haben, aber doch nie ganz übereinstimmen. Also: ein verständlicher, ein berechtigter Protest.

Hat somit der Autor Kipphardt falsch gehandelt? Er war nicht um eine Montage von historischen Zeugnissen bemüht, sondern – so seine Gattungsbezeichnung – um ein »Schauspiel, frei nach Dokumenten«. Er beabsichtigte, »ein abgekürztes Bild des Verfahrens zu liefern, das szenisch darstellbar ist, und das die Wahrheit nicht beschädigt«. Wollten wir dem Bühnenautor – schreibt Kipphardt in der ›Welt‹ vom 11. November 1964 – das Recht bestreiten, das dokumentarische Material zu verwandeln, »dann würden wir der Bühne das Recht auf die Behandlung der Zeitgeschichte bestreiten«. Vor allem aber erklärt er: »Wenn die Wahrheit von einer Wirkung bedroht schien, opferte ich eher die Wirkung.« Niemand konnte bisher beweisen – auch Oppenheimer nicht –, Kipphardt sei von diesem seinem Grundsatz in irgendeinem wesentlichen Punkt abgewichen. Er hat überdies sowohl im Programmheft als auch in der gedruckten Fassung des Stückes eindeutig auf die Änderungen hingewiesen, die er für statthaft und nötig hielt.

Ist also Kipphardt in bester Ordnung? Ja, fast – aber doch nicht ganz. Im Augenblick, da er seinen den realen Persönlichkeiten zwar treu nachgebildeten, jedoch nicht kopierten, sondern – glücklicherweise – retuschierten und konzentrierten und natürlich auch simplifizierten Bühnenfiguren die wirklichen Namen ihrer lebenden Vorbilder gab, ermöglichte er das Mißverständnis, er habe die vollkommene Übereinstimmung des szenischen Geschehens mit der historischen Realität angestrebt, während es ihm ja, wie es sich für einen Dramatiker gehört, um »Kern und Sinn« der Angelegenheit ging. Indem er für seine Figuren die wirklichen Namen verwendete, hat er, befürchte ich, in einem tieferen Sinne die Wahrheit eben der Wirkung geopfert, was in diesem Fall verzeihlich sein mag, aber nicht notwendig war.

Man sage nicht, Namen seien Schall und Rauch. In Werken der Literatur sind Namen immer wichtig – oder sollten es jedenfalls sein. Gerade in diesem Stück hätte der Verzicht auf die realen Namen zu erkennen gegeben, daß es sich nicht um den Mann Oppenheimer, sondern um den Fall Oppenheimer handelt. Günter Grass wußte, was er tat, als er den Helden seines jetzt entstehenden Stückes ›Die Plebejer proben den Aufstand‹ nicht »Bertolt Brecht«, sondern »der Chef« nannte.

Kipphardt schreibt: »Es muß doch auch nach Auschwitz einem deutschen Schriftsteller erlaubt sein, Kernfragen seiner Zeit zu behandeln.« Es ist nicht nur erlaubt, es ist im höchsten

Maße erwünscht und erforderlich. Und es scheint mir allzu bequem und in der Regel nicht sehr wirkungsvoll, sich gerade dieser Fragen in szenischen Allerweltsparabeln anzunehmen – in Stücken also, die überall und immer spielen. Und daher nirgends und nie. Das Zeitstück muß, meine ich, so konkret wie möglich sein. Man braucht es Heinar Kipphardt nicht zu sagen – denn dies ist gerade der Weg, den er als Dramatiker geht. Nur ist er in dem Schauspiel ›In der Sache J. Robert Oppenheimer‹ auf diesem Weg vielleicht einen kleinen Schritt zu weit gegangen. Was freilich nichts an der Tatsache ändert, daß wir ihm für ein vorzügliches Theaterstück zu danken haben.

Die DDR-Schriftsteller dürfen wieder kommen

Das ›Neue Deutschland‹ jubelte am 5. November 1964: »So etwas hatte es nach dem Krieg in München noch nicht gegeben: Innerhalb einer einzigen Woche lasen vier Lyriker und zwei Schriftsteller aus der DDR in Bayerns Landeshauptstadt, wurde der Film ›Der geteilte Himmel‹ gezeigt und über ihn diskutiert, fanden sich 30 Filmschaffende aus beiden deutschen Staaten zu einer dreitägigen Diskussion... zusammen.« In München habe man schon von einer »Woche der DDR-Kultur« gesprochen. »Nun sollte man allerdings nicht meinen« – fügt das ›Neue Deutschland‹ hinzu –, »daß mit den vielen Gesprächen zwischen den Kulturschaffenden aus der Bundesrepublik und der DDR bereits der Frühling der kulturellen Verständigung zwischen den beiden deutschen Staaten eingezogen ist.« Denn es gebe noch »genügend offizielle Eisbarrieren«, an denen, versteht sich, die Bonner Behörden schuld seien.

Tatsächlich sind neuerdings Besuche von »Kulturschaffenden« aus der DDR an der Tagesordnung. Schriftsteller, die jenseits der Elbe leben, lesen aus ihren Büchern und nehmen an öffentlichen Diskussionen teil. In vielen Städten der Bundesrepublik treten Theaterensembles, Orchester und Solisten aus der DDR auf. Gelegentlich – übrigens noch ziemlich selten – werden Filme der DEFA vorgeführt.

Warum können die Künstler und Schriftsteller aus der DDR, die doch im vorangegangenen Jahr hier nur selten zu sehen waren, jetzt kommen? Was hat sich ereignet, was ist davon zu halten?

Bei den Berliner Passierschein-Vereinbarungen stehen sich

Verhandlungspartner gegenüber: dort die Behörden der DDR, hier der Westberliner Senat. In Sachen Kunst und Kultur kann von einer auch nur annähernd vergleichbaren Situation nicht die Rede sein. Wie jeder andere in der DDR wohnende Bürger muß auch jeder Künstler oder Schriftsteller, der die Bundesrepublik besucht, hierzu die Genehmigung der zuständigen DDR-Behörden haben. Auf diese Weise hängt es von der Entscheidung einer dortigen zentralen Instanz ab, ob ein Schriftsteller oder ein Pianist oder ein Orchester oder ein Theaterensemble hier auftreten. Hängt dies auch von einer hiesigen Instanz ab? Nein. Denn jede Studentenorganisation, Arbeitsgemeinschaft oder Buchhandlung, jeder Verein oder Klub kann einen Vortrag, eine Lesung oder eine Diskussion veranstalten. Ein Intendant kann Theater-Gastspiele ausmachen, ein Impresario Konzerte organisieren. Eine Instanz, die diese Betätigung regeln und koordinieren würde, ist hierzulande nicht vorhanden. Glücklicherweise.

Somit hat die DDR-Behörde, die sich mit der Ausreise von Schriftstellern und Künstlern befaßt, hier nicht etwa einen, sondern Dutzende, ja Hunderte von Kontrahenten, unter denen es auch solche gibt, die stets – also ohne Rücksicht auf die politische Konjunktur und die allgemeine Stimmung in der Bundesrepublik – bereit sind, die erforderlichen Einladungen an DDR-»Kulturschaffende« zu verschicken und ihre Auftritte zu veranstalten. Freilich blieben derartige Einladungen noch vor einem Jahr fast immer vergeblich. Jetzt hingegen werden sie meist angenommen und bisweilen erbeten. Sowohl außenpolitische als auch innenpolitische Überlegungen haben die Taktik der SED in diesen Angelegenheiten verändert.

Moskau wünscht seit einiger Zeit die Erweiterung der Kontakte zwischen der DDR und der Bundesrepublik. Dies ist, zunächst einmal, der Hintergrund, auf dem die Auftritte und Besuche der Künstler und Schriftsteller aus der DDR zu sehen sind. Bei Verhandlungen mit sowjetischen Genossen kann die SED diese Bemühungen als Beweis anführen, daß sie nichts unversucht lasse, um mit dem Westen ins Gespräch zu kommen. Zugleich hofft man in Ostberlin, hier einen gewissen propagandistischen Effekt zu erzielen. Niemand bildet sich drüben ein, man könne mit Shakespeare-Aufführungen oder Lyrik-Abenden auch nur einen einzigen Bundesrepublikaner zum Kommunismus bekehren. Aber man glaubt, es sei jedenfalls möglich, mit beachtlichen oder zumindest erträglichen künstlerischen und intellektuellen Darbietungen das Verhältnis eines Teils der hiesigen Intelligenz zur DDR etwas zu verbessern. – An jenen westdeutschen Intellektuellen, die hüben und drüben als oppositionell gelten, war der SED zwar schon immer gelegen, doch scheinen besondere Umstände das traditionelle Interesse letztens gesteigert zu haben. »Kulturelle Verständigung zwischen den beiden deutschen Staaten« – diese im ›Neuen Deutschland‹ und in anderen Zeitungen der DDR wiederholt auftauchende Formulierung läßt das Ziel erkennen, das der Partei möglicherweise jetzt vorschwebt: eine Art Kulturabkommen mit der Bundesrepublik oder, richtiger gesagt, das Angebot eines Abkommens. Daß man in Bonn dafür nicht zu haben sein wird, dürfte natürlich in Ostberlin bekannt sein. Aber man würde es dort als wichtigen Prestige-Erfolg buchen, wenn namhafte westdeutsche Intellektuelle, Künstler und Wissenschaftler bereit wären, ein solches Angebot öffentlich zu unterstützen.

Andererseits spielen bei der gegenwärtigen Aktion auch innenpolitische Rücksichten eine gewisse Rolle, die man freilich nicht überschätzen sollte. Seit August 1961 ist in der DDR die Zahl jener Schriftsteller und Künstler größer geworden, die trotz ernster Bedenken den Kommunismus zwar weiterhin befürworten, sich jedoch mit den im SED-Staat tatsächlich bestehenden Verhältnissen nicht abfinden wollen und vor allem die Kulturpolitik der Partei für falsch und schädlich halten. Diese Schriftsteller und Künstler und auch Wissenschaftler gehören indes – gelinde gesagt – nicht gerade zu den Bewunderern der bürgerlichen Gesellschaftsordnung oder gar zu Freunden der Bundesrepublik. Also eine heimatlose Linke? Das ist nicht mehr als ein Schlagwort, gewiß, aber es scheint mir heute in höherem Maße und in tieferem Sinne auf viele deutsche Intellektuelle östlich der Elbe als auf diejenigen in der Bundesrepublik zuzutreffen.

Die SED kennt diese Unzufriedenheit und rechnet stets mit ihr. Natürlich möchte man dort keine innere Emigration haben. Dennoch wird eine nennenswerte Änderung des kulturpolitischen Kurses von der Partei hartnäckig abgelehnt. Hingegen zeigt sie sich bereit – und möchte dies als ein Entgegenkommen gewertet wissen –, die über die Reisen nach dem Westen verhängte Sperre wenigstens für Intellektuelle, zumal für Prominente, etwas zu lockern. Ein solches Zugeständnis zahlt sich rasch aus. Die SED gibt sich den Anschein größerer Liberalität und beschwichtigt einen Teil der Intellektuellen, verfügt aber zugleich über eine neue und besonders wirkungsvolle Möglichkeit, Schriftsteller und Künstler unter Druck zu halten: Mit einer Genehmigung für eine Westreise belohnt man treue Dienste, während man mit der Verweigerung störrisches Verhalten bestraft. Dabei folgt übrigens die SED dem Vorbild der polnischen Bruderpartei: An der Weichsel hat man diese Methode seit Jahren mit schlagendem Erfolg erprobt. Und wendet sie weiterhin konsequent an. Wer sich also in der DDR als widerspenstig oder nicht genug nachgiebig erwiesen hat, darf nicht reisen. Da sind die Einladungen auch der bedeutendsten westdeutschen Institute und Organisationen vergeblich. Um nur an die bekanntesten Fälle zu erinnern: Weder Peter Huchel noch Robert Havemann können die Bundesrepublik besuchen.

Wie sollte man in der Bundesrepublik auf diese ganze Aktion, diese offenbar gründlich vorbereitete Kulturoffensive eigentlich reagieren? In vielen Presseberichten über Veranstaltungen, die hier in den letzten Monaten stattgefunden haben, spürt man Vorsicht, Unsicherheit, Befangenheit und Verkrampfungen. Einerseits freut man sich – und wohl aufrichtig –, daß Schriftsteller und Künstler von drüben kommen, andererseits traut man dem Frieden und der Besuchsfreudigkeit nicht und begegnet den einzelnen Darbietungen skeptisch und mit deutlichem Unbehagen. So verständlich dies auch sein mag, so erschreckend sind die Folgen: Von wenigen Ausnahmen abgesehen, schwanken die Rezensionen und Berichte zwischen Sentimentalität und Haßausbrüchen und zeugen vor allem von Ratlosigkeit. Hingegen fehlt das, was in solchen Fällen am dringendsten nötig ist: gewöhnliche Sachlichkeit.

Man muß den politischen Hintergrund der Aktion und die Motive, von denen sich die SED leiten läßt, erkennen, um sich nicht leichtsinnig Illusionen hinzugeben. Wie immer man diesen – das Wort kann man doch nicht umgehen – Kulturaustausch beurteilen mag: Man darf nie vergessen, daß es ein Kulturaustausch von der SED Gnaden ist. Und anders kann es gar nicht sein. Denn die Ausmaße und die Art des Kulturaustausches zwischen einem totalitären und einem nicht-totalitären Land werden im wesentlichen stets von den Machthabern desjenigen Landes bestimmt, in dem Kunst, Literatur und Wissenschaft der staatlichen Kontrolle unterliegen – also von dem totalitären Partner.

Wer im Westen diesen einfachen Sachverhalt nicht berücksichtigen will, wird früher oder später eine bittere Enttäuschung erleben. Charakteristisch scheint mir in diesem Zusammenhang eine Äußerung der CDU-Abgeordneten des Düsseldorfer Landtags, Maria Hölters, zu sein, die – einem Bericht in der ›Frankfurter Allgemeinen Zeitung‹ zufolge – eine im Oktober 1964 stattgefundene Diskussion zwischen Erwin Strittmatter und Max von der Grün mit dem Hinweis eröffnete, »Gespräch und Austausch von Dichtern trügen zur inneren Wiedervereinigung bei; was die Möglichkeiten der Politik nicht erlaubten, könne im Kulturleben geschehen – und so einen Beitrag zur Politik leisten«. Das wäre sehr schön. Nur hat es leider mit der Realität nichts – aber auch wirklich nichts – zu tun. Und es scheint mir übrigens sehr deutsch zu sein: sich an die Dichter zu halten, wenn die Staatsmänner versagen. Indes können, was Politiker verdorben haben, einzig Politiker wieder in Ordnung bringen – wenn auch nicht unbedingt dieselben. Nicht die Dichter und Künstler haben Deutschland geteilt – und nicht von ihnen erwarte man die äußere oder »innere Wiedervereinigung«. Jetzt ruft man ihnen zu, sie möchten doch so freundlich sein und hübsche runde Löcher durch die Mauer bohren. Das klingt poetisch und ist sehr bequem. Und so fragwürdig wie alle patriotischen Phrasen. Sämtliche Komponisten Deutschlands, die östlichen und die westlichen, werden es bedauerlicherweise nicht schaffen, jene Posaunentöne zu komponieren, die die Berliner Mauer erschüttern könnten.

Was wird also bei diesem ganzen Kulturaustausch herauskommen? Das eben ist die Frage, die man sich im Zentralkomitee der SED stellt. Und die man sich wenigstens in der Bundesrepublik ersparen sollte. Denn sowenig der Westen dabei riskiert, so gewiß kann man voraussagen, daß nichts herauskommen wird, was sich feststellen und messen, erfassen und fixieren ließe. Aber solange es der SED beliebt, werden sich hier und da viele Menschen davon überzeugen können, wie man im jeweils anderen Deutschland dichtet, musiziert, malt, Theater spielt. Das ist alles. Mit Verlaub: ist das wenig?

Irrsal, Wirrsal, Trübsal

Darf uns – fragte der Sprecher – die gesamte DDR-Literatur gleichgültig sein? So lautete das erschreckende Fazit einer am 23. November 1964 im ›Panorama‹-Programm ausgestrahlten Fernseh-Sendung. Ich bin dagegen, daß uns die DDR-Literatur gleichgültig ist. Aber ich bin auch dagegen, daß das Deutsche Fernsehen Sendungen bietet, die zur allgemeinen Verwirrung beitragen müssen. Von wessen Gleichgültigkeit war eigentlich die Rede?

Zunächst wurden die Ergebnisse einer Umfrage der in Erlangen erscheinenden Studentenzeitschrift ›Information‹ referiert, die ermitteln wollte, ob die dortigen Studenten der Germanistik Autoren und Bücher aus der DDR kennen. Den Namen von Anna Seghers hatten nur 26 von 100 und den von Arnold Zweig nur 20 von 100 gehört. Jüngere Autoren von drüben – Dieter Noll etwa – seien noch weniger bekannt. Am häufigsten (45mal) wurde hingegen Peter Huchel erwähnt. Ferner hieß es: »Nur jeder dritte wußte von Professor Mayer. 28 von 100 erinnerten sich an Professor Bloch und 12 hatten von Professor Kantorowicz gehört. Aber 6 behaupteten unsinnigerweise, Anna Seghers lebe bei uns in der Bundesrepublik. Einige das gleiche von Peter Huchel.«

Um die Ursachen dieser Misere aufzudecken, wandte sich der Fernsehreporter an einige Studenten. Man werde über die DDR-Literatur nicht geprüft – meinten sie. Und bei den gegenwärtigen Lehrplänen sei es vom künftigen Deutschlehrer ohnehin nicht zu erwarten, »daß er über die Literatur seit 1900 Bescheid weiß«. Der Erlanger Germanist Professor Dr. Helmut Prang gab zweierlei Gründe an: Da die Studenten tausend Jahre deutscher Literatur zu bewältigen hätten, könne auf die Gegenwartsliteratur – die westliche wie die östliche – kein Schwergewicht gelegt werden. Auch sei es kaum möglich, an die DDR-Bücher heranzukommen, denn »was in den Buchhandlungen angeboten wird, ist westliche Literatur«.

Wirklich? Wen befragten die Fernsehleute, um diesen Sachverhalt zu klären? Den Börsenverein des Deutschen Buchhandels in Frankfurt am Main? Nein, sondern den Vorsteher des Börsenvereins des Deutschen Buchhandels zu Leipzig, Klaus Gysi. Er erklärte, daß »die jüngsten Bücher unserer jungen Schriftsteller« – beispielsweise von Bruno Apitz (64 Jahre alt), von Erwin Strittmatter (52 Jahre alt) – in der DDR in sehr hohen Auflagen erscheinen, daß nur wenig Belletristik nach Westdeutschland exportiert werde und daß man die Diffamierung der DDR-Literatur aufheben und »den kalten Krieg auf diesem Gebiet abbauen« müsse. Die ›Panorama‹-Leute scheint diese Verlautbarung tief beeindruckt zu haben, denn der Sprecher verkündete nun: »Man hört immer wieder von Schwierigkeiten, denen die Autoren im kommunistischen Regime ausgesetzt sind. Doch ihre Bücher werden trotzdem in riesigen Auflagen gedruckt und gekauft.« Daher die patriotische Frage: »Kapseln wir uns nicht selbst vom Osten ab und helfen so mit, die Teilung zu versteinern?« Schlußfolgerung: Die Professoren der Germanistik könnten in dieser Hinsicht »mehr tun und mehr leisten«.

Ich glaube, daß ich alle Gedanken und Argumente dieser traurigen Sendung fair wiedergegeben habe. Ich befürchte jedoch, daß die Zahl der Mißverständnisse und Irrtümer, die ihr zugrunde liegen und die sie verbreitet, die der Gedanken weit übersteigt.

Falsch sind erst einmal die Prämissen. Denn die Ergebnisse dieser Umfrage beweisen keineswegs, was ihre Veranstalter meinen, bewiesen zu haben. Von Anna Seghers sind in den letzten Jahren in der Bundesrepublik vier Bände mit Romanen und Erzählungen erschienen. Man hat sie überall ausführlich besprochen – in der ›Frankfurter Allgemeinen‹ ebenso wie im ›Spiegel‹, in der ›Süddeutschen‹ und ›Stuttgarter Zeitung‹ ebenso wie in der ›Welt der Literatur‹. Von Arnold Zweig wurden letztens hier mehrere Bücher in einer Auflage von insgesamt weit über 100000 Exemplaren verlegt. Wenn Studenten der Germanistik nie die Namen dieser Schriftsteller gehört haben und sogar annehmen, die Seghers lebe im Westen, so geht daraus nur hervor, daß sie weder hiesige Zeitschriften noch die Literaturbeilagen der großen Zeitungen lesen.

Nur 45 von 100 haben Huchel erwähnt? Ja, aber was hat das eigentlich mit der Kenntnis oder Unkenntnis der DDR-Literatur zu tun? Man muß sich doch vergegenwärtigen, daß seit der Gründung der Deutschen Demokratischen Republik im Jahre 1949 dort kein einziges Buch von Peter Huchel ediert wurde und seit über zwei Jahren auch in der Presse der DDR keine einzige Zeile von ihm zu lesen war. Hingegen sind seine Gedichte 1963 bei S. Fischer erschienen und wurden besonders gründlich besprochen; er hat westliche Preise erhalten, sein Name ist aus verschiedenen Gründen immer wieder in der bundesrepublikanischen Presse aufgetaucht. Kennen diejenigen, die nie etwas von ihm gehört haben, Günter Eich oder Karl Krolow oder Paul Celan? – Nur ein Drittel der Germanistik-Studenten wußte von der Existenz Hans Mayers? In der Tat unverzeihlich. Aber bewiesen ist damit lediglich, daß sie ›Die Zeit‹ nicht lesen. Bloch? Kantorowicz? Beide wirken und veröffentlichen seit Jahren hier und werden drüben totgeschwiegen. Auch in diesem Fall handelt es sich also um die Unkenntnis des literarischen Lebens nicht jenseits, sondern diesseits der Elbe.

Wer in den letzten Jahren Gelegenheit hatte, an hiesigen Universitäten zu den Germanisten über west- und ostdeutsche Literatur zu sprechen, kann genug über die Ignoranz natürlich nicht aller, aber doch vieler Studenten berichten. Sie glauben, Robert und Martin Walser seien ein und dieselbe Person. Sie können den Kritiker Joachim Kaiser nicht von dem Germanisten Wolfgang Kayser unterscheiden und verdächtigen ihn, den Roman ›Schlußball‹ geschrieben zu haben. Sie rühmen Hans Mayers Stil in seinen Novellen ›Gustav Adolfs Page‹ und ›Das Amulett‹. Sie halten Heinz von Cramer für Deutschlands langjährigen Tennismeister, Adorno für eine italienische Sopranistin, Luise Rinser für eine Dichterin und Hans Habe für einen Romancier.

Weltfremd muß daher der rechtfertigende Hinweis anmuten, in westlichen Buchhandlungen könne man nur westliche Literatur kaufen. Überdies trifft die Behauptung einfach nicht zu. Es ist Helmut Prang und den Verfassern der Sendung offenbar entgangen, daß sich in den letzten fünf Jahren die Verhältnisse völlig geändert haben und erfreulicherweise viele DDR-Autoren hier herausgegeben wurden: Die stattliche Liste beginnt (alphabetisch) mit Bruno Apitz, Erich Arendt und Manfred Bieler, endet mit Ehm Welk, Christa Wolf und Arnold Zweig und umfaßt auch mehrere Anthologien. – Ist schon alles einigermaßen Bemerkenswerte hier erschienen? Nein, gewiß fehlt noch manches, aber was hat das schon zu besagen, wenn man die in der DDR publizierten und meist sehr billigen Bücher durch fast jede Buchhandlung in der Bundesrepublik bestellen kann? Hängt die Lektüre der Germanistik-Studenten von dem ab, was auf den Ladentischen der Buchhändler liegt? Man sollte endlich Schluß machen mit der ebenso bequemen wie verlogenen Legende von der Unzugänglichkeit oder – wie Gysi meinte – »Diffamierung« der DDR-Literatur.

Werden Johannes Bobrowski, Peter Hacks oder Günter Kunert hier etwa diffamiert? Richtig ist es, daß der S. Fischer Verlag auf eine bereits vorbereitete Ausgabe des ›Wundertäter‹ verzichtet hat, weil sein Verfasser, Erwin Strittmatter, es für angebracht hielt, die Berliner Mauer mit besonderem Eifer zu preisen. Inzwischen hat auch diese Angelegenheit ihre Aktualität eingebüßt – freilich nicht die Mauer, wohl aber die

Strittmatter-Ausgabe: Sie kommt demnächst bei Sigbert Mohn, was mich außerordentlich freut, obwohl mir die intellektuelle Dürftigkeit und der Kegelbruder-Ulk dieses meist langweiligen und simplen Blut- und Boden-Dichters mit marxistischer Verbrämung zuwider sind.

Wenn Gysi bedauert, daß der Export der Belletristik aus der DDR nach der Bundesrepublik nur gering sei, dann kann ich ihm einen Ratschlag erteilen: Gebt Euren Schriftstellern, unter denen Talente nicht fehlen, etwas mehr Freiheit, erlaubt ihnen, gute Bücher zu schreiben, und druckt sie auch. Mehr ist nicht nötig. Und gleich wird der Buchexport steigen.

Dem Reporter aber, der unter offensichtlichem Einfluß von Gysi erklärte, man höre zwar von den Schwierigkeiten, mit denen Autoren in der DDR zu kämpfen hätten, doch würden ja ihre Bücher dort in Riesenauflagen verlegt – muß man bescheinigen, daß seine Ahnungslosigkeit nicht geringer ist als die der befragten Studenten in Erlangen. Es sei ihm empfohlen, sich mit einem einigermaßen aufrichtigen Schriftsteller von drüben einmal ohne Zeugen zu unterhalten. Und er wird erfahren, wie hoch der Preis ist, den manche Autoren für jene Riesenauflagen zahlen müssen und den manche eben nicht zahlen wollen.

Was hat man schließlich von der Forderung zu halten, die Professoren der Germanistik sollten doch gefälligst auch die DDR-Literatur in die Lehrpläne einbeziehen? Das ist, glaube ich, wiederum weltfremder Mumpitz und Humbug.

Helmut Prang hat vollkommen recht, wenn er sagt, die Universität müsse vor allem dafür sorgen, daß die Studenten »tausend Jahre deutscher Literatur« bewältigen. Falls dieser Zeitraum jedoch nur bis 1900 reichen sollte – was ein Student angedeutet hat und woran ich nicht glaube –, so wäre dies zumindest sehr traurig. Selbstverständlich ist es zu erwarten, daß die deutsche Literaturgeschichte bis etwa 1945 oder 1950 gelehrt wird, unter besonderer Berücksichtigung der wohl bisher nur wenig oder überhaupt nicht behandelten Exilliteratur – somit einschließlich Anna Seghers und Arnold Zweig.

Es geht jedoch nicht darum, daß die Universität dem Studenten die Literatur der unmittelbaren Gegenwart, also der letzten zehn bis fünfzehn Jahre, vermittelt, sondern die Fähigkeit, die Literatur schlechthin zu verstehen und zu analysieren. Die Beschäftigung mit der Gegenwart wird sich wohl oder übel auf repräsentative Einzelbeispiele beschränken müssen und sollte Spezialkursen vorbehalten bleiben. Und dabei wird doch die westliche Literatur im Vordergrund stehen. Wie wir es auch drehen und wenden wollen: Nossack, Koeppen und Frisch, Enzensberger, Weiss und Grass sind ungleich bedeutender als Bruno Apitz und Erwin Strittmatter, Dieter Noll und Erik Neutsch.

Nein, es besteht wahrhaft keine Notwendigkeit, daß die Professoren der Germanistik über Bredel oder Strittmatter lesen und prüfen – zumal, wie unlängst in der ›Zeit‹ mitgeteilt wurde, sogar einem Heinrich Heine nur wenig Aufmerksamkeit gewidmet wird. Hingegen möchte ich gern von kompetenten Professoren erfahren, wie es immer wieder geschehen kann, daß Studenten, denen nicht – wie in der Fernseh-Sendung behauptet wurde – die DDR-Literatur, sondern die gesamte Literatur gleichgültig ist, und die offenbar nur das kennen, was gerade für die Prüfung verlangt wird, dennoch das Studium der Germanistik ungehindert und sogar erfolgreich absolvieren können. Denn da liegt der Hund begraben.

1965

Immer noch im Exil

Hermann Kesten hat sich über Gottfried Benn mehrfach ungerecht und töricht geäußert. Aber darf man deshalb so ungerecht und töricht über Hermann Kesten schreiben, wie dies in letzter Zeit manche Kritiker in der Bundesrepublik und in der Schweiz tun? Sein Verhalten in der berüchtigten Mailänder Uwe Johnson-Affäre Ende 1961 hatte zur Folge, daß viele an der Integrität dieses integren Mannes zweifelten und tatsächlich zweifeln mußten. Aber darf man deshalb seine außerordentlichen Verdienste um die deutsche Literatur verschweigen?

In jener Zeit, da in Deutschland Bücher und Menschen verbrannt wurden und manche, die hätten helfen können, es vorzogen, untätig zu bleiben, hat Kesten, selber ein Vertriebener, das Leben vieler deutscher Schriftsteller gerettet. Darf man das so rasch vergessen?

Viele publizistische Arbeiten Kestens scheinen mir bedenklich und sogar gefährlich zu sein. Ich fürchte seine Einseitigkeit. Daher hielt ich es für nötig, gegen diese Arbeiten bei verschiedenen Gelegenheiten nachdrücklich zu protestieren. Ich glaube jedoch, daß wir diejenigen, die Kesten mit unverhohlener Schadenfreude attackieren und deren Integrität keineswegs als sicher gelten kann, noch mehr fürchten müssen. Der Fall Hermann Kesten – denn wir haben es längst mit einem Fall zu tun – ist symptomatisch: Er erinnert uns an die Kluft, welche die Schriftsteller, die im Exil waren und es meist immer noch sind, häufig vom deutschen Publikum trennt.

François Mauriac sagte über Thomas Mann: »Il a maintenu durant la traversée du tunnel hitlérien la gloire du génie allemand.« Daß dies nicht nur auf Deutschlands größten Romancier zutrifft, sondern auch auf den besten Teil der Exilliteratur, wird höchstens von Verblendeten und Ignoranten bestritten. Aber es scheint mir ebenso sicher zu sein, daß die Wiedereinbürgerung der Werke dieser Schriftsteller in der Bundesrepublik im Grunde nicht erfolgt ist. Mit vielen bemerkenswerten Zeugnissen der Exilliteratur sind die hiesigen Leser überhaupt nicht oder zu spät oder nur unzulänglich konfrontiert worden. Und auch da, wo ernsthaft versucht wurde, diese Literatur zu integrieren, blieben die Ergebnisse meist spärlich. Warum eigentlich?

Falsch wäre es, wollten wir die Schuld bei den westdeutschen Verlegern und Lektoren, den Redakteuren und Kritikern suchen. Viele von ihnen haben ihren guten Willen hinreichend bewiesen. Ist also das Publikum schuld, das für die Bücher der Exilautoren in der Regel nur wenig Verständnis zeigte?

Gewiß läßt sich einiges mit der Vergänglichkeit des literarischen Werks erklären. Manche hervorragenden Dichter, die in der Verbannung gestorben sind, gehören mit ihrem Hauptwerk dem wilhelminischen Zeitalter an – so Alfred Mombert und Karl Wolfskehl. Manche Expressionisten, die 1920 in aller Munde waren – Walter Hasenclever und Ernst Toller etwa – wurden schon um 1930 als etwas antiquiert empfunden und sind heute eigentlich nur noch für den Literaturhistoriker von Bedeutung. Andere Autoren haben in den Jahren der Weimarer Republik zwar Weltruhm geerntet, aber ihren Werken kann man schwerlich literarische Bedeutung zuerkennen – dies gilt, beispielsweise, für Emil Ludwig. Aber selbst das Werk eines wahrhaft säkularen Schriftstellers wie Heinrich Mann ist zum größten Teil längst verblaßt.

Nichts vermag also den Flugsand der Zeit aufzuhalten. Auch keine Wiedergutmachung. Und manches Buch, das vielleicht 1950, ja sogar noch 1955 seine deutschen Leser gefunden hätte, kann in den sechziger Jahren mit einem breiteren Publikum nicht mehr rechnen. Das alles mag beruhigend klingen. Nur daß es den Kern der Frage nicht trifft. Denn die entscheidende Ursache für das zwiespältig-fatale Verhältnis zu den Exilautoren und ihre Nichtanerkennung muß in anderen Kategorien gesucht werden – außerhalb der Literatur, außerhalb der Kunst.

Es geht ganz einfach darum, daß die Beschäftigung mit dem Werk der einst vertriebenen Schriftsteller die Auseinandersetzung mit der jüngsten deutschen Vergangenheit und – vor allem – mit der deutschen Gegenwart impliziert. Zu dieser Auseinandersetzung war man in der Bundesrepublik nicht bereit – und ist es auch heute nur selten. Die Folgen sehen wir überall: in der Justiz, in der Presse, an den Universitäten, im Schulwesen. Genügt es nicht, auf die Tatsache zu verweisen, daß die Mörder von Auschwitz und Treblinka erst neunzehn Jahre nach der Kapitulation zur Verantwortung gezogen wurden?

Wie hätte man die Literatur der Emigration in die moralische Abrechnung einbeziehen sollen, wenn man die Notwendigkeit einer solchen Abrechnung zwar bei jeder Gelegenheit betonte, ihr aber doch immer wieder auswich? Dies, glaube ich, gilt es zu bedenken, wenn man sich die Frage stellt, warum in der Bundesrepublik trotz manch redlicher Bemühung die Bücher der Exilautoren, von wenigen Ausnahmen abgesehen, nicht als lebendige Faktoren aufgenommen wurden.

Die unmittelbare pädagogische Funktion, zu der diese Literatur nach 1945 berufen war und die man ihr verweigert hat, wird sie jetzt – selbst wenn alle Möglichkeiten hierzu gegeben wären – nicht mehr nachholen können. Sie ist zum großen Teil schon Historie geworden. Neue Generationen brauchen eine andere, eine neue Literatur. Aber sie haben einen Anspruch darauf, diese Historie kennenzulernen und zu begreifen. Hierzu kann in hohem Maße die Veröffentlichung von Dokumenten beitragen, die dem heutigen deutschen Leser vergegenwärtigen, wie sich das literarische Leben in der Emigration abgespielt hat. Solche Dokumente enthält der von Hermann Kesten herausgegebene Band ›Deutsche Literatur im Exil – Briefe europäischer Autoren 1933–1949‹.

Dem Ganzen liegt ein Einfall zugrunde, der ebenso verblüffend wie einfach ist: Kesten publiziert eine Auswahl der Briefe, die er in jenen Jahren erhalten und geschrieben hat. Von den insgesamt rund dreihundert Briefen stammen über fünfzig von dem Herausgeber und alle übrigen von – vorwiegend namhaften – Schriftstellern, Journalisten, Wissenschaftlern, Musikern, Malern und Verlegern. Einige Briefschreiber sind Ausländer, aber auch ihre Briefe betreffen vor allem Deutschland, die deutsche Literatur und deutsche Schriftsteller.

Neben Alfred Döblin, von dem 28 Briefe abgedruckt sind, ist am stärksten Erich Kästner vertreten – mit 14 Briefen. Daß sie in ein Buch mit dem Titel ›Deutsche Literatur im Exil‹ aufgenommen wurden, versteht sich von selbst. Denn der Autor des ›Fabian‹ ist Deutschlands Exilschriftsteller honoris causa: Nicht er war emigriert, wohl aber seine Bücher, die damals in der Schweiz erschienen.

Doch so berühmt die meisten Briefschreiber auch sind, so vergeblich wird man in dem Band Prunkstücke deutscher Prosa suchen. Von den Meistern der Feder bekommt man hier mitnichten Meisterwerke der Epistolographie zu lesen. Aber die Epistolographie ist nicht die Kunst des Briefschreibens, sondern die Kunst, Abhandlungen, Essays, Berichte, Pamphlete oder Bekenntnisse in Briefform zu verfassen. Daher haben wir es bei den zur Weltliteratur gehörenden Briefen im Grunde nicht mit Briefen zu tun. Dies gilt für die ›Epistula ad Pisones‹ ebenso wie für jenes letztens wieder so aktuelle Schreiben ›An den Herrn Dekan der Philosophischen Fakultät der Universität Bonn‹. Ob Horaz oder Thomas Mann – die Darlegungen sind nicht für jene bestimmt, an die sie adressiert wurden, sondern für das Publikum, die Nation, die Menschheit, die Nachwelt.

Die hier abgedruckten Dokumente sind an Kesten gerichtet und waren tatsächlich nur für Kesten bestimmt. Bei keinem einzigen dieser Briefe, nicht einmal bei denjenigen von Thomas Mann, entsteht der Eindruck, ihre Verfasser hätten auch nur einen Augenblick an eine spätere Veröffentlichung gedacht. Denn jenen, die öfter als die Schuhe die Länder wechselten (apropos: der Band enthält keinen Brief von Brecht, da die Rechtsinhaber die Genehmigung für die Publikation verweigert haben), fehlte meist die Muße, auf die Sprache, auf den Ausdruck zu achten. Viele Briefe, denen man es anmerkt, daß sie in großer Eile geschrieben wurden, lassen nicht die literarischen Fähigkeiten ihrer Autoren erkennen, aber sie geben Zeugnis von ihren Sorgen, Hoffnungen und Leiden, von ihrer Verzweiflung, Ratlosigkeit, Verbitterung.

Nicht stilisierte Verlautbarungen findet man also hier, sondern spontane Äußerungen. Wenig Kunst und viel Leben bietet dieses Buch, das auch zeigt, wie nachlässig jene schreiben können, die herrlich schreiben können. Hier sieht man Schriftsteller hinter den Kulissen, ungeschminkt und ohne Pose. Es ist nicht unbedingt ein erbauender, aber immer ein aufschlußreicher und häufig ein erschütternder Anblick.

Die Themen wechseln, es dominieren jedoch von 1933 bis in die vierziger Jahre dieselben Motive. Die Heimatlosen sprechen von der Heimat. Die Fliehenden von der Flucht. Die Schriftsteller ohne Publikum von der Literatur. Im Frieden schreiben sie über den nahenden Krieg und im Krieg über den erhofften Frieden. Und immer über die Kollegen – ihre Schicksale, ihre Erfolge und Schwächen.

Der Tod ist ein Leitmotiv des Buches. Ödön von Horvath wird auf den Champs-Elysées von einem fallenden Baum erschlagen. Ernst Toller hängt sich in seinem New Yorker Zimmer auf. Ludwig Marcuses Brief endet mit den Worten: »Bei T's Verbrennung war anwesend: niemand außer Tollers Kusine, ich, eine neugierige amerikanische journalistische Freundin.« Klaus Manns Brief über Tollers Tod enthält die Sätze:

»Ich aber habe keinen Paß, und weiß gar nicht recht, wohin mit mir. Alles nicht sehr lustig. Indessen werde ich mich *nicht* aufhängen.« Zehn Jahre später, fast auf den Tag genau, hat Klaus Mann Selbstmord begangen.

Wenige Tage nach Tollers Tod stirbt Joseph Roth in einem Pariser Armenspital. Kesten schreibt an Klaus Mann: »Sie und ich, wir sind noch in den dreißiger Jahren und sollen schon anfangen, unsere Generationsgenossen zu begraben? Schon das acherontische Geschäft der Freundes-Nekrologe üben müssen?« Ja, sie müssen es. Im nächsten Jahr stirbt René Schickele. Valeriu Marcu berichtet: »Man hat den Eindruck – er hat demissioniert. Er wollte eigentlich nicht mehr.« Optimistisch zeigt sich Stefan Zweig im Januar 1940: »Ich glaube, daß der Frühling das Ende bringen wird ...« Döblin schreibt im Januar 1942, keiner habe jetzt zu lachen – es sei denn »solche dem Schicksal trotzenden Heroen wie Stefan Zweig, der unter jedem Klima blüht ...« Drei Wochen später beging Stefan Zweig Selbstmord.

Das Buch vermittelt jedoch kein einseitiges Bild der Emigration. Von heroischen Taten ist die Rede, aber auch von niedrigen Intrigen. Man erfährt, daß der Emigrant Alfred Döblin in Amerika auf Almosen angewiesen war. Und man kann eine anschauliche Schilderung des Luxus lesen, in dem, in derselben amerikanischen Stadt, der Emigrant Lion Feuchtwanger lebte. Man hört von ergreifenden und auch von komischen Vorgängen.

Viele Briefe sind durch Kestens Tätigkeit bedingt. Er war bis 1940 Leiter des großen Exilverlages Allert de Lange in Amsterdam und hat in dieser Zeit, aber auch später in Amerika, mehrere Anthologien herausgegeben. Geschäftsbriefe von Literaten erweisen sich als Zeitdokumente von erstaunlicher Suggestivität. Oft ist nur von Auflagen und Honoraren die Rede – und doch wird eine ganze Epoche deutscher Literatur sichtbar. Carl Zuckmayer untersucht die Qualität der Übersetzung einer Szene aus seinem ›Hauptmann von Köpenick‹, die Kesten in einer Anthologie bringen will. Sprachliche Fragen werden erörtert – und man sieht das Schicksal des Schriftstellers, der von Übersetzern abhängig ist.

Nicht ohne Vergnügen liest man Briefe, die uns daran erinnern, daß auch die Exilschriftsteller ihre erfolgreichen Kollegen nicht immer geschätzt haben. Kurz nach dem Krieg bittet Döblin Kesten um eine Skizze der Emigrationsliteratur und vermerkt: »Möglichst wenig über Th. Mann; ich habe nicht nötig, für den Reklame zu machen.« Und 1947 schreibt Döblin: »Ich bin dafür, den aufgeblasenen Hermann Broch zu entlarven als literarischen Hochstapler.«

In vielen Briefen wird Kesten um Hilfe gebeten, vor allem um Einreisevisen nach den USA. Wie groß muß die Zahl der Menschen gewesen sein, denen er geholfen hat, da Stefan Zweig es 1941 für richtig hielt, einen Brief an ihn mit den Worten zu beginnen: »Da Sie der Schutzvater und geradezu Schutzheiliger aller über die Welt Versprengten sind...«

In einer Skizze mit dem Titel ›Abschied und Wiederkehr‹, die am 22. Februar 1946 in der ›Badischen Zeitung‹ veröffentlicht wurde, schrieb der Rückkehrer Alfred Döblin einen Satz, der nicht für ihn allein gilt: »Und als ich wiederkam, da – kam ich nicht wieder.« – Die Skizze endet mit den Worten: »Ich fahre zusammen: man spricht neben mir deutsch. Daß man auf der Straße deutsch spricht! Ich sehe nicht die Straßen und Menschen, wie ich sie früher, vorher sah; auf allen liegt, wie eine Wolke, was geschehen ist und was ich mit mir trage: die düstere Pein der zwölf Jahre, Flucht nach Flucht. Manchmal schaudert's mich, manchmal muß ich wegblicken und bin bitter. Dann sehe ich ihr Elend und sehe, sie haben noch nicht erfahren, was sie erfahren haben. Es ist schwer. Ich möchte helfen.«

Seitdem sind viele Jahre vergangen, und vieles hat sich verändert. Nur befürchte ich, daß Döblins Feststellung heute kaum weniger aktuell ist: »Sie haben noch nicht erfahren, was sie erfahren haben.« Davon zeugt auch die Rolle, die die Exilliteratur im geistigen Leben dieses Landes spielt. Oder, richtiger gesagt: nicht spielt.

Ein neues Literaturblatt in der DDR

Seit dem 13. Januar 1965 gibt es in der DDR ein neues Literaturblatt. Es heißt ›Literatur 65‹ (und wird, wie uns die Redaktion belehrt, im nächsten Jahr ›Literatur 66‹ heißen), soll alle vier Wochen als Beilage des ›Neuen Deutschland‹ erscheinen und ist, was Aufmachung, Umbruch und Gliederung betrifft, nichts anderes als eine Nachahmung der ›Welt der Literatur‹. Nur die Rubrik »Am meisten gekauft« – eine Liste der DDR-Bestseller, die auf die Angaben von mehreren Buchhandlungen zurückgeht – stammt nicht aus der ›Welt der Literatur‹. Doch glaube ich, eine solche Rubrik schon in einer westdeutschen Zeitung gesehen zu haben. Umfang des Ganzen: Sechzehn Seiten, davon nicht mehr als etwa drei Seiten Anzeigen. Inhalt: nicht langweilig, da überwiegend heiter.

Es beginnt mit einem »Prolog« aus der Feder von Klaus Höpcke, der dem Redaktionskollegium des ›Neuen Deutschland‹ angehört. Nach der »ersten neuartig gestalteten Sonntagsausgabe« der Zeitung habe – lesen wir – eine bekannte Schriftstellerin der Redaktion mitgeteilt: »Man weiß bald nicht mehr, worüber man schimpfen soll.« Ich finde das weder höflich noch schmeichelhaft und zumindest hübsch zweideutig. Der Autor des »Prologs« meint jedoch, den zitierten Satz als »herzliche Aufnahme« werten zu können, die er auch für die ›Literatur 65‹ erhofft. Diese Beilage »will verstanden werden als Zeugnis des Bemühens unserer Redaktion, Ihnen im neuen Jahr mit einem in mancher Beziehung neu geschriebenen und gestalteten Blatt mehr geistige Anregung zu geben . . .«

Mehr Anregung als bisher? Das sollte wirklich nicht so schwer sein. Allerdings wird das Blatt nur »in mancher Beziehung neu geschrieben« werden, woraus wohl hervorgehen soll, daß es zuweilen auch Artikel vom vorigen Jahr noch einmal bieten wird. Aber dafür ist es neu gestaltet. Wenige Zeilen weiter ist von der »Gestaltungskraft« der Autoren die Rede. Ja, Höpcke liebt das Gestalten. Nicht nur er.

Die ›Welt der Literatur‹ brachte im vergangenen Jahr auf der Seite 3 häufig die meist von absoluter Verwirrung zeugenden Artikel des Westberliner Germanisten Wilhelm Emrich, die bedauerlicherweise die Literaturbeilage der ›Welt‹ von der ersten Nummer an in Verruf bringen mußten. Offenbar will sich die ›Literatur 65‹ für ihre Seite 3 ebenfalls einen Universitätsgermanisten leisten: Es ist Professor Dr. Hans-Jürgen Geerdts, der Greifswalder Ordinarius für neuere deutsche Literaturgeschichte. Mit Emrich verbindet ihn einiges. Denn, erstens, hat er nichts zu sagen und, zweitens, kann er es nicht ausdrücken. – Geerdts äußert sich über einen neuen Roman von Helmut Hauptmann. Man liest von »Mitgestaltern des werdenden Staates der Arbeiter und Bauern«, von »Gestaltungsfragen«, von »gestalterischen Hauptproblemen«, von der »Gestaltungsweise«, der sich Hauptmann »anschließt«, von den »Schwierigkeiten auf höherer Ebene des Gestaltens« und von der »Gestalt der Erika«, die »eine der schönsten Gestaltungen junger Mädchen geworden« sei, »die wir in neueren Werken antreffen«. Eine so schön gestaltete Kritik bekommt man nicht oft zu sehen.

Auf der nächsten Seite bespricht ein anderer Rezensent den Roman ›Levins Mühle‹ von Johannes Bobrowski, dem »bemerkenswerte sprachliche Gestaltungskraft« nachgesagt wird. Bei ihm – hören wir – »knospen immer wieder Verszeilen und Liedstrophen aus der Prosa«. – So poetisch sind heute nur noch die Kritiker in der DDR.

Im Blatt gibt es auch eine Seite mit der Überschrift ›Internationale Literatur‹. Über die endlich in der DDR edierten Erzählungen Isaak Babels, die dem dortigen Publikum bisher – trotz neuer sowjetischer Ausgaben – vorenthalten wurden, weil sie mit dem sozialistischen Realismus nichts gemein haben, schreibt Professor Dr. Harry Jünger. Das ist vermutlich derselbe Slawist Jünger, der sich 1963 um das Vaterland verdient gemacht hat – mit einer Hetzrede gegen den in der Bundesrepublik gedruckten Schiwago-Essay des damals in Leipzig wirkenden Hans Mayer. Was mag ein solcher Jünger über Babels zwar keineswegs linientreue, aber doch von der sowjetischen Kritik anerkannte Prosa zu melden haben? Seinen Geschichten aus den zwanziger Jahren bescheinigt er zunächst »echte Lebensprobleme aus der konfliktreichen Übergangsepoche«, die auch die klassischen sowjetischen Bürgerkriegsromane »zu gestalten« bestrebt waren. »Gerade diese Kompliziertheit« habe ihn besonders interessiert, was Jünger, versteht sich, bedauert, da der Erzähler »mit ihr oft nicht fertig« wurde: »Dadurch war und bleibt Babel bis zum heutigen Tage einer der umstrittensten Schriftsteller.« Auch wird ihm vorgeworfen, er habe »nur die zugespitzten Widersprüche im Menschen« behandelt, »denen er als Autor hilflos gegenübersteht«. Es ist genau umgekehrt: Weil sich Babel vor allem für die »Kompliziertheit« und die »Widersprüche im Menschen« interessierte und sich nicht zwingen ließ, den Bürgerkrieg so darzustellen, wie es die Parteipropaganda für richtig hielt, weil er mit den Geschehnissen eben »oft nicht fertig« wurde – konnte er einer der bedeutendsten russischen Prosaisten dieses Jahrhunderts werden. – Übrigens hören wir auch von Babels »dichterischem Anliegen« und der von ihm erreichten »Nähe zum Gestalten«. Ob das gar ein Parteibefehl ist, daß alle »gestalten« müssen?

Die Seite 13 des Blattes hat die Redaktion der »Westdeutschen Literatur« gewidmet. Die Rezension des Bandes ›Leben wie im Paradies‹ von Heinz von Cramer beginnt: »Die zehn Episoden, die das Buch ergeben, sind ganz unterschiedlich gestaltet.« Und etwas weiter: »Das Verantwortungsgefühl des Autors ... mildert den Hang zum tragischen und dumpfen Schicksal in der Gestaltung.« Sehr hübsch finde ich auch den Schluß der Kritik. Cramer wird angekreidet, daß er zuviel zweifle. Dann heißt es: »Die Überwindung dieses Zweifels setzt die Absage an eine Ideologie voraus, die sich unablässig bemüht, der Umwelt eine Lesart des Problems zu suggerieren, die von den wahren Ursachen in den gesellschaftlichen Beziehungen ablenkt und auf das angeblich unabänderliche Unvermögen im Menschen selbst hinzuweisen versucht.« – Das war nicht eine Parodie, sondern nur ein Zitat.

Auf derselben Seite wird noch das unlängst in der DDR erschienene Buch ›Hausmusik‹ von Reinhard Baumgart besprochen, der, wie wir erfahren, »die literarischen Gestaltungsmittel sicher zur Realisierung seines Anliegens einzusetzen weiß«. Die Rahmenhandlung hingegen sei »für das Gesamtanliegen des Buches wenig ergiebig«.

So sieht das neue Literaturblatt aus, in dem die »echten Knospen des gestalteten Gesamtanliegens der SED eingesetzt« werden. Sollten die Instanzen, die in der Bundesrepublik dem militanten Antikommunismus dienen, diese ›Literatur 65‹ massenhaft aufkaufen und kommentarlos an die Leser verschicken, die sich hierzulande für Literatur interessieren – ich würde mich nicht wundern. Denn keine Propaganda des verruchten Klassenfeindes, der dekadenten Bourgeoisie, des zerfallenden und faulenden Kapitalismus, des räuberischen Imperialismus kann die DDR in den Augen westlicher Intellektueller mehr kompromittieren als dies Produkt der Unfähigkeit und der Verdummung. Jene im »Prolog« zitierte Schriftstellerin hat recht: Man weiß nicht mehr, worauf man schimpfen soll.

Aber so schlimm dies alles auch ist – es gibt doch einen Trost. Man sollte im Westen nicht übersehen, daß kein einziger namhafter Schriftsteller der DDR, kein einziger einigermaßen begabter oder intelligenter Autor bereit war, auch nur eine einzige Zeile für die erste Nummer der ›Literatur 65‹ zu schreiben. Dieser, nur dieser Umstand läßt uns hoffen.

Ein bißchen Amtsarzt, ein bißchen Moses

Der deutschen Kritik liebstes Sorgenkind, ihr schwierigster, vielleicht aber auch hoffnungsvollster Schützling, jener Autor, dessen schriftstellerische Niederlagen niemals der Aufmerksamkeit der literarischen Öffentlichkeit entgehen und dessen imponierend beharrlicher Kampf um das Drama zumindest aufrichtigen Respekt abnötigt, er, der fortwährend im honorigen Verdacht steht, weit mehr als bisher leisten zu können und der sich jedenfalls in seinen von milder Melancholie und verständlicher Bitterkeit nicht freien Aufsätzen und Vorträgen immer wieder als einer der geistreichsten Vertreter seiner Generation erweist, Martin Walser also, der wackere Provokateur, hat sich in der ›Süddeutschen Zeitung‹ vom 31. Dezember 1964 über die Kritik Gedanken gemacht, die mir ebenso beachtlich wie höchst bedenklich zu sein scheinen.

Häufig lese er – bekennt Walser –, was Kritiker schreiben, »als Bulletins, in Fachausdrücken von Krankheiten handelnd, die sie mir aufreden wollen; das ist aber eine Sprache, in der ich mir Krankheiten nicht gern aufreden lasse«.

Ich meine hingegen – um bei diesem Vergleich zu bleiben –, daß es für das Wohl des Patienten entscheidend ist, ob die Diagnose zutrifft, nicht aber, wie sie formuliert wurde. Doch Walser schließt die Möglichkeit aus, daß er jene Krankheiten, die die Kritik zu diagnostizieren glaubt, überhaupt haben könne: Sie werden ihm, sagt er, nur aufgeredet. Gewiß, eine solche Reaktion mag den Betroffenen beruhigen. Aber ist sie nicht auch leichtsinnig? Und warum beanstandet Walser die Sprache nur jener Bulletins, in denen von seinen (angeblich nicht vorhandenen) Krankheiten die Rede ist? Nirgends geht aus seinem Artikel hervor, daß ihn die »Fachausdrücke« auch dann stören, wenn der Befund zu seinen Gunsten ausfällt. Der Kritiker, befürchte ich, erinnert an den Arzt, den die Patienten schätzen und rühmen, solange er ihnen Erfreuliches und Gutes zu sagen hat, und den sie verfluchen, wenn er Krisen, Krankheiten oder gar Altersschwäche feststellt, wenn er warnt und mahnt.

»Schließlich möchte man« – fährt Walser fort – »in der Beschreibung der eigenen Mängel wenigstens das Niveau gewahrt sehen, auf dem man diese Mängel selber zur Schau stellte.« Damit meint er »eine Intimität der Sprache zur Erfahrung dessen, der da schreibt, als Kritiker, als Romanschreiber usw. Also eine Intimität zu sich selber.«

Walser scheint zu übersehen, daß der Romancier und der Kritiker auf verschiedenen Ebenen und mit verschiedenen Mitteln arbeiten und auch nicht unbedingt dieselben Ziele vor Augen haben. Zwecklos und zugleich unmöglich ist es daher, das miteinander zu vergleichen, was Walser nicht sehr glücklich die »Intimität der Sprache zur Erfahrung« des Schreibers nennt. So wäre es zum Beispiel unsinnig, zu fragen, ob der Kritiker Joachim Kaiser in der Besprechung eines Stückes von Martin Walser jene sprachliche »Intimität« erreicht hat, die man vielleicht diesem Stück nachsagen kann. Darauf kommt es nicht an. Höchstens ließe sich, wenn man es schon auf solche Vergleiche abgesehen hat, die Frage stellen, wessen Sprache, die des Kritikers oder die des Dramatikers, dem jeweiligen Gegenstand eher gerecht wird. Da aber, glaube ich, müßte man doch zu dem Ergebnis kommen, daß zwar Kaisers Sprache genügt, um sich mit der Walserschen Dramatik auseinanderzusetzen, während die Sprache des Dramatikers Walser der deutschen Gegenwart vorerst noch nicht ganz gewachsen ist.

Die Kritik wüßte nicht das Niveau zu wahren, auf dem die Werke stehen, mit denen sie sich befaßt? Darauf wäre zu erwidern, daß wir in den letzten Jahren mitunter Gelegenheit hatten, Zeugen eines höchst seltsamen, nahezu perversen Schauspiels zu sein: Bei manchen scharfsinnigen Analysen nichtiger Bücher ließ sich der Verdacht nicht ganz von der Hand weisen, einige deutsche Kritiker seien entschlossen und imstande, sich die Gegenstände ihrer Betrachtung selber zu schaffen, sie vor den Augen der verblüfften und oft auch verärgerten Leser förmlich zu erzeugen. Walser indes meint fragen zu müssen: »Warum nehmen viele Kritiker sich selber so wenig ernst als Schriftsteller? Warum verzichten sie auf sich selber, wenn sie über ein Buch oder über ein Theaterstück schreiben?« Die Kritiker, heißt es, »unterdrücken ihr Persönliches«. Obwohl sie doch Schriftsteller seien, schrieben viele von ihnen »nach fremdem Maß. Sie sehen von sich ab.«

Das ist ein Novum. Denn seit eh und je wird den Kritikern vorgeworfen, daß sie »ihr Persönliches« eben zu wenig unterdrücken, daß sie, statt zu zeigen, ob und wie der Autor, mit dem sie sich gerade befassen, schreiben kann, nur zeigen wollen, wie sie selber schreiben können. Daß sie, statt sachlich ihre Objekte zu untersuchen, diese lediglich als Sprungbretter mißbrauchen, um das Publikum mit Kapriolen zu beeindrucken, mit effektvollen Formulierungen, Witzen und Bonmots zu unterhalten.

Daß sie also, statt der Literatur zu dienen, ihr eher schaden, weil sie, von Eitelkeit getrieben, sich unaufhörlich selber in Szene setzen.

In der Tat war in der Geschichte der deutschen Literaturkritik zu solchen Klagen oft genug Anlaß. Aber mit dem Hinweis auf den Ehrgeiz und die Eitelkeit einzelner mehr oder weniger prominenter Kritiker ist es hier nicht getan. Eine gewisse Rolle hat wohl das fatale Erbe der deutschen Romantik gespielt, das bis in unser Jahrhundert hinein spürbar wurde. Denn das Unheil, meine ich, kann man kaum überschätzen, das gerade der geniale Kritiker Friedrich Schlegel anrichtete, als er die These aufstellte: »Poesie kann nur durch Poesie kritisiert werden« – eine These übrigens, die schon durch seine eigene kritische Tätigkeit glanzvoll widerlegt ist.

Nichts anderes als ein später Nachfahre der Romantiker war Alfred Kerr, der meinte, Kritik sei »als eine Dichtungsart anzusehen«, und der sich nicht scheute, auf die Frage »Warum treibt man das Verfassen von Rezensionen?« zu antworten: »Um des Rezensenten willen. Nicht um des Publikums willen noch um des Rezensierten willen.« Kein Zweifel, Kerr war ein bedeutender Schriftsteller, ein Meister der Formulierung. Aber schon in den zwanziger Jahren hatte sich seine poetische, impressionistische Kritik vollkommen überlebt.

Ein anderes Beispiel, das uns zeitlich viel näher steht: Friedrich Sieburg. Auch ihm ging es fast nie um den literarischen Gegenstand, mit dem er sich scheinbar auseinandersetzte. Er benutzte ihn vielmehr als Ausgangspunkt und Vorwand für (zuweilen bestechende) feuilletonistische Exkurse und allgemeine Reflexionen. Nicht wenige seiner Buchbesprechungen können als exemplarisch gelten. Indes: exemplarisch wofür? Ich glaube: für eine Kritik, die den Kritiker ungleich deutlicher erkennen läßt als den Kritisierten. Und ich glaube nicht, daß eine solche Kritik der heutigen Zeit angemessen ist. So gilt wohl für Sieburg, was er selber vor wenigen Jahren über Kerr geschrieben hat: »Tot oder lebendig, er wird nicht wiederkommen.«

Wenn also Walser feststellt, daß manche unserer Kritiker »sich selbst kaum mehr ins Spiel bringen«, so übertreibt er zwar maßlos, sagt aber, glaube ich, insofern etwas Richtiges, als jene Kritik, die das besprochene Buch nur zum Anlaß und Hintergrund für eigene Darbietungen des Rezensenten nimmt, heutzutage tatsächlich viel seltener geworden ist. Was Walser bedauert und beklagt, halte ich jedoch für notwendig und erfreulich. Denn andererseits vermisse ich in den meisten Arbeiten der bekannten Kritiker – und nur von ihnen scheint Walser zu sprechen – das Individuelle keineswegs. Meint er wirklich, daß Günter Blöcker, Peter Demetz, Curt Hohoff, Hans Egon Holthusen, Walter Jens, Hans Mayer oder Werner Weber in ihren Kritiken von sich absehen, das Persönliche unterdrücken? Offen gestanden, ich bin nicht einmal ganz sicher, ob bei manchen Urteilen das Persönliche nicht eher eine zu große Rolle spielt.

Die Kritiker funktionieren – schreibt Walser – »als öffentliche Sachwalter, sie scheinen sich zu verstehen als Bewerter, als Schiedsrichter. Selbst wenn es manchen von ihnen selber davor graut: sie werden zu Instanzen.« Sehr richtig. Selbstverständlich funktioniert der Kritiker als öffentlicher Sachwalter. Er soll es. Er muß es. Er übt ein Amt aus. Aber es ist doch nicht so, daß der Kritiker eine Meinung äußern darf, weil er ein Amt verwaltet. Vielmehr darf er dieses Amt verwalten, weil er eine Meinung hat.

Da der Kritiker eine Instanz sei, sagt Walser weiter, habe er Macht: »Wer von den kritisierenden Schriftstellern diese Macht annimmt und sich ihrer gar bedient, ist natürlich verloren.« Machen wir uns doch nichts vor: Jeder Kritiker, der Einfluß hat, übt natürlich aus, was Walser mit dem mächtigen Wort »Macht« bezeichnet. Der Kritiker hat keine Möglichkeit, diese Macht nicht anzunehmen. Er kann höchstens den Beruf wechseln.

Was geht jedoch daraus hervor? Walser fordert: »Der Schriftsteller als Kritiker dürfte, glaube ich, seine Prosa schreiben als einer, der nur für sich schreibt, der nur bemüht ist, mit seiner ganzen bewußten und unbewußten Geschichte auf den literarischen Gegenstand zu antworten. Und je radikaler er das versuchte, desto mehr Verbindlichkeit bewirkte er.«

Ich bin gerade der entgegengesetzten Ansicht. Da der Kritiker Einfluß ausübt und Macht hat, da er – ob es ihm gefällt oder nicht – eine Instanz ist, darf er eben nicht »schreiben als einer, der nur für sich schreibt«. Hingegen hat er stets zu bedenken, welche Folgerungen sich aus seiner Arbeit ergeben können, welchen Schaden er möglicherweise verursacht. Ein Kritiker, der vergißt, daß er eine Instanz ist oder der so tut, als wüßte er es nicht, hört nicht auf, eine Instanz zu sein, er handelt aber verantwortungslos. Es mag bequem und dekorativ sein, so zu tun, als schriebe man nur für sich. Nur halte ich diese Attitüde für feige und verlogen zugleich. Wer mit einer Waffe umgeht, muß sich stets dessen bewußt sein, was er mit ihr anrichten kann.

Was ist also letztlich von dem Kritiker zu erwarten? Manche wollen, schreibt Walser ironisch, sein: »ein bißchen Amtsarzt, ein bißchen Moses, ein bißchen Verkehrspolizist, ein bißchen Weltgeist, ein bißchen Tante Lessing, ein bißchen Onkel Linné, ein bißchen Robert Koch...« Das ist so übel nicht. In der Tat, der Kritiker muß ein bißchen Amtsarzt sein (der sich seiner Patienten annimmt, ohne daß sie es wünschen), ein bißchen Moses (der die Gesetze selber schafft, nach denen er urteilt), ein bißchen Verkehrspolizist, der sich um das literarische Leben kümmert und, wie jeder Schriftsteller, ein bißchen Weltgeist auch.

Und da wundert sich Walser, daß es um unsere Kritik nicht gerade herrlich bestellt ist? »Die wahren Kenner der Dichtkunst sind zu allen Zeiten, in allen Ländern eben so rar, als die wahren Dichter selbst gewesen.« Dürfen wir diesen Satz, den Lessing am 25. Jänner 1759 in den ›Briefen, die neueste Literatur betreffend‹ geschrieben hat, als überholt bezeichnen?

Die Avantgarde ist tot – es lebe die Veränderung

Walter Höllerer, Poet, Philologe und Redakteur, denkender Lyriker, lyrischer Wissenschaftler und wissenschaftlicher Anthologist, Herausgeber der Zeitschriften ›Akzente‹ und ›Sprache im Technischen Zeitalter‹ sowie der Buchreihe »Literatur als Kunst«, Ordinarius, Rundfunk-Würdenträger und Fernsehstar, Chef des literarischen Lebens zwischen Brandenburger Tor und Wannsee, bewundernswerter Oberaktivist, genialischer Großimpresario und souveräner Diskutant, Virtuose der mündlichen Kritik (der leider keine Zeit hat, Kritiken zu *schreiben*) und Erfinder des »Literarischen Kolloquiums«, Liebling des intellektuellen Westberlins und legendärer Grass-Entdecker, unermüdlicher Förderer junger Dichter mit Talent und junger Dichterinnen auch ohne Talent, Walter Höllerer, der neben Enzensberger derzeit wertvollste Beitrag des Bayernlandes zum geistigen Leben der Nation, er, der agile Prediger der Moderne, der langjährige Theoretiker und Beschützer der deutschen Avantgardisten und Esoteriker, dem unterstellt wird, sein Glaubensbekenntnis laute: »Der Klang ist alles, der Sinn – nichts«, und dem man nachsagt, er pflege, wenn es jemand gewagt hat, in seiner Gegenwart von engagierter Kunst zu sprechen, sofort das Zimmer zu lüften und in besonders schweren Fällen auch desinfizieren zu lassen – dieser Walter Höllerer ist eben kein

Dogmatiker und versteht von Dichtung mehr als die meisten, die sich heutzutage über deutsche Literatur verbreiten. Daher will er jetzt (›Akzente‹ 64; 5/6 und ›Der Monat‹, Januar 1965) von »Avantgarde« nichts mehr wissen, zieht es hingegen vor, von einem »neuen Realismus« und sogar – wer hätte das gedacht! – vom Engagement zu sprechen, ohne diesen Begriff in höhnische Anführungsstriche zu setzen.

»Worte wie Avantgarde oder Regression« – lesen wir – »erscheinen ausgehöhlt und können nur noch bestenfalls als stellvertretende Slogans benutzt werden.« Das Stichwort, das – laut Höllerer – den Ausdruck »Avantgarde« ablösen müsse, heiße »›Veränderung‹ in der Literatur«.

Daß der temperamentvolle Oberpriester der deutschen Avantgarde derartiges nun selber verkündet, verdient hohe Anerkennung. Denn tatsächlich läßt sich dieser Terminus, nachdem man ihn in den letzten Jahren gründlich diskreditiert hat, kaum noch sinnvoll anwenden. Beigetragen haben hierzu jene nicht wenigen deutschen Autoren, die, glaube ich, Avantgardisten von Beruf sind – und zwar vornehmlich deswegen, weil sie hoffen, mit Hilfe der modischen Attitüde ihre literarische Unfähigkeit einige Zeit verbergen und sich als originelle Schriftsteller aufspielen zu können.

Welche Symptome jener »Veränderung« in der Literatur glaubt jedoch Höllerer feststellen zu können? Er sieht die Bemühungen um »eine Bewußtseinslandschaft, die zwar auf Wahrnehmbarem abzustützen ist, die aber, neben der Faktizität des Wahrnehmbaren, auch ihre Unsicherheit, Wandelbarkeit, Produzierbarkeit, Scheinhaftigkeit und ihr Ausgeliefertsein mit in die Darstellungs-Figur bringt«. In der Nachbarschaft des Nichtwahrnehmbaren und des Abstrakten verändere das Wahrnehmbare seine »Konturen und Bedeutungen«. Das beständige Einwirken der Realitätssphären, die nur im Bewußtsein vorhanden seien, ändere zugleich auch den »Wahrnehmungsstil«. Den »Zwiespalt zwischen Sinnenwelt und Erkenntnis« – meint Höllerer – »umspielt der ›neue Realismus‹«. Diese »Art des Schreibens ... grenzt sich sowohl von dem Abschildern ab, das aufgrund positivistischer Realitätsgläubigkeit zustande kommt, wie von den idealistischen Konzeptionen, bei denen die Vorschriften für den Verlauf der Gesamthandlung und für die Einstellung dazu sowie die Vorschriften für die Arten des Machens festgelegt sind«. Im Osten wie im Westen sei »eine neue Nähe zum Fühlbaren, Schmeckbaren, Sichtbaren zu verzeichnen«, aber nirgends hätten wir es »mit einer Neuauflage des Naturalismus« zu tun. Es handle sich um einen Realismus, »der nicht bestätigt, sondern der auf Entdeckungen aus ist«.

Diese Definitionsversuche, die bei Höllerer natürlich weit ausführlicher geboten werden, überzeugen mich nicht. Kein Zweifel, die Einsicht in die Fragwürdigkeit des Wahrnehmbaren und die Berücksichtigung des Nichtwahrnehmbaren üben Einfluß sowohl auf die Weise der Wahrnehmung als auch auf den Stil der Darstellung aus. Nur frage ich mich, ob man nach Joyce, nach Virginia Woolf und Faulkner, nach Gide und Döblin, nach Benn und Eliot den »Zwiespalt zwischen Sinnenwelt und Erkenntnis« als Kriterium einer neuen literarischen Richtung bezeichnen darf. Auch in der jungen deutschen Literatur kann dies sechs Jahre nach den Johnsonschen ›Mutmaßungen‹ wahrlich nicht als Novum gelten. Daß dieser angeblich neue Realismus kein »Abschildern« sei, besagt ebenfalls nichts, da alle bedeutenden Schriftsteller, ob mit oder ohne positivistische Realitätsgläubigkeit, die Grenzen des »Abschilderns« gesprengt haben und sprengen mußten. Und welcher Schriftsteller, den man ernst nehmen könnte, hätte sich je in unserer Epoche um eine Neuauflage des Naturalismus bemüht? Wenn schließlich Höllerer betont, jener »neue Realismus« bestätige nicht, sondern sei auf Entdeckungen aus, muß ich gestehen, daß ich keinen einzigen großen Realisten kenne, der ausschließlich »bestätigt« hat: Ob Stendhal oder Balzac, Dostojewski oder Tolstoj – sie waren immer auf Entdeckungen aus. Sonst hätten wir sie längst vergessen.

Kurzum: Die Kategorien und Kriterien, mit denen hier ein »neuer Realismus« definiert werden sollte, sind im Grunde für einen großen Teil der modernen Literatur schlechthin charakteristisch und treffen mitunter sogar auf die Meister der Literatur aller Epochen zu. Dennoch kann man Höllerer insofern zustimmen, als sich in der Tat eine wichtige Veränderung innerhalb der neuesten Literatur – auch der deutschen – beobachten läßt. Die Abkehr von der Avantgarde, von dem Artifiziellen und dem Esoterischen braucht wohl keinem Zweifel mehr zu unterliegen. Dem entspricht die eindeutige Hinwendung zum Konkreten, zum Stoff, zum greifbaren Gedanken, zur Wirklichkeit, zur Gegenwart, zu unserer tatsächlichen Umwelt und somit zugleich zum Leser und zum Zuschauer. Haben wir es jedoch bei dieser gegenwärtigen Hinwendung auch mit einer Entscheidung zu Gunsten des Realismus in der modernen Literatur zu tun? Ja, gewiß, in vielen Fällen ist es so. Aber keineswegs immer.

Zunächst einmal: Da alles fließt und man deshalb, wie seit Jahrtausenden bekannt, nicht zweimal in denselben Fluß steigen kann, kann auch der Realismus, dem wir heute begegnen, natürlich nicht mehr der alte sein. Ihn kennzeichnet vor allem, glaube ich, daß er sich der Grenzen seiner Möglichkeiten bewußt bleibt. In diesem Sinne ist es ein bescheidener, ein undogmatischer und nach allen Seiten hin offener Realismus. Er entzieht sich jeglicher programmatischer Festlegung und wird sich ihr, vermute ich, auch weiterhin entziehen – was ich übrigens keineswegs beklage. Indes meine ich, daß das wichtigste Kennzeichen der jetzigen Veränderung in der Literatur eben nicht eine wie auch immer erneuerte, also die Errungenschaften der Moderne verwertende und die heutigen Bedürfnisse berücksichtigende realistische Schreibweise und Darstellungsart ist, sondern, ganz allgemein gesagt, das Verhältnis der Autoren zur Gegenwart und Wirklichkeit. Nicht Realismus müßte somit das Stichwort sein, sondern eher Realität – und der kann man glücklicherweise mit unterschiedlichen, ja auch gegensätzlichen Mitteln und Stilen beikommen. Wir sollten sie nicht mit voreiligen Definitionsversuchen einengen.

Diese Veränderung macht sich ebenso in der Lyrik bemerkbar – etwa in den neuesten Versen Heißenbüttels, in den ›Warngedichten‹ und ›Überlegungen‹ Erich Frieds – wie auch, vielleicht noch deutlicher, im Drama.

Leichtsinnig und vergeblich wäre es, denke ich, wollte man Hochhuths ›Stellvertreter‹, Weiss' ›Verfolgung und Ermordung Jean Paul Marats‹, Kipphardts ›Oppenheimer‹ und ›Joel Brand‹ und Walsers ›Schwarzen Schwan‹ auf einen gemeinsamen stilistischen Nenner bringen – von den beträchtlichen Niveauunterschieden ganz zu schweigen. Aber es fällt doch sofort auf, daß im Mittelpunkt dieser Stücke moralische und moralpolitische, eindeutig der Gegenwart verpflichtete Konflikte stehen, daß es immer wieder um die Rolle, die Verantwortung und die Schuld des Individuums angesichts der Geschichte geht und diese Frage nicht an abstrakten Fällen exemplifiziert wird. Alle diese Stücke behandeln Stoffe und Motive, die in Raum und Zeit genau fixiert sind. Wie der Weg des Dramatikers Weiss von der ›Nacht mit Gästen‹ zum ›Marat‹ und der des Dramatikers Walser vom ›Abstecher‹ zum ›Schwarzen Schwan‹ geführt hat, so ist auch Grass, der als Bühnenautor mit dem ›Hochwasser‹ begann, nunmehr bei der deutschen Tragödie ›Die Plebejer proben den Aufstand‹ angelangt: Statt der abstrakten Parabel von der Naturkatastrophe das Drama von der konkreten moralischen und politischen Katastrophe – ein Stück, das nicht mehr immer und überall spielt, sondern am 17. Juni 1953 in Ostberlin.

Natürlich ist diese Veränderung auch in der Prosa spürbar – hier vor allem die Rückkehr zum Erzählen, zur Fabel, zur Darstellung realer Bereiche und konkreter gesellschaftlicher Milieus. Während die Dramatiker die Konflikte des Individuums auf dem Hintergrund der Weltgeschichte zu zeigen versuchen, wollen die Erzähler vor allem dem verfehlten Leben des kleinen Mannes auf dem Hintergrund seines Alltags gerecht werden. Dies gilt zumindest für die wichtigsten Debütanten des Jahres 1964: Peter Bichsel, Günter Herburger und Günter Seuren.

In einer Untersuchung mit dem Titel ›Wie entsteht ein Gedicht‹, die Walter Höllerer seiner im Herbst 1964 in der edition suhrkamp erschienenen Lyrik-Sammlung beigefügt hat, heißt es: »Die künstlerische Wirklichkeit speist sich, wie wir sahen, aus der erfahrenen Wirklichkeit, und sie vermag, so hoffen wir wenigstens, auf diese zurückzuwirken.« Und etwas weiter wird auf die Notwendigkeit hingewiesen, »die Kluft zwischen gelebter und gedichteter Wirklichkeit« zu überbrücken. Jawohl, darauf kommt es letztlich an – und nicht auf einen solchen oder anderen Realismus. Um eine Literatur geht es, die aus der erfahrenen und erlebten, der heutigen Wirklichkeit entsteht und auf sie zurückzuwirken bestrebt und imstande ist. Um eine Veränderung also, die – wie es bei Höllerer einmal heißt – »Veränderung ansteuert: der Denkrichtung und der Verhaltensweise«. Dies aber scheint mir nichts anderes zu sein als eine knappe Umschreibung der engagierten Literatur.

Verräter, Brückenbauer, Waisenkinder

Die Italiener sagen kurz: »traduttore – traditore«. Sie halten die Übersetzer für Verräter. Cäsar meinte, man liebe zwar den Verrat, aber man hasse den Verräter. Sicher ist, daß man die Übersetzungen braucht, aber die Übersetzer mißachtet. Gelegentlich rühmt man sie als unermüdliche Brückenbauer, die die Klüfte zwischen den Völkern überwinden. Doch in der

Regel beschimpft man sie als Stümper. Haben wir es mit den verkannten, den stillen Helden des literarischen Lebens zu tun oder mit Fremdlingen, die man benötigt und duldet, ohne ihnen volle Bürgerrechte zubilligen zu wollen? Gehören sie zu den Märtyrern der holden Wortkunst oder eher zu den frechen Betrügern und dreisten Nichtskönnern? Jedenfalls waren sie immer schon die armen Waisenkinder der Literatur, ihre ewigen Sündenböcke und Prügelknaben.

In keinem Land der Welt werden jedoch die Übersetzer seit Jahrhunderten so beharrlich angegriffen und verspottet, getreten und verleumdet wie in Deutschland. Das spricht nicht unbedingt gegen die Übersetzer. Und noch weniger gegen die zumindest in dieser Hinsicht zu Zornausbrüchen aufgelegte literarische Öffentlichkeit. Vielmehr zeugt es von der deutschen Übersetzungskultur.

Immerhin hat man sich hier häufiger und gründlicher um die Qualität von Übersetzungen gekümmert als in fast allen Ländern der Welt, vor allem in Frankreich und England. Nicht umsonst waren alle großen deutschen Dichter zugleich Übersetzer: Goethe, Schiller, Hölderlin, Büchner, Heine. Eine der bedeutendsten schriftstellerischen Leistungen in deutscher Sprache ist eine Übersetzung – jene, die mit den Worten beginnt: »Am Anfang schuf Gott Himmel und Erde.« Auch sollte man nicht übersehen, daß sich der Held des berühmtesten deutschen Dramas unter anderem als Übersetzer betätigt, wobei mir bemerkenswert scheint, daß derselbe Mann, der nicht die geringsten Bedenken hat, eine Minderjährige mit teuflischer Hilfe zu verführen, als Übersetzer vor lauter (übrigens verständlichen und sympathischen) Bedenken nicht vom Fleck kommt.

Was wirft man den ewigen Prügelknaben vor? »Unsere Übersetzer verstehen selten die Sprache; sie wollen sie erst verstehen lernen; sie übersetzen, sich zu üben, und sind klug genug, sich ihre Übungen bezahlen zu lassen. Am wenigsten aber sind sie vermögend, ihrem Originale nachzudenken. Denn wären sie hierzu nicht ganz unfähig, so würden sie es fast immer aus der Folge der Gedanken abnehmen können, wo sie jene mangelhafte Kenntnis der Sprache zu Fehlern verleitet hat.« Also schrieb Gotthold Ephraim Lessing am 11. Jänner 1759 im vierten der ›Briefe die neueste Literatur betreffend‹.

Hört man die deutschen Verleger und ihre Lektoren, dann muß man annehmen, seitdem habe sich die Situation eher noch verschlimmert. Die Manuskripte der meisten deutschen Übersetzer seien heutzutage einfach nicht druckbar. Sie müßten im Verlag vollkommen überarbeitet werden. Die Übersetzer behandelt man somit nicht als Urheber literarischer Texte, sondern als Lieferanten von Vorfabrikaten oder als Handwerker. Indes werden sie mitnichten wie Handwerker entlohnt. Ich möchte dem Leser eine komplizierte Kalkulation ersparen und bitte, mir zu glauben, daß in der Bundesrepublik ein Übersetzer anspruchsvoller literarischer Werke, der seine Arbeit ernst nimmt und sorgfältig macht, ihr einen geringeren Stundenlohn verdankt als ein guter Autoschlosser oder Tischler.

Die Verleger bestreiten es in der Regel nicht, behaupten jedoch häufig, auch diese Honorare seien eigentlich noch zu hoch, denn man müsse doch die erheblichen Kosten berücksichtigen, die die erforderliche Überarbeitung verursacht. Also: schlechte Bezahlung für schlechte Leistung. Viele Übersetzer wollen wiederum manche Mängel ihrer Manuskripte mit der Zeitnot rechtfertigen: Bei derartigen Honoraren müßten sie verhältnismäßig rasch arbeiten. Kurzum: die Katze beißt sich in den Schwanz.

Warum erhalten die angeblich so fragwürdigen Übersetzer weiterhin Aufträge und zwar oft von eben jenen Verlegern, die sich über sie geringschätzig äußern? Denn es gibt – heißt es – keine besseren Übersetzer. Wirklich? Und A und B und C? A, erklärt der Verleger, sei ein Ausnahmefall und der eine A könne schließlich nicht die ganze alljährliche Produktion des Hauses bewältigen. Einverstanden. B? Die Antwort: Er habe vor drei, vier Jahren tatsächlich gut übersetzt, jetzt unterschieden sich seine Manuskripte kaum von anderen Übersetzungen. Und die bekannten Übersetzer C, D und E? Der Verleger winkt ab. Sie hätten ihren Ruf zu Unrecht, da die gedruckten Exemplare ihrer Übersetzungen vom ursprünglichen Manuskript weit abwichen.

Das Endergebnis: die meisten in Deutschland erscheinenden Übersetzungen sind miserabel oder schwach oder mittelmäßig. »Und nun sagen Sie mir – heißt es im zitierten Brief von Lessing –, ist das deutsche Publikum nicht zu bedauern?« Zu bedauern sind ferner die ausländischen Autoren, deren Bücher oft die hiesigen Leser nicht überzeugen können, weil sie ihnen nur in entstellter Fassung zugänglich gemacht werden. Was tun? Ist es unmöglich, auf diesen beklagenswerten Zustand einzuwirken und ihn zu ändern? Natürlich ist es möglich.

Man glaube nicht den Verlegern, es fehle in den deutschsprachigen Ländern an guten und sogar hervorragenden Übersetzern. Das ist einfach nicht wahr. Nur wollen sie nicht für die schäbigen Honorare arbeiten, die die deutschen Verlage zahlen. Und sie haben es auch nicht nötig. Denn wer wirklich gut zu übersetzen imstande ist, der kann meist mehr als nur dies. Er kann schreiben. Er ist also auf die Übersetzungsarbeit nicht angewiesen. Er verdient sein Brot leichter und schneller und angenehmer als Verfasser von Büchern oder Stücken, beim Funk oder bei der Presse. Sollte es uns nicht zu denken geben, daß die Übersetzungen, die in den letzten Jahren von bekannten Prosaisten (Böll, Hildesheimer, Johnson, Nossack, Schmidt, Weiss) oder Kritikern (Horst, Mayer, Spiel) gemacht wurden, beachtlich oder ausgezeichnet waren?

Es handelt sich also um Geld. Aber nicht nur darum. Ein Verleger, in dessen Haus zahlreiche vorzügliche Übersetzungen publiziert wurden, sagte mir neulich klipp und klar, er beschäftige in vielen Fällen lieber mittelmäßige Übersetzer als die etwas besseren, die er auch haben könne. Der mittelmäßige Übersetzer, den man schon kenne, akzeptiere nämlich ohne Widerspruch alle erwünschten Textänderungen. Das Manuskript des besseren Übersetzers müsse ebenfalls kontrolliert werden; die Zahl der Korrekturen sei zwar kleiner, man habe jedoch kaum weniger Arbeit, weil er sich den Vorschlägen des Lektors oft widersetze, weshalb langwierige Verhandlungen nötig werden. Die Zusammenarbeit mit den begabteren Übersetzern ist also nicht nur kostspieliger, sondern in vielen Fällen auch unbequemer. Daher bilde ich mir nicht ein, daß die Verleger zu einer derartigen Zusammenarbeit freiwillig bereit sein werden. Aber man kann sie dazu zwingen. Wer? Die literarische Öffentlichkeit. Auf welche Weise?

Erforderlich ist die systematische Analyse der Übersetzungen und ihre kritische Bewertung. Ich befürchte jedoch, daß eine ständige Übersetzungskritik in jenen Blättern, in denen sich unser literarisches Leben vor allem abspielt – also in den großen Tages- und Wochenzeitungen –, nicht möglich sein wird, da eine solche Kritik, die sich nicht auf Pauschalurteile beschränkt, mit vielen Zitaten aufwarten muß. Den hierzu notwendigen Platz werden die Zeitungen doch nur in Ausnahmefällen zur Verfügung stellen. Überdies haben wir es mit einer Problematik zu tun, die in erster Linie für die Fachkreise von Interesse ist. Daher sollten sich wohl mit Übersetzungsfragen vornehmlich die Fachzeitschriften befassen: ›Neue Rundschau‹, ›Akzente‹, ›Merkur‹, ›Sprache im technischen Zeitalter‹, ›Neue Deutsche Hefte‹.

Auch die Universitäten könnten und sollten hier helfen. Das von Gustav Korlén geleitete Germanistische Seminar der Stockholmer Universität prüft die schwedischen Übersetzungen deutscher Literatur, bevor sie dort gedruckt werden. Wahrscheinlich wäre eine ähnliche Funktion der bundesrepublikanischen Universitäten in der Regel leider nicht möglich. Aber bestimmt ließe es sich machen, daß sich die Anglistischen, Romanistischen oder Slawistischen Seminare mit den wichtigeren bereits erschienenen Übersetzungen befassen. Ist das, was uns in deutscher Sprache als William Faulkner angeboten wird, tatsächlich William Faulkner? Hemingway hat auf eine Generation deutscher Schriftsteller einen stilbildenden Einfluß ausgeübt. Wer hat ihn in Wirklichkeit ausgeübt – Hemingway oder seine deutsche Übersetzerin Annemarie Horschitz-Horst? Die Geschichten von Isaak Babel sind in zwei deutschen Übersetzungen zu haben, die sich so sehr voneinander unterscheiden, daß nur eine Babel wiedergeben kann oder keine, nicht aber beide zugleich. Wie ist es darum bestellt? Auch glaube ich, daß zwischen den Dissertationsthemen der Neuphilologen und dem gegenwärtigen literarischen Leben ein enger Zusammenhang bestehen könnte. Die Untersuchung von Übersetzungen scheint mir eine wissenschaftlich dankbare Aufgabe für Doktoranden zu sein, von der die Öffentlichkeit überdies einen unmittelbaren Nutzen hätte.

Die Kritik sollte, meine ich, zu erreichen versuchen, daß die interessierten Kreise – wozu natürlich auch ein Teil des Publikums gehört – zwischen vorzüglichen, nur brauchbaren und schlechten Übersetzungen unterscheiden. Dies könnte wiederum die Verleger davon überzeugen, daß es sich lohnt, in die Übersetzungen mehr Geld zu investieren und nicht nur mit den Routine-Übersetzern zu arbeiten.

Schließlich könnte dies alles bewirken, daß die Übersetzer einen Sinn darin sehen, anständig zu arbeiten. Denn so wie die Dinge jetzt liegen, erhalten die fähigen und verantwortungsvollen Übersetzer kaum mehr Geld und finden kaum mehr Anerkennung als jene, deren Unfähigkeit und Verantwortungslosigkeit die Literaturen fremder Völker verdirbt. Bei Lessing heißt es: »Dergleichen schlechte Übersetzer, als ich Ihnen bekannt gemacht habe, sind unter der Kritik. Es ist aber doch gut, wenn sich die Kritik dann und wann zu ihnen herabläßt; denn der Schade, den sie stiften, ist unbeschreiblich.«

Ist das Leichte gleich verächtlich?

Macht der Erfolg einen Schriftsteller verdächtig? Muß der Romancier, der sich der Gunst des Publikums erfreut, ein schlechtes Gewissen haben? Ist es mit der Würde eines Künstlers unvereinbar, Bücher zu schreiben, die sich auch für die Eisenbahnlektüre eignen? Sollten wir von dem Autor, der dem Unterhaltungsbedürfnis der Leser entgegenkommt, erwarten, daß er sich schämt? In der angelsächsischen oder romanischen Welt mögen solche Fragen geradezu unsinnig scheinen. In Deutschland sind sie leider, befürchte ich, weder abwegig noch überflüssig. Das hat nichts mit der Qualität der deutschen Literatur zu tun, wohl aber mit der ihr seit alters her zugewiesenen Rolle.

Nichts liegt mir ferner, als etwa über den ehrwürdigen Traum von der »heil'gen deutschen Kunst« herzuziehen. Da gibt es nichts zu spotten. Ihm verdanken wir unendlich viel. Die Sehnsucht nach dem erhabenen und erlösenden Wort hat jedoch hierzulande eine hochmütige Geringschätzung jener Literatur zur Folge gehabt, die sich damit begnügte, für den täglichen Bedarf des Publikums zu sorgen. Das vom Bildungsehrgeiz getriebene deutsche Bürgertum des vergangenen Jahrhunderts suchte Nachfolger für den verwaisten Thron von Weimar. Es schmachtete nach Dichterfürsten. Aber es weigerte sich, das schriftstellerische Handwerk zu respektieren. Es träumte vom edlen Sänger, der auf der Menschheit Höhen wohnen sollte. Aber vom Literaten wollte es nichts wissen. Und während die Engländer und Franzosen ihren großen Unterhaltungsautoren – denn was anderes waren Balzac oder Dickens? – im Poetenhimmel die ehrenvollsten Plätze zuwiesen, wurde in Deutschland der Begriff »Unterhaltungsliteratur« fast zum Schimpfwort. Der Unterdrückung des Eros durch die christlichen Kirchen entsprach nun die mit fataler Konsequenz angestrebte Verketzerung des Amüsements durch das Bildungsbürgertum.

Auf die Dauer läßt sich jedoch das Amüsement nicht fortjagen. Gewaltsam vertrieben, kommt es durch die Hintertür wieder hinein. Kein Zweifel, wenn sich die Schriftsteller dem Geschmack der Leser unterwerfen, kann es um die Literatur nicht gut bestellt sein. Wo indes andererseits die künstlerisch anspruchsvolle Literatur glaubt, das Publikum ignorieren zu dürfen, schlägt die große Stunde der Pseudokunst. Es triumphiert der bare Schund. Statt nach des Tages Arbeit das Land der Griechen mit der Seele zu suchen, wie es das akademische Bildungswesen vom deutschen Leser erwartete, warf er sich an den Busen der Eugenie Marlitt und später der Hedwig Courths-Mahler. Und floh zu Ganghofer oder zu Karl May. So wurde Deutschland die klassische Heimat des Kitsches.

Der Bann, mit dem man die unterhaltende Funktion der Literatur im 19. Jahrhundert belegt hat, lastet auf einem beträchtlichen Teil der deutschen Kritik bis heute, von der Universitätsgermanistik ganz zu schweigen. Das Amüsante gilt als unseriös, dem Charme mißtraut man, das Leichte hat es schwer, das Spannende wird als dubios empfunden und das Witzige als undeutsch denunziert. Fontane erzählte amüsant, leicht und spannend, mit Charme und Witz. Weder schrieb er mit dem Rücken zum Publikum, noch hat er sich an der Kunst versündigt. Die Folge? Ein halbes Jahrhundert lang ist er von der offiziellen deutschen Literaturwissenschaft wenig beachtet oder geradezu abgewertet worden. Bis zum Zweiten Weltkrieg stammten die Fontane-Monographien fast ausnahmslos von Einzelgängern und Außenseitern. Und es scheint mir kein Zufall zu sein, daß die bedeutendsten Arbeiten über Fontane – von Lukács bis Demetz – außerhalb Deutschlands entstanden sind.

Bringt also das Kurzweilige den deutschen Autor in Verruf? Nein, das wäre natürlich übertrieben. Aber das Langweilige, das sich würdig gibt, hat in Deutschland immerhin die größere Chance, ernst behandelt zu werden. Sogar die schwächsten expressionistischen Hymniker werden respektvoll analysiert. Die Beschäftigung mit den Versen Erich Kästners überläßt man hingegen lieber dem Ausland. Gewiß, sie werden heutzutage auch von deutschen Literarhistorikern nicht ignoriert und in der Regel wohlwollend erwähnt, doch meist in jenem herablassenden Ton, der dem Leser zu dem Schluß verhelfen soll, es handle sich um Erscheinungen am Rande dessen, was man als Literatur zu betrachten gewohnt sei. Im Hintergrund lauert ein nahezu tödlich gemeintes Wort: Kabarett.

Ein anderes Beispiel: die Romane Friedrich Dürrenmatts. Sie finden unzählige Leser und wenige Kritiker. Nicht einmal der Weltruhm seiner Bühnenstücke vermochte diese Romane für die Literaturbetrachtung salonfähig zu machen. Schon im Jahre

1955 schrieb Dürrenmatt: »Die Literatur muß so leicht werden, daß sie auf der Waage der heutigen Literaturkritik nichts mehr wiegt: Nur so wird sie wieder gewichtig.« – Ist dieses Bekenntnis zur Leichtigkeit als Programm zu verstehen? Wohl eher als Protest gegen eine Kritik, die vergißt, für wen Bücher und Stücke bestimmt sind: für das Publikum. Bei Brecht wiederum findet sich der Satz: »Seit jeher ist es das Geschäft des Theaters, wie aller andern Künste auch, die Leute zu unterhalten.« Und da Brecht die Provokation liebte, fügte er gleich hinzu: »Dieses Geschäft verleiht ihm immer seine besondere Würde.«

Wer Brecht hier folgen will, muß zu dem Ergebnis kommen, daß eine der wichtigsten Aufgaben der Kritik darin besteht, zu prüfen, ob die Literatur unserer Zeit die Leute unterhalten kann; und ob das, was die Leute in unserer Zeit unterhält, Literatur ist. Wenn wir eine solche, freilich sehr schwierige Fragestellung – denn was unterhält eigentlich wen? – ausklammern oder auch nur vernachlässigen, riskieren wir, daß die Kluft, die die zeitgenössische Literatur, die deutsche zumal, von ihren potentiellen Abnehmern trennt, immer größer werden wird. Der übliche Einwand, moderne Kunst könne meist nur für eine Minderheit verständlich sein, weshalb diese Kluft unvermeidbar sei, ist natürlich richtig. Daß sie sich aber verringern läßt, ohne daß die Kunst an sich selber Verrat begeht, und daß hierzu gerade die Kritik viel beitragen kann, scheint mir ebenso sicher.

Wir riskieren ferner, daß die Literatur ihren traditionellen Wirkungsbereich verliert, weil es dem enttäuschten oder überforderten Leser heute leicht gemacht wird, auf das Buch zu verzichten: Er hat die Möglichkeit, ganz und gar zu anderen und nicht unbedingt verächtlichen oder minderwertigen Formen der Unterhaltung überzugehen. Dieser Prozeß ist längst im Gange. Noch werden allerdings in Deutschland Bücher nicht nur geschrieben und gedruckt, sondern mitunter auch gelesen. Indes: sind es dieselben Bücher, über die wir uns in den Literaturblättern und Zeitschriften verbreiten? Auf einige Titel jährlich trifft dies bestimmt zu. Aber eben nur auf einige. Sonst gehen die Wege von Kritik und Publikum auseinander. Was die Kenner beschäftigt, findet dank intensiver Werbung zwei- bis dreitausend Leser, nein, seien wir vorsichtiger, zwei- bis dreitausend Käufer. Und was Hunderttausende genießen, kümmert die Kenner nicht.

»Du könntest in Gefahr kommen, nur für Gelehrte zu dichten!« – warnte Friedrich Schlegel seinen Bruder August Wilhelm. Und aus der Zeit des »Jungen Deutschland« stammt das böse Wort, es sei das Schicksal der deutschen Literatur, »geschrieben zu werden von Literaten für Literaten«. Ich habe nichts gegen eine Dichtung für Gelehrte. Überflüssig ist sie nicht. Ich liebe vieles, was Literaten für Literaten schreiben. Und ich möchte es auf keinen Fall missen. Was schließlich jene produzieren, die Avantgardisten von Beruf sind, stört mich nicht. Soll jedoch eine solche bisweilen interessante, oft unlesbare und immer esoterische Literatur tatsächlich vorherrschen? Wir können, denke ich, nicht oft genug daran erinnern, daß es das Geschäft der Künste ist, »die Leute zu unterhalten«. Auch der modernen Künste.

Peter Weiss, die DDR und der dritte Standpunkt

Er habe sich gegen den Kapitalismus und für den Sozialismus, gegen die Bundesrepublik und für die DDR entschieden. Also verkündet seit Monaten der deutsche Dichter Peter Weiss. Derartige Erklärungen konnten natürlich nicht ohne Echo bleiben. Drüben respektvolle Anerkennung für den Einsichtigen, herzliche Begrüßung, aufrichtige Genugtuung, Freude und fast schon ein stiller Triumph. Das ist verständlich. Eine Presse, die im Laufe der Jahre immer wieder Schriftsteller und Philosophen, Wissenschaftler und Künstler beschimpfen mußte, weil sie dem Land zwischen der Elbe und der Oder den Rücken gekehrt hatten, darf endlich auch einen Gewinn buchen – und wahrlich keinen geringen.

Hier hat man auf die Äußerungen von Weiss betreten und verärgert reagiert, oft spöttisch und zornig. Das ist wiederum verständlich. Nur frage ich mich, wem und welcher Sache diejenigen nützen, die es für angebracht halten, über diesen hervorragenden Vertreter der deutschen Literatur unserer Zeit jetzt in einer Tonart zu schreiben, die auf beunruhigende Weise an die DDR-Presse erinnert und dort angeschlagen wird, wenn von »Republikflüchtigen« die Rede ist. »Wie sich die Bilder gleichen...« singt Cavaradossi im ersten Akt der ›Tosca‹.

Unter den Journalisten, die sich beflissen melden, um den Dichter des ›Abschied von den Eltern‹ und der ›Verfolgung und Ermordung des Jean Paul Marat‹ zu verdammen, fehlt es nicht an solchen, die offenbar keine Hemmungen kennen. Ein

Kommentator der ›Welt am Sonntag‹ (vom 12. September 1965) geht sogar so weit, sich zu überlegen, ob Peter Weiss nicht auf die deutsche Sprache verzichten und »ob er es nicht lieber mit dem Schwedischen versuchen sollte«.

So wird man plötzlich an die finsteren Zeiten erinnert, da man Schriftsteller, deren Anschauungen unbequem waren, aus Deutschland vertrieben und ihnen hinterher noch die Staatsangehörigkeit aberkannt hat. Nein, dies ist heute nicht mehr üblich. Und es ließe sich im Fall Weiss auch beim besten Willen nicht verwirklichen – denn er wurde bereits 1938 vertrieben, lebt seitdem im Ausland und ist seit 1945 schwedischer Bürger. Darum eben möchten manche ihn, der mit seinen erzählenden Werken auf die deutsche Prosa der jüngeren Generation einen stilprägenden Einfluß ausgeübt hat, wenigstens aus dem Bereich der deutschen Sprache ausstoßen. Gewiß: andere Zeiten, andere Sitten. Und doch: wie sich die Bilder gleichen.

Mag, wen es danach gelüstet, den Stein auf Peter Weiss werfen. Ich kann es nicht. Ich will es nicht. Ich gestatte mir vielmehr, angelegentlich zu warnen: vor den Rittern der Unduldsamkeit, den professionellen Fanatikern, den ewigen Hetzern, den gewohnheitsmäßigen Steinwerfern. Und ich bin überzeugt, daß man es sich im Westen leisten kann und leisten sollte, den Prozeß, den Weiss jetzt durchmacht, ruhig und gelassen und auch verständnisvoll zu beobachten.

Worum handelt es sich eigentlich? In einem im September erschienenen Sonderheft der Zeitschrift ›Theater heute‹ finden sich Auszüge aus einem Interview, das Weiss Ende 1964 der British Broadcasting Corporation gewährt hat. Er sagte damals: »Weil ich nicht an politische Gesellschaftsformen glaube – so wie sie heute sind –, wage ich es nicht, irgendeine andere vorzuschlagen... Ich vertrete den dritten Standpunkt, der mir selber nicht gefällt.« Von diesem Interview, das die Theaterzeitschrift ohne seine Genehmigung gedruckt hat, rückt Weiss in einem von der ›Frankfurter Allgemeinen Zeitung‹ im September 1965 publizierten »offenen Brief« ab: »Ich habe seitdem, im Verlauf meiner Studien, meine Ansichten weitgehend geändert... Heute ist mir die Errichtung einer unabhängigen künstlerischen Region nicht mehr möglich.« Also eine abhängige Region. Doch abhängig wovon oder von wem? In einem der Zeitung ›Stockholms Tidningen‹ im Juni gewährten Interview, das der Ostberliner ›Sonntag‹ am 15. August 1965 nachgedruckt hat, teilt Weiss mit: »Ich stelle mich ganz hinter den Marxismus-Leninismus als Grundidee ...« Und in einer Verlautbarung mit dem Titel ›10 Arbeitspunkte eines Autors in der geteilten Welt‹ (›Neues Deutschland‹ vom 2. September 1965) sagt er: »Die Richtlinien des Sozialismus enthalten für mich die gültige Wahrheit... Zwischen den beiden Wahlmöglichkeiten, die mir heute bleiben, sehe ich nur in der sozialistischen Gesellschaftsordnung die Möglichkeit zur Beseitigung der bestehenden Mißverhältnisse in der Welt.«

Was hat eine so radikale Wandlung des schließlich nicht mehr jungen (denn 1916 geborenen) Schriftstellers bewirkt? Während er im Gespräch mit ›Stockholms Tidningen‹ in diesem Zusammenhang auf die im letzten Winter erfolgte Aufführung des ›Marat‹ in der DDR verweist, erklärt Weiss im »offenen Brief« in der FAZ: »Vor einem Jahr ... fehlten mir noch viele Kenntnisse über die Zusammenhänge der Weltpolitik.« Jetzt wüßte er, »daß das Unverständliche und Verworrene vieler Erscheinungen« nur auf seinen »eigenen Mangel an Erfahrungen zurückzuführen war«. Bei der Überwindung dieser »Selbstbegrenztheit« sei ihm die Lektüre »der Weltpresse« behilflich gewesen.

Doch haben sich die Studien des also um neue Gesichtspunkte bemühten Schriftstellers in letzter Zeit gewiß nicht nur auf die »Weltpresse« beschränkt und auf Besuche in der DDR anläßlich der Aufführungen seines Stückes. Inhalt, Vokabular und Diktion der erwähnten ›10 Arbeitspunkte‹ lassen auf die Lektüre fundamentaler Abhandlungen der Klassiker des Marxismus schließen. Aber die Gedankenwelt des Marxismus-Leninismus ist groß und weit. In einigen Monaten läßt sie sich schwerlich bewältigen. Daher wundert es mich nicht, daß jene wohl etwas voreilig publizierten ›10 Arbeitspunkte‹ zahlreiche Unklarheiten und Mißverständnisse, Widersprüche und Irrtümer enthalten. Weiss ermöglicht es den Kritikern seiner Wandlung, ihm »Konfusion« vorzuwerfen. Was tun? Gegen seine grundsätzlichen ideologischen und politischen Darlegungen polemisieren? Takt und, vor allem, Respekt vor dem künstlerischen Werk von Peter Weiss gebieten es, meine ich, auf eine solche Polemik vorerst zu verzichten. Und die Vertiefung und Erweiterung seiner eher noch in den Anfängen steckenden Studien des Marxismus-Leninismus geduldig abzuwarten.

Indes finden sich in seinen Äußerungen auch solche Gedanken, die nicht auf die Beschäftigung mit der Theorie zurückzugehen scheinen, sondern auf Empirie. Und darüber können wir gleich reden. »In der westlichen Gesellschaft« müßten die Schriftsteller – sagte Peter Weiss im Mai auf einer Tagung in der DDR – »als Partisanen arbeiten, um die Wahrheit zu verbreiten«. DDR-Autoren, die gewisse Schwierigkeiten haben, ihre Werke in der Heimat gedruckt zu sehen, fanden die Bemerkung des Gasts nicht unbedingt rücksichtsvoll. Im Gespräch mit ›Stockholms Tidningen‹ wiederum erläuterte Weiss: »Die Schriftsteller im Westen sind von dem kapitalistischen System abhängig. Wenn sie es kritisieren, gefährden sie ihre Einkommensmöglichkeiten.« In den ›10 Arbeitspunkten‹ schließlich heißt es, daß in der westlichen Welt für die Schriftsteller zwar »im Ästhetischen keinerlei Grenzen gezogen sind«, daß hingegen »Vorstöße im Sozialen genauesten Kontrollen unterzogen« werden.

Kein Zweifel, was sich hinter diesen Behauptungen verbirgt – nämlich harte Tatsachen, konkrete Vorfälle, bittere Erfahrungen des Dichters Weiss. Welche? Es ist schade, daß er es bisher unterlassen hat, diese Fakten der Öffentlichkeit mitzuteilen. Wo sind, beispielsweise, in der Bundesrepublik Schriftsteller zu finden, die ihre Einkommensmöglichkeiten gefährden, weil sie das kapitalistische System kritisieren? Gilt das etwa auch für Weiss selber? Wann, wo und wie wurde seine Freiheit eingeengt? Welche Werke deutschsprachiger Autoren, die – wohlgemerkt – im Westen leben, können nicht gedruckt werden? Oder: wie funktioniert eigentlich jene »genaueste Kontrolle«, der man die »Vorstöße im Sozialen« unterzieht?

Wer über solche Daten und Namen verfügt, wer solche Umstände und Tatsachen kennt und sein Wissen dennoch für sich behält, beteiligt sich an der Unterdrückung der Wahrheit. Dies kann natürlich nicht die Absicht von Peter Weiss sein. Daher haben wir mit belehrenden Enthüllungen aus seiner Feder zu rechnen. Je schneller, desto besser. Denn vorerst klafft zwischen den außerordentlichen Erfolgen dieses in vielen westlichen Ländern gedruckten, gespielten, gerühmten und auch mehrfach preisgekrönten Dichters und seiner Selbstbezeichnung als »Partisan der Wahrheit« ein etwas peinlicher Widerspruch.

Aber sieht Weiss keinerlei Einschränkungen der Freiheit in der östlichen Welt? Weder ist dieser Peter so schwarz, wie ihn manche malen, noch hält er die DDR für so weiß, wie man es uns weismachen will. »Ich erklärte auch in Berlin« – heißt es in dem Interview in ›Stockholms Tidningen‹ –, »daß der Sozialismus Selbstkritik und volle Redefreiheit voraussetzt.« Dabei fällt mir übrigens auf, daß ›Die Welt‹ in ihrem Kommentar vom 18. September 1965 zwar den entsprechenden Abschnitt des Interviews zitiert, jedoch gerade den hier angeführten Satz stillschweigend wegläßt. In den ›10 Arbeitspunkten‹ betont Weiss, daß die Kunst »in einigen Ländern des Sozialismus ... niedergehalten und zur Farblosigkeit verurteilt wird«. Und das Dokument endet mit der Feststellung, daß die Kräfte, »die für mich die positiven Kräfte dieser Welt bedeuten«, ein noch stärkeres Gewicht bekämen, »wenn sich die Offenheit im östlichen Block erweiterte und ein freier undogmatischer Meinungsaustausch stattfinden könnte«. Die Leser des ›Neuen Deutschland‹ pflegen solche Sätze nicht zu übersehen.

Sowenig sich aus derartigen, sehr vorsichtig geäußerten Forderungen von Peter Weiss irgendwelche Folgen für das geistige Leben in der DDR ergeben werden, so sicher bin ich doch, daß er es damit sehr ernst meint. Er hat sich nicht für »die sozialistischen Länder« entschieden, um »die dort herrschenden Mißstände« – so er selber im BBC-Interview – hinzunehmen. »Ich könnte niemals in einem Land leben« – meinte er –, »wo ich als Individuum unterdrückt werde, wo ich nicht lesen darf, was ich will, und nicht sagen darf, was ich sagen möchte.« Zwar darf er in Stockholm lesen und sagen, was er will, doch wird es ihm nicht gleichgültig sein, daß in der DDR die westliche Presse nicht zugänglich ist. Und ein großer Teil der modernen Weltliteratur – von Joyce bis Beckett – ebenfalls. Nicht einmal die Werke Georg Lukács' dürfen dort erscheinen.

Da Weiss dagegen ist, daß man die Kunst unterdrückt, wird er fragen müssen, warum man, beispielsweise, in der DDR Peter Huchels Gedichte nicht veröffentlichen und ihm seit Jahren eine Reise nach dem Westen nicht erlauben will. Oder er wird fragen, warum man seit Monaten öffentliche Auftritte des Dichters Wolf Biermann verhindert. Und warum mehrere größere Arbeiten von Stefan Heym nicht gedruckt werden. Und warum in der DDR neuerdings der Film ›Das Kaninchen bin ich‹ (Drehbuch: Manfred Bieler) verboten ist. Wer, wie Weiss, die »volle Redefreiheit« für eine selbstverständliche Voraussetzung hält, kann es schwerlich akzeptieren, daß ein Mann wie Robert Havemann keine Möglichkeit hat, auf die gegen ihn in der Presse der DDR erhobenen Vorwürfe öffentlich zu antworten. Und daß man ihm Ausreisegenehmigungen verweigert.

Genug der Beispiele. Nichts liegt mir ferner, als etwa Peter Weiss ermahnen oder belehren zu wollen. Er, ein reifer und integrer Mann, weiß, was er zu tun hat. Und zu genau kenne ich den Weg, auf dem er sich befindet, um zu glauben, ihn könnten jetzt Argumente überzeugen. Nur Erlebnisse werden auf ihn Einfluß haben.

Aber vielleicht sollte ihn ein wenig der Umstand beunruhigen, daß seine schärfsten Gegner in der Bundesrepublik insofern seinen Freunden in der DDR ähneln, als sie von der Existenz eines dritten Weges von vornherein nichts wissen wollen. Sie denken – hüben und drüben – in Blöcken und in Fronten. Sie reduzieren das Leben auf eine Entweder-Oder-Formel. Für sie gibt es immer nur zwei Möglichkeiten – und jede dritte ist zu verdammen. Wer diese Alternative nicht akzeptiert, der gilt, wie eh und je, als zersetzend. Oder als Zweifler, oder gar als Intellektueller.

In einer Welt, die Alternativlösungen zustrebt, ist es bequemer und sicherer, sich einzureihen. Wer in einer Front steht, weiß zumindest, daß ihn nur eine der beiden Seiten attackieren wird. In einem großen Kollektiv der Gleichgesinnten fühlt man sich geborgen – zumal in einem solchen, dessen vereinende Idee eine ungeheuerliche Faszination ausübt. Und zu beneiden mag der Heimatlose sein, der die Küste des gelobten Landes zu sehen glaubt. Wer dies erlebt hat, wird es bis an das Ende seiner Tage nicht mehr vergessen. Doch gibt es noch eine andere Erfahrung, deren Wirkung nicht weniger nachhaltig ist. Ich meine die Erkenntnis, daß jenes gelobte Land eine Fata Morgana war.

Dem Dichter Peter Weiss unseren Gruß.

Kennst du das Land, wo erst die Bücher brennen?

Mein Freund mußte einfach lachen. Ich kann ihn verstehen. Denn was sich ereignet hat, ist lächerlich. Aber es tut mir leid, ich kann nicht mitlachen. »Nehmen Sie es nicht so ernst« – sagte mein Freund –, »das sind doch Narren.« Ja, gewiß. Aber ich nehme es trotzdem ernst. Denn ich habe Angst.

Hier die Fakten. Am Sonntag, dem 3. Oktober 1965, haben Mitglieder des evangelischen »Jugendbundes für Entschiedenes Christentum (EC) e. V.« auf einem Scheiterhaufen am Düsseldorfer Rheinufer öffentlich Bücher verbrannt. Es handelte sich um einen Protest gegen die »Schund- und Schmutzliteratur«. Unter anderem wurden in die Flammen geworfen: der Gedichtband ›Herz auf Taille‹ von Erich Kästner sowie die Romane ›Der Fall‹ von Albert Camus, ›Lolita‹ von Vladimir Nabokov, ›Die Blechtrommel‹ von Günter Grass und ›In einem Monat – in einem Jahr‹ von Françoise Sagan. Während der Bücherhaufen loderte, sangen die Täter religiöse Lieder. Die Zahl der Teilnehmer betrug 30 bis 40. Keiner soll älter als 25 Jahre sein. Die Bücherverbrennung erfolgte – laut Bericht der ›Frankfurter Allgemeinen Zeitung‹ vom 7. Oktober 1965 – »mit Erlaubnis der Ordnungsbehörden der Landeshauptstadt«.

In den nächsten Tagen brachte die Presse einige Stellungnahmen zu diesem Vorfall, doch nicht nur Proteste. So hat der Geschäftsführer des Deutschen Verbandes der Jugendbünde für Entschiedenes Christentum in Kassel – einer UPI-Meldung vom 8. Oktober 1965 zufolge – die Aktion teilweise gerechtfertigt und sah sich »nicht in der Lage zu erklären, ob sein Verband mehr als ein Vierteljahrhundert nach den Bücherverbrennungen der Nationalsozialisten prinzipiell gegen derartige Aktionen sei oder sie unter bestimmten Voraussetzungen billige«. Am nächsten Tag sagte dieser Geschäftsführer, er sei zwar »gegen das Verbrennen der Bücher«, doch handle es sich hier nur um seine »persönliche Meinung«. Dem Bundespfarrer der Jugendbünde für Entschiedenes Christentum war es wiederum »völlig unverständlich, daß zwischen der Aktion der Jugendgruppe und Bücherverbrennungen im ›Dritten Reich‹ in verschiedenen Berichten Verbindungen hergestellt worden seien, da wohl niemand der an den damaligen Geschehnissen Beteiligten dabeigewesen sei«.

Die Logik ist überwältigend: Da das Alter der Täter diesmal weniger als 25 Jahre beträgt und seit den damaligen Bücherverbrennungen 32 Jahre vergangen sind, müssen es jetzt andere Personen sein. Der Bundespfarrer sei jedoch belehrt, daß man Untaten miteinander vergleichen kann und bisweilen muß, die nicht von denselben Menschen begangen wurden. Ferner haben zwar die Feuerleger gewechselt, doch nicht unbedingt ihre Opfer: Erich Kästners Gedichtband ›Herz auf Taille‹ (1928) gehörte schon im Jahre 1933 zu den Büchern, die in Deutschland öffentlich verbrannt wurden. Der Hinweis auf das jugendliche Alter der Teilnehmer kann mich ebenfalls nicht beruhigen. Ich glaube, daß es, beispielsweise, für einen Menschen, der gemordet wird, ziemlich gleichgültig ist, ob sein Mörder das fünfundzwanzigste Lebensjahr schon erreicht hat oder nicht.

Ich weiß: Der Unterschied zwischen den damaligen und den heutigen Vorfällen ist so gewaltig, daß eine Analogie im ersten Augenblick geradezu absurd erscheint. 1933 hatte der Staat die Aktion angeordnet und organisiert. An den vom Rundfunk übertragenen Veranstaltungen nahmen hohe Würdenträger und Universitätsprofessoren teil. In Berlin warf ein Reichsminister die Bücher eigenhändig in die Flammen. Jetzt war es wohl doch das Privatvergnügen einer Anzahl von Menschen, das offenbar ein Geistlicher angeregt hatte und das man vielleicht als eine »spontane Aktion« bezeichnen kann. Kein Vertreter der Bundesbehörden oder einer Länderregierung denkt auch im entferntesten daran, sich mit den Düsseldorfer Brandstiftern zu solidarisieren. Der Rat der Evangelischen Kirchen in Deutschland hat sich von der Bücherverbrennungsaktion – wie nicht anders zu erwarten war – eindeutig distanziert.

Worum geht es also? Etwa darum, daß wir in Deutschland Anlaß genug haben, besonders vorsichtig zu sein und derartige Vorfälle eher überschätzen als ignorieren dürfen? Nein, nicht nur. Jene 30 oder 40 jungen Düsseldorfer, von denen die meisten wahrscheinlich nur irregeleitet wurden, wissen nicht einmal, daß ihre Untat ein Symptom ist, das mit Phänomenen zusammenhängt, von denen sie nichts verstehen.

Wenn hohe und höchste Repräsentanten des Staates es für angebracht halten, Intellektuelle, Schriftsteller zumal, öffentlich zu beschimpfen und wie eh und je von »entarteter Kunst« und »zersetzendem« Einfluß der zeitgenössischen deutschen Literatur zu sprechen, wenn manche sowohl weltliche als auch kirchliche Instanzen unter dem Vorwand der Bekämpfung des Obszönen und des Unsittlichen einen beträchtlichen Teil der Kunst und Literatur unserer Jahre zu diskreditieren versuchen, wenn große bundesrepublikanische Zeitungen ihre Leser gegen die Intellektuellen, vor allem die Schriftsteller, aufwiegeln – dann freilich darf man sich nicht wundern, daß Dummköpfe und Strolche meinen, es ginge schon los, es sei jetzt wieder an der Zeit, Bücher zu verbrennen.

Vermutlich haben die Düsseldorfer Pyrotechniker – um nur ein Beispiel anzuführen – von dem Leitartikel Hans Zehrers gegen die Intelligenz in der Bundesrepublik (›Die Welt‹ vom 25. September 1965) nichts gehört. Und so ungeheuerliche Gedanken in diesem Artikel auch geäußert wurden, so wenig kann ich mir vorstellen, daß Zehrer Bücher im Feuer zu sehen wünscht. Aber solche Artikel tragen zu jenem höchst gefährlichen Klima in der Bundesrepublik bei, das seinen primitivsten und brutalsten Ausdruck eben in Bücherverbrennungen findet.

Vermutlich ist auch jenen jungen Düsseldorfern nicht bekannt, daß unweit der Stelle, an der sie ihren Scheiterhaufen errichtet haben, im Hause Bolkerstraße 10, einst der Dichter Heinrich Heine geboren wurde und daß zu seinen Jugendwerken eine Tragödie mit dem Titel ›Almansor‹ gehört. Der Held, Almansor ben Abdullah, sagt in der ersten Szene dieser Tragödie:

> Wir hörten, daß der furchtbare Ximenes,
> Inmitten auf dem Markte, zu Granada –
> Mir starrt die Zung' im Munde – den Koran
> In eines Scheiterhaufens Flamme warf!

Hierauf erwidert der alte Hassan:

> Das war ein Vorspiel nur, dort, wo man Bücher
> Verbrennt, verbrennt man auch am Ende Menschen.

Wie oft muß man in Deutschland an diese Verse erinnern? Wie oft muß gesagt werden, daß die Flammen, in denen Bücher aufgehen, immer von der Dunkelheit der Epoche zeugen? Wahrlich, unsere Generation hat hinreichend Gelegenheit gehabt, sich von der nun schon klassischen Reihenfolge zu überzeugen: Erst verbrennt man die Bücher, dann die Autoren und dann die Leser.

Natürlich, so weit sind wir nicht. Was sich am Düsseldorfer Rheinufer ereignet hat, ist, wie gesagt, lächerlich. Dem Vorfall kommt nicht mehr Bedeutung zu als, sagen wir, einem Schneeball. Aber: »Man darf nicht warten, bis aus dem Schneeball eine Lawine geworden ist. Man muß den rollenden Schneeball zertreten. Die Lawine hält keiner mehr auf. Sie ruht erst, wenn sie alle unter sich begraben hat.« Diese Sätze stammen von einem deutschen Dichter, der 1933 dabei war, als auf dem Berliner Opernplatz seine Bücher verbrannt wurden – von Erich Kästner, dem Verfasser des Gedichts ›Kennst du das Land, wo die Kanonen blühen?‹. Das Gedicht findet sich in dem jetzt zum zweitenmal verbrannten Band ›Herz auf Taille‹.

Wehret den Anfängen. Den Anfängen? Nein, machen wir uns nichts vor. Es ist nicht ein Anfang, es ist eine Fortsetzung.

Wolf Biermann und die SED

Wessen Macht ist eigentlich größer: die des ersten Arbeiter- und Bauernstaats auf deutschem Boden, der vom antifaschistischen Schutzwall umgebenen Bastion des Friedens, der Deutschen Demokratischen Republik also – oder etwa die des Bänkelsängers Wolf Biermann? Eine absurde Frage. Nein, nicht die Frage ist absurd, vielmehr scheint es mir die Situation zu sein, auf die sie hinzielt.

Seit dem 1. Dezember 1965 ist gegen den neunundzwanzigjährigen, in Ostberlin lebenden Wolf Biermann in der Presse der DDR eine Kampagne im Gange, die alle Aktionen, die dort in den letzten Jahren gegen Schriftsteller unternommen wurden, sowohl an Schärfe als auch an Intensität übertrifft. Für das Organ des Zentralkomitees der Sozialistischen Einheitspartei Deutschlands, das ›Neue Deutschland‹, ist der Fall Biermann wichtig genug, um auf ihn seit zwei Wochen in fast jeder Nummer zu sprechen zu kommen – in Artikeln, Versammlungsberichten, Glossen, Erklärungen und Leserbriefen. Allein die Ausgabe vom 12. Dezember bringt im Kulturteil sechs Leserbriefe gegen den verfemten Poeten. Das Organ des Zentralrats der FDJ, ›Forum‹, eröffnet seine erste Dezembernummer mit einem gegen Biermann gerichteten, auf drei Zeitungsseiten sich erstreckenden Artikel des Chefredakteurs Klaus Helbig. Auch andere Blätter – wie etwa die auflagenstarke ›BZ am Abend‹ – nehmen an der Kampagne teil.

Die gegen Biermann erhobenen Vorwürfe sind eindeutig. Er sei »Anhänger der Spontaneität«, des »Skeptizismus« und einer »anarchistischen Philosophie«, er sei »politisch pervers« und pervers ebenfalls »im Sexuellen«, »er zerhackt die Verbindungen mit dem Volk, die Verbindungen mit der Partei«, er versuche »die Wehrbereitschaft unserer Jugend zu verunglimpfen« und »das patriotische Bewußtsein ... zu untergraben«, er wolle »den Sozialismus ohne politische Führung aufbauen«, er lasse »gehässige Strophen gegen unseren antifaschistischen Schutzwall und unsere Grenzsoldaten erklingen«, ihm fehle »das Ja zum sozialistischen deutschen Staat«, und er falle »den westdeutschen humanistischen Kräften in den Rücken«.

Indes ist der Mann, der so heftig und beharrlich attackiert wird, als Autor in der DDR kaum existent. In keinem einzigen Nachschlagewerk kann man seinen Namen finden. Es gab und gibt dort keine Ausgabe – nicht einmal eine bescheidene Auswahl – seiner Gedichte und Lieder. Auch in Zeitungen und Zeitschriften ist drüben nur sehr wenig von Biermann gedruckt worden. Sein Theaterstück ›Berliner Brautgang‹ wurde nach der Generalprobe verboten. Schallplatten mit Biermann-Songs waren zwar vorbereitet, durften jedoch nicht hergestellt werden. Seine öffentlichen Auftritte hat die SED von Anfang an – vor drei Jahren hörte man seinen Namen zum ersten Mal – gedrosselt und häufig untersagt. Sie werden seit einigen Monaten konsequent verhindert.

Unter diesen Umständen ist ein Teil des Publikums in der DDR auf den Dichter Wolf Biermann erst durch die gegenwärtigen Attacken und durch die in ihnen enthaltenen Zitate aufmerksam gemacht worden. Mit derartigen Folgen mußte man im Zentralkomitee natürlich rechnen. Warum hielt man es dort nicht mehr für möglich, sich mit den Strafmaßnahmen, die traditionsgemäß in solchen Fällen getroffen werden, zu begnügen, also mit Publikations-, Auftritts- und Ausreiseverboten sowie mit dem Totschweigen in der Presse? Warum hat man sich zu einer eben vom Standpunkt der SED höchst riskanten Propagandaaktion entschlossen, wenn nicht gar hinreißen lassen?

Die unlängst unter dem Titel ›Die Drahtharfe‹ erfolgte Veröffentlichung von dreiunddreißig Biermann-Gedichten im Westberliner Verlag Klaus Wagenbach und die teils freundliche, teils enthusiastische Reaktion einiger Rezensenten in der Bundesrepublik haben diese ganze Aktion lediglich ausgelöst. Ihre wirklichen Ursachen sind viel tiefer. Und so widerspruchsvoll, chaotisch und hysterisch die Artikel auch sind, die jetzt drüben gegen Biermann gedruckt werden, sowenig es beim besten Willen möglich ist, gegen die Darlegungen des Feuilletonchefs des ›Neuen Deutschland‹, Klaus Höpcke, ernsthaft zu polemisieren – so sicher scheint es mir doch zu sein, daß sich hinter dieser panikartigen Kampagne eine durchaus treffende Einsicht verbirgt. Es gibt Kreise und Instanzen in der DDR, die tatsächlich Gründe haben, Biermanns freche Lieder zu fürchten.

In mancher Hinsicht ist er gerade jener junge Autor, nach dem sich die SED-Kulturpolitiker sehnen. Sein Fragebogen entspricht dem erwünschten biographischen Schema: Er ist der Sohn eines Arbeiters und Kommunisten, der von den Nazis wegen antifaschistischer Tätigkeit ermordet wurde, er trat schon als Halbwüchsiger in Hamburg einer kommunistischen Jugendgruppe bei und kehrte 1953, damals ein Siebzehnjähriger, der Bundesrepublik den Rücken. Er studierte an der Ostberliner Universität Philosophie, er war zwei Jahre Regieassistent im ›Berliner Ensemble‹, er wurde in die SED als »Kandidat« aufgenommen.

Ähnliches gilt, so paradox es zunächst klingen mag, auch für seine literarischen Bemühungen. Man brachte Biermann bei, daß ein junger sozialistischer Autor vor allem über die unmittelbare Gegenwart, über das Leben der Werktätigen in der DDR zu schreiben habe und bei der Betrachtung der Realität nie die politischen Gesichtspunkte ignorieren dürfe. Und daß sich ein Poet im Arbeiter- und Bauernstaat unmittelbar an die Massen wenden sollte und also für jedermann, auch für die weniger gebildeten Genossen, sofort verständlich sein müsse. Man warnte ihn nachdrücklich vor dem Formalismus und anderen ästhetisierenden und dekadenten Kunstrichtungen und Tendenzen in der verfaulenden Welt des räuberischen Imperialismus.

Der junge Mann erwies sich als gelehrig. Er schrieb über den Alltag in der DDR und über den Aufbau des Sozialismus, seine Dichtung ist gesellschaftskritisch, in ihr fehlen niemals eindeutige politische und moralische Akzente. In Biermanns Versen wird man nicht einmal die Spur von Esoterik finden, die dekadente Kunst des Westens kümmert ihn überhaupt nicht. Er spricht wirklich zu den Massen; was er will, ist jedermann sofort klar. Und da klagte mancher im Zentralkomitee: Wenn sich doch dieser Bursche einer komplizierten, gesuchten Metaphorik bedienen wollte, wenn er doch wenigstens etwas unverständlicher wäre ...

Aber dafür war Biermann nicht zu haben. Im Gedicht ›An die alten Genossen‹ (1962) verkündete er mit einer in der DDR verblüffenden Offenheit: »Bin unzufrieden mit der neuen Ordnung« und »Die Gegenwart ... schreit nach Veränderung«. Er dichtete von den Kämpfen der Klassen, den »neueren, die / Wenn schon ein Feld von Leichen nicht / So doch ein wüstes Feld der Leiden schaffen«. Im selben Jahr schrieb er in der ›Rücksichtslosen Schimpferei‹: »Das Kind nicht beim Namen nennen / die Lust dämpfen und / den Schmerz schlucken / ... / den Sumpf mal Meer, mal Festland nennen / das eben nennt ihr / Vernunft.«

Biermanns zentrales politisches Bekenntnis findet sich in der ebenfalls schon aus dem Jahre 1962 stammenden ›Ballade von dem Drainage-Leger Fredi Rohmeisl aus Buckow‹: »Er ist für den Sozialismus / Und für den neuen Staat / Aber den Staat in Buckow / Den hat er gründlich satt.« Das gilt, meine ich, bis heute: Biermann ist für den Sozialismus und die DDR, aber er protestiert gegen die konkreten Verhältnisse, die die SED in dem Land zwischen der Elbe und der Oder geschaffen hat.

Im Frühjahr 1963 wurde Biermann aus der Partei ausgeschlossen, aber er lehnte es ab, sich vor der Macht zu beugen: »Ich soll vom Glück Euch singen / einer neuen Zeit / doch Eure Ohren sind vom Reden taub. / Schafft in der Wirklichkeit mehr Glück! / Dann braucht Ihr nicht so viel Ersatz / in meinen Worten. / ... Der Dichter ist kein Zuckersack!« Also heißt es in der ›Tischrede des Dichters‹ von 1963. Auch in einen Schmollwinkel ließ sich Biermann nicht drängen, von »innerer Emigration«, welcher Art auch immer, will er nichts wissen. Die größte Enttäuschung hat er jedoch den »Verantwortlichen, die nichts so fürchten wie Verantwortung«, bereitet, indem er sich allen Schikanen zum Trotz mitnichten in einen Antikommunisten verwandeln wollte. Der Fall wäre dann für die Partei einfach. Denn schließlich bedrohen einen Glauben nicht die Heiden oder die Andersgläubigen und nicht einmal die Abtrünnigen: Wirklich gefährlich sind immer die Zweifler in den eigenen Reihen.

Zum Zweifel, zur Logik und zur Vernunft bekennt sich Biermann im ›Selbstportrait an einem Regensonntag in der Stadt Berlin‹ (1965), in dem er mit berechtigtem Stolz versichert: »Käuflich bin ich für die Währung barer Wahrheit / In den Bunkern meiner Skepsis sitz ich sicher / Vor dem Strahlenglanz der großen Finsterlinge.« Sitzt er wirklich sicher? Wir wagen es nicht, diese Frage zu beantworten. Tatsache aber ist es, daß sich vor allem die SED in einer peinlichen Situation befindet. Dank der intensiven Hetzkampagne wächst Biermanns Ruhm wörtlich von Tag zu Tag – und dies in beiden Teilen Deutschlands. ›Die Drahtharfe‹ hat in kurzer Zeit die dritte Auflage erreicht, in Ostberlin wird das Buch illegal für dreißig bis vierzig Mark gehandelt (Preis in der Bundesrepublik: 5,80 DM). Maschinenabschriften einzelner Gedichte gehen drüben von Hand zu Hand. In literarischen Kreisen der DDR ist man natürlich entsetzt. Jeder fragt sich, wohin das führen soll. Kein einziger Schriftsteller der DDR hat sich übrigens bisher gegen Biermann geäußert, jeder weiß: Tua res agitur.

Bei den westdeutschen Intellektuellen wiederum, jenen zumal, an denen den Funktionären gelegen ist, hat sich die SED durch diese Aktion viel der noch vorhandenen Verständnisbereitschaft für die DDR verscherzt. Ich glaube, daß Heinrich Bölls Empörung die Stimmung der meisten Schriftsteller in der Bundesrepublik wiedergibt. Auch Peter Weiss, der bekanntlich versucht hat, der DDR mit maximalem Wohlwollen zu begegnen, protestiert energisch – wie nicht anders zu erwarten war – gegen die Unterdrückung der Literatur zwischen der Elbe und der Oder. Und die professionellen Scharfmacher in der Bundesrepublik, die leidenschaftlichen Ritter des kalten Krieges? Sie sind in bester Laune, sie sehen sich durch das Vorgehen der SED wieder einmal in ihren Anschauungen bestätigt.

Was immer die Partei jetzt in dieser Angelegenheit tun wird – ob sie etwas gegen Biermann unternimmt oder für ihn, ob sie die ganze Diffamierungsaktion plötzlich abbrechen läßt –, es wird mit einem Prestigeverlust verbunden sein. Die vernünftigeren Funktionäre im Zentralkomitee, die von vornherein gegen die Biermann-Kampagne waren, sagen mit Recht: Wozu haben wir das nötig gehabt? Und klagen auch: Von Taktik verstehen manche Genossen nichts mehr.

Nun frage ich: Wer ist im Augenblick in einer Zwangslage, wessen Macht ist jetzt größer – die der SED oder die des Dichters, den man nur für die »Währung barer Wahrheit« kaufen kann? Auf jeden Fall haben wir allen Anlaß, vor dem respektlosen Bänkelsänger Wolf Biermann aus Ostberlin den Hut zu lüften – nicht ohne Respekt.

Nachbemerkung

Das Wort »Mitte« hatte einmal einen guten Klang. Den »goldenen Mittelweg« empfahl Horaz. »In der Mitte wirst du am sichersten gehen« – heißt es in den ›Metamorphosen‹ des Ovid.

Aber kann der sicherste Weg tatsächlich auch als der beste oder, sagen wir, als der ehrenvollste gelten? Wird der Mittelweg vielleicht vor allem von jenen gewählt, die sich zu keinem anderen entschließen können? Ist die Mitte gar der Ort der Durchschnittlichen und Schwachen, der Vorsichtigen und Feigen? Läßt nicht das Wort »Mitte« gleich an Mittelmäßigkeit denken?

In Deutschland jedenfalls scheinen solche Fragen keineswegs ganz überflüssig zu sein. Denn hier ist der Begriff »Mitte« schon seit längerer Zeit nicht frei vom Beigeschmack des Zweifelhaften und Problematischen. Die Wendung vom »goldenen Mittelweg« wird meist nur noch ironisch und abwertend benutzt, weshalb man, beispielsweise, in Büchmanns ›Geflügelte Worte‹ den Hinweis für nötig hielt, daß sie ursprünglich einen eindeutig positiven Sinn hatte. Am ehesten spricht man von der Mitte, ohne sich von ihr sogleich ängstlich zu distanzieren, wenn man glaubt, ihren Verlust beklagen zu müssen.

Wo jedoch die Mitte fragwürdig geworden ist, da hält man auch nicht viel vom Vermitteln und noch weniger von den Vermittlern. Wer hierzulande zu vermitteln versucht, der gerät rasch in den Verdacht, er neige zum bequemen Kompromiß oder habe überhaupt keinen Standpunkt oder eigne sich nicht für ein wichtigeres und würdigeres Amt – wenn man ihm nicht gar Liebedienerei vorwirft.

Sollte etwa damit die in Deutschland tief verwurzelte Abneigung gegen die Kritik zusammenhängen? Denn der Ort des Kritikers ist in einem gewissen Sinne die Mitte. Und genau betrachtet sollte Kritik nichts anderes, nichts mehr und nichts weniger sein als Vermittlung – freilich in des Wortes eigentlicher, wesentlicher Bedeutung. Dies gilt auch – und um so mehr – für die kritische Auseinandersetzung mit all jenen Phänomenen, die das Dasein und die Wirkung der Literatur ermöglichen oder verhindern, erleichtern oder erschweren. Also für die Auseinandersetzung mit dem literarischen Leben.

Hier zumal und gerade heute kann, meine ich, der Kritiker vor keiner dringlicheren und ehrenvolleren Aufgabe stehen als vor derjenigen, zu vermitteln – zwischen dem Geist und der Materie, der Phantasie und der Wirklichkeit, der Kunst und der Gesellschaft, der Dichtung und dem Alltag, zwischen der Vergangenheit und der Gegenwart, der Ewigkeit und dem Gebot der Stunde, der alten und der jungen Generation, der Tradition und der Moderne, den Richtungen, Strömungen und Medien, zwischen den Schriftstellern und den Lesern – zwischen der Literatur und dem Leben.

Im Jahre 1815 schrieb Friedrich Schlegel an den Fürsten Metternich: »Mein vorzüglichster Wunsch war es, der großen Kluft, welche immer noch die literarische Welt und das intellektuelle Leben des Menschen von der praktischen Wirklichkeit trennt, entgegen zu wirken...«

Wer sich also in Deutschland mit der literarischen Welt und ihrem Verhältnis zur praktischen Wirklichkeit beschäftigt und sich in diesem Sinne um Vermittlung bemüht, kann sich auf eine ebenso alte wie schöne Tradition der deutschen Literaturkritik berufen. Und muß trotzdem mit allerlei Mißverständnissen rechnen.

Gern und häufig wird angenommen, dem Geist der Vermittlung sei das lauwarme Klima des sanften Ausgleichs und der friedlichen Nachgiebigkeit gemäß. Dies jedoch ist nicht mehr als ein törichtes und hartnäckiges Vorurteil. Denn kritische Vermittlung will weder beschwichtigen noch begütigen, wohl aber klären und aufhellen. Die Konturen und Grenzen der Phänomene und die zwischen ihnen bestehenden Unterschiede sollen nicht verwischt, sondern verdeutlicht, die Existenz der Gegensätze nicht bemäntelt, sondern betont und bisweilen sogar verschärft werden: um einen Erkenntnisprozeß zu bewirken, um Wesen, Eigenart und Tendenz der Erscheinungen freizulegen.

So verstanden, entspringt diese Vermittlung vornehmlich dem Zweifel und dem Widerspruch. Sie geht aus einer unmittelbaren Stellungnahme hervor, zu der auch die energische Abwehr gehört. Darf man vielleicht von militanter Vermittlung und aggressiver Verteidigung sprechen?

Jedenfalls braucht derjenige, der die Vermittlung zwischen den Extremen im Sinne hat, seinerseits auf extreme Mittel keineswegs zu verzichten. Im Gegenteil: sie scheinen für diese Aufgabe besonders geeignet zu sein. Gerade die offenkundige Einseitigkeit und der heftige Protest, die spontane Überspitzung und schließlich die bewußte Provokation können der Vermittlung im Bereich des Literarischen mitunter die besten Dienste leisten.

Hieraus ergeben sich allerdings Schwierigkeiten, die nicht verheimlicht werden sollten und erneut Vermittlung erforderlich machen, freilich ganz anderer Art. Auch in des Kritikers Brust wohnen zwei, mit Verlaub, Seelen, die sich bekämpfen oder zumindest voneinander trennen wollen.

Die eine ruft ihm zu: Sprich nur von den entscheidenden Aspekten der Phänomene. Die andere warnt: Du verschweigst die Feinheiten, du vergröberst. – Die eine erinnert an das Wort des Auguste Rodin: »Man soll übertreiben!« und empfiehlt daher die Übertreibung um der Verdeutlichung willen. Die andere mahnt: Deine Versuche der Verdeutlichung laufen auf Einengung und Verflachung dessen hinaus, was die Künstler gewollt und geleistet haben. – Die eine Stimme fordert: Vereinfache, um zu klären, scheue weder polemische Zuspitzungen noch aphoristische Formeln. Die andere stellt resigniert fest: Es ist doch alles viel komplizierter, keine Formel kann dem Wesen literarischer Probleme und Kunstwerke gerecht werden. – Die eine verlangt: Beweise, was du behauptest. Die andere meint skeptisch: Mit Zitaten läßt sich trefflich streiten, mit Zitaten ein System bereiten, an Zitate läßt sich trefflich glauben.

Auf diesen beharrlichen Streit will schon der Untertitel des Buches hinweisen: Kommentare und Pamphlete. Denn was man sich vom Kommentator mit Recht wünscht, erläßt man gerne dem Pamphletisten. Und was man dem Pamphletisten großzügig zubilligt, will man mitnichten dem Kommentator gestatten. Von dem einen erwartet man vor allem ein besonnenes Urteil, vom anderen vor allem ein temperamentvolles Plädoyer.

Trotzdem wäre ich in einiger Verlegenheit, sollte ich sagen, welche der hier gesammelten Stücke nun eigentlich Kommentare und welche Pamphlete seien. Viele von ihnen sind, hoffe ich, beides zugleich und auf einmal – wobei es Aufgabe des Kommentators war, den Pamphletisten hinreichend zu kontrollieren, ohne ihn zu sehr zu hemmen. Und Aufgabe des Pamphletisten, den Kommentator unentwegt zu beunruhigen und zu bedrängen, ohne ihn zu weit zu verführen. Nicht auf die Trennung, auf die Synthese kam es also an.

Sämtliche Arbeiten dieses Bandes entstammen dem Alltag des literarischen Lebens. Der Artikel ›Wer schreibt, provoziert die Gesellschaft‹ war in der ›Welt‹ zu lesen. Den Aufsatz über die ›Kritik auf den Tagungen der »Gruppe 47«‹ habe ich für den von Hans Werner Richter herausgegebenen ›Almanach der Gruppe 47‹ (Reinbek bei Hamburg, 1962) verfaßt. Alle anderen Beiträge wurden für ›Die Zeit‹ geschrieben und wurden in der ›Zeit‹ veröffentlicht.

Natürlich handelt es sich hier um eine Auswahl aus einer größeren Zahl ähnlicher Kommentare und Pamphlete, Untersuchungen und Polemiken, Feuilletons und Glossen. Doch durfte für die Entscheidung, welche Arbeit aufgenommen werden sollte, die Frage nach ihrer Qualität nicht das einzige Kriterium bleiben. Das Thema des Buches ließ es vielmehr angebracht erscheinen, manche Artikel um ihrer Ursachen, Anlässe und Begleitumstände willen zu berücksichtigen – also vor allem des zeitgeschichtlichen Hintergrunds wegen.

Auch finden sich hier solche Stücke, auf die zutrifft, was Max Frisch im Vorspruch zu seinem ›Tagebuch‹ gesagt hat: »Die einzelnen Steine eines Mosaiks ... können sich allein kaum verantworten.« Und da das Ganze als Beitrag zu einer Art Dokumentation des literarischen Lebens in diesen Jahren verstanden werden möchte, hielt ich es für richtig, auf Änderungen sogar dann zu verzichten, wenn sie aus heutiger Sicht geboten zu sein schienen – sie beschränken sich auf Kürzungen, die dem Leser Wiederholungen ersparen sollen, und auf gelegentliche stilistische Korrekturen.

»In Deutschland sehen wir die Literatur und das Leben oft noch ganz getrennt, wie zwei abgesonderte Welten ohne Einfluß neben und gegen einander da stehen« – heißt es in der ersten der Vorlesungen, die Friedrich Schlegel in Wien über die ›Geschichte der alten und neuen Literatur‹ gehalten hat. Es war im Jahre 1812.

Wer wollte es bezweifeln, daß durch die Trennung, der sich Schlegel widersetzt hat, großer Schaden zugefügt wurde – und zwar sowohl der Literatur als auch dem Leben? Und wer würde es wagen, zu behaupten, zu seiner Klage bestünde heute kein Anlaß mehr?

Personenregister

Abusch, Alexander 8, 33 ff., 47 f., 68, 128
Adamov, Arthur 37
Adenauer, Konrad 67
Adorno, Theodor W. 73, 147
Aichinger, Ilse 32, 113
Albee, Edward 73
Amery, Carl 105
Andersch, Alfred 71
Apitz, Bruno 145, 147, 149
Arendt, Erich 81, 147
Augstein, Rudolf 70
Augustin, Ernst 75, 113

Babel, Isaak 10, 157, 171
Bachmann, Ingeborg 32, 38, 113
Bächler, Wolfgang 48
Balzac, Honoré de 64, 75 f., 165, 172
Barlach, Ernst 101 f.
Baumgart, Reinhard 158
Becher, Johannes R. 9, 23, 47, 49, 56, 85, 128
Beckett, Samuel 22, 102, 132, 179
Benn, Gottfried 124, 150, 165
Bense, Max 47
Bermann-Fischer, Gottfried 24, 72
Bernhard, Thomas 75
Bichsel, Peter 167
Bieler, Manfred 75, 90–93, 147, 179
Bierce, Ambrose 124
Biermann, Wolf 179, 184–188
Bloch, Ernst 19, 48, 83, 145 f.
Blöcker, Günter 28, 162
Bobrowski, Johannes 19, 54, 73, 81, 147, 157
Boehlich, Walter 97
Böll, Heinrich 16, 18 f., 29, 32, 53, 75, 77, 116, 124 f., 170, 188
Bohr, Niels 137
Borges, Jorge Luis 124, 132
Brecht, Bertolt 8, 10, 11, 19, 21 f., 26, 27 f., 49, 68 f., 101, 132, 137, 139, 153, 174
Bredel, Willi 19, 46, 48 f., 92, 128, 149
Brentano, Heinrich von 26–29
Broch, Hermann 155
Büchmann, Georg 189

Büchner, Georg 100, 168
Butor, Michel 73, 133

Cäsar 167
Calvino, Italo 73
Camus, Albert 20, 132, 181
Carlsson, Anni 97
Cassirer, Bruno 13
Celan, Paul 73, 132, 146
Chruschtschow, Nikita S. 19, 26, 121
Cocteau, Jean 85
Courths-Mahler, Hedwig 173
Cramer, Heinz von 36 f., 95, 147, 158

Dante, Alighieri 7
Demetz, Peter 97, 162, 173
Dickens, Charles 13, 57 f., 63, 172
Doderer, Heimito von 37, 98, 106
Döblin, Alfred 7, 102, 152, 154 f., 165
Dostojewski, Fjodor 7, 36, 165
Dürrenmatt, Friedrich 38, 83, 132, 173 f.
Durrell, Lawrence 134

Edschmid, Kasimir 85
Ehrenberg, Ilja 50 ff., 57
Eich, Günter 32, 146
Eisenreich, Herbert 105, 113
Eliot, Thomas Stearns 41, 165
Emrich, Wilhelm 100–104, 156
Enzensberger, Hans Magnus 16, 37, 48, 94, 149, 163
Erhard, Ludwig 122

Faecke, Peter 75
Faulkner, William 7, 14, 20, 64, 68, 75, 132 f., 165, 171
Faulseit, Dieter 35
Federspiel, Jürg 75, 113
Feuchtwanger, Lion 43, 154
Fischer, Samuel 72
Fontane, Theodor 75, 124, 173
Franzen, Erich 13
Freud, Gideon 86
Fried, Erich 166
Friedrich, Heinz 104, 106, 108
Friedrich II., der Große 27
Friedrich Wilhelm III. 27

Frisch, Max 16, 36 f., 53, 77, 149, 192
Frost, Robert 73
Frye, Northrop 97

Gaiser, Gerd 111 f.
Galilei, Galileo 137
Ganghofer, Ludwig 173
Geerdts, Hans-Jürgen 156
Gehlen, Arnold 122–126
Geißler, Christian 113
Gerold-Tucholsky, Mary 44
Gide, André 75, 165
Giraudoux, Jean 21
Goebbels, Joseph 80
Goethe, Johann Wolfgang von 21, 27, 57 f., 63, 77, 83, 103, 118, 120 f., 127, 130, 168
Gogol, Nikolai 7
Gotsche, Otto 8
Grass, Günther 19, 33, 36 f., 73, 75, 77, 87, 90, 125, 132, 135 f., 139, 149, 166 f., 181
Gregor, Manfred 40
Grimmelshausen, Hans Jakob Christoffel von 127, 130
Grün, Max von der 144
Guillén, Jorge 73
Gysi, Klaus 145, 148

Habe, Hans 147
Hacks, Peter 81, 147
Hagelstange, Rudolf 85
Hager, Kurt 119
Hanser, Carl 71
Harich, Wolfgang 48, 53 f.
Hartung, Rudolf 72, 74
Hašek, Jaroslav 90
Hasenclever, Walter 151
Hauptmann, Gerhart 21, 27, 101 f.
Hauptmann, Helmut 156
Hausmann, Manfred 47
Havemann, Robert 143, 179
Heckmann, Herbert 72
Hegel, Georg Wilhelm Friedrich 138
Heine, Heinrich 149, 168, 183
Heißenbüttel, Helmut 48, 105, 166
Helbig, Klaus 184
Hemingway, Ernest 14, 22, 85, 132 f., 171
Herburger, Günter 167
Herder, Johann Gottfried 117
Hering, Gerhard F. 97

Hermlin, Stephan 56
Heym, Georg 101
Heym, Stefan 179
Hildesheimer, Wolfgang 170
Hitler, Adolf 19, 32, 112
Hochhuth, Rolf 93–96, 108, 117, 166
Hölderlin, Friedrich 168
Höllerer, Walter 37 ff., 62, 71, 163–167
Hölters, Maria 144
Höpcke, Klaus 156, 185
Hofmannsthal, Hugo von 21
Hohoff, Curt 162
Holthusen, Hans Egon 162
Holtzhauer, Helmut 120 f.
Homer 36, 64, 112
Horaz 153, 189
Horschitz-Horst, Annemarie 171
Horst, Karl August 97, 99 f., 170
Horvath, Ödön von 102, 153
Huchel, Peter 19, 47–50, 71, 73, 81, 83 f., 143, 145 f., 179

Ihering, Herbert 13
Ionesco, Eugène 102, 132

Jahnn, Hans Henny 48
Jens, Walter 16, 48, 62, 98, 106, 124 f., 162
Johnson, Lyndon B. 137
Johnson, Uwe 19, 26–29, 83, 85, 112 f., 125, 150, 165, 170
Jokostra, Peter 52–57
Joyce, James 7, 14, 75 f., 102 f., 132 f., 165, 179
Jünger, Friedrich Georg 32
Jünger, Harry 157

Kästner, Erich 152, 173, 181, 183
Kafka, Franz 7, 48, 56, 63, 75 f., 83, 101 f., 132
Kaiser, Georg 101
Kaiser, Joachim 62, 147, 160
Kantorowicz, Alfred 130, 145 f.
Kayser, Wolfgang 77, 147
Keller, Gottfried 127, 130
Kennedy, John F. 137
Kerr, Alfred 161
Kesten, Hermann 27 ff., 106, 150–155
Kinsey, Alfred C. 115
Kipphardt, Heinar 137–140, 166
Kleist, Heinrich von 7, 27, 51, 103
Koch, Robert 163

König, Franz 69
Koeppen, Wolfgang 11–18, 31, 64, 111, 113, 135, 149
Korlén, Gustav 171
Korn, Karl 15, 17
Krämer-Badoni, Rudolf 19 f.
Kraus, Karl 26, 48, 69
Krolow, Karl 73, 146
Krüger, Horst 109–112
Kuba (Kurt Bartel) 48, 56
Kuby, Erich 24 ff.
Kühn, Gudrun 35
Kunert, Günter 81, 147
Kurella, Alfred 8, 33 ff., 48, 68

Lampell, Millard 23
Langgässer, Elisabeth 47
Lasker-Schüler, Else 101
Lawrence, David Herbert 134
Lemmer, Ernst 47
Lenz, Siegfried 19, 32, 75, 84 ff., 105, 113
Lessing, Gotthold Ephraim 7, 80, 163, 168 f., 171
Lettau, Reinhard 73, 105, 131 ff.
Lind, Jakov 113
Linné, Carl von 163
Loest, Erich 53 f.
London, Jack 85
Ludwig, Emil 151
Lukács, Georg 9, 48, 69, 173, 179

Majakowski, Wladimir 10
Mann, Golo 72 f.
Mann, Heinrich 151
Mann, Klaus 153 f.
Mann, Thomas 20, 37, 66, 83, 150, 153, 155
Marchwitza, Hans 48, 126–130
Marcu, Valeriu 154
Marcuse, Ludwig 107 f., 153
Marlitt, Eugenie 173
Marx, Karl 118
Matthias, Lisa 42–46
Maupassant, Guy de 124
Mauriac, François 150
May, Karl 173
Mayer, Hans 7, 54, 83, 96 f., 145 ff., 157, 162, 170
McCarthy, Mary 134, 136
Meister, Ernst 104
Metternich, Klemens Fürst von 190

Michaux, Henri 73
Miller, Henry 103, 133 ff.
Moers, Hermann 75
Molière 7
Mombert, Alfred 151
Montherland, Henry de 85
Moosdorf, Johanna 89 f., 103
Moravia, Alberto 134
Musil, Robert 48

Nabokov, Vladimir 103, 134, 181
Neumann, Robert 68
Neutsch, Erik 149
Nizon, Paul 75
Noll, Dieter 145, 149
Nonnemann, Klaus 97
Nossack, Hans Erich 32, 48, 77, 107, 111, 113, 149, 170

O'Neill, Eugene 21
Oppenheimer, Robert J. 137–140
Ovid 189

Perse, Saint-John 124
Piontek, Heinz 32
Pius XII., Papst 94
Polgar, Alfred 69
Prang, Helmut 145, 147 f.
Pross, Harry 72
Proust, Marcel 7, 75, 133
Racine, Jean Baptiste 103
Raffael, Raphael 120
Ramseger, Georg 20 f., 31 f.
Reding, Josef 89 f.
Rehmann, Ruth 103
Reinig, Christa 80–84
Renn, Ludwig 56, 128
Richter, Hans Werner 60, 192
Rilke, Rainer Maria 123
Rinser, Luise 147
Risse, Heinz 78 ff.
Robbe-Grillet, Alain 37, 63–68, 133
Rodin, Auguste 191
Roth, Joseph 154
Rotzoll, Christa 90
Rousseau, Jean-Jacques 22
Rühle, Jürgen 55 f.

Sachs, Nelly 88
Sagan, Françoise 181
Sahl, Hans 24 ff.
Sander, Hans Dietrich 57

Sarraute, Nathalie 37, 132
Sartre, Jean Paul 21, 32
Schickele, René 154
Schiller, Friedrich 7, 8, 103, 168
Schlegel, August Wilhelm 175
Schlegel, Friedrich 22, 161, 175, 190, 192
Schmid, Max 41
Schmidt, Arno 135, 170
Schnabel, Ernst 113
Schnitzler, Arthur 101 f.
Schnurre, Wolfdietrich 19, 113
Scholochow, Michail 10, 118–122
Schütze, Christian 118
Seghers, Anna 10, 19, 47, 52–56, 145 f., 148
Senghor, Léopold 73
Seuren, Günter 167
Shakespeare, William 7, 21, 64, 103
Shaw, George Bernard 85
Sieburg, Friedrich 107 f., 161
Sitwell, Edith 73
Sophokles 21
Sperber, Manès 34
Spiel, Hilde 170
Staiger, Emil 96
Stalin 10
Stendhal 21, 165
Sternberger, Dolf 73
Sterne, Laurence 90
Sternheim, Karl 101 f.
Strittmatter, Erwin 48, 54, 56, 90 f., 119, 144 f., 147 ff.
Szczesny, Gerhard 88

Tanizaki, Junichiro 134
Teller, Edward 138
Tennyson, Alfred Lord 12
Toller, Ernst 101, 151, 153 f.
Tolstoj, Leo 36, 57 f., 63, 75 f., 165

Torberg, Friedrich 68–71, 85, 95
Tramin, Peter von 75
Tucholsky, Kurt 42–46, 123

Ulbricht, Walter 28, 56, 67, 83, 119, 121 f., 130
Updike, John 73

Voltaire 7

Wagner, Richard 80
Walser, Martin 36 f., 57 f., 60, 63, 73, 77, 113, 136, 147, 159–163, 166
Walser, Robert 147
Weber, Werner 72 f., 162
Wedekind, Frank 101 f.
Weinert, Erich 128
Weiss, Peter 77, 113, 132, 149, 166, 170, 175–180, 188
Welk, Ehm 147
Wellershoff, Dieter 41
Wessel, Horst 26 f.
Wiechert, Ernst 32, 47
Wiegler, Paul 47
Wiese, Benno von 97
Wilder, Thornton 21
Wilhelm II. 27
Wilson, Angus 37
Wolf, Christa 75, 90, 147
Wolfe, Thomas 133
Wolfskehl, Karl 151
Woolf, Virginia 12, 75, 133, 165

Zehm, Günter 56
Zehrer, Hans 182
Zimmering, Max 56
Zuckmayer, Carl 21, 154
Zweig, Arnold 10, 56, 92, 145–148
Zweig, Stefan 154 f.

Romane von gestern –
heute gelesen
1900 - 1918

Herausgegeben von Marcel Reich-Ranicki
270 Seiten, gebunden

Die Serie *Romane von gestern – heute gelesen*, die in den Jahren 1980 bis 1989 in der *Frankfurter Allgemeinen Zeitung* erschienen ist, wurde vom Publikum mit außergewöhnlichem Interesse aufgenommen. Das liegt zunächst einmal an der überzeugenden Grundidee: Schriftsteller, Kritiker und Literaturhistoriker äußern sich über Romane, die ihnen am Herzen liegen oder denen sie eine besondere Bedeutung beimessen. Im Vorwort des Herausgebers heißt es: »Was für Werke sind es, die jetzt dem zweiten, dem prüfenden Blick ausgesetzt werden? Meilensteine auf dem Weg der deutschen Literatur in der ersten Hälfte unseres Jahrhunderts? Ja, das mag auf viele zutreffen. Von anderen hingegen muß es heißen, daß sie in dem Ruf stehen oder standen, Meilensteine zu sein – und von manchen, daß man sie gerade heute als Meilensteine erkennen sollte.« Siegfried Lenz schreibt über Thomas Manns *Buddenbrooks*, Manfred Bieler über Heinrich Manns *Professor Unrat*, Gabriele Wohmann über Hermann Hesses *Unterm Rad*, Walter Jens über Robert Musils *Verwirrungen des Zöglings Törleß*, Golo Mann über Jakob Wassermanns *Caspar Hauser*, François Bondy über Franz Nabls *Ödhof*, um nur einige zu nennen. Sehr subjektive Vorlieben sind dabei und auch die berühmtesten Texte der Epoche.

S. Fischer

Romane von gestern –
heute gelesen
1918 - 1933

Herausgegeben von Marcel Reich-Ranicki
382 Seiten, gebunden

»Die deutsche Literatur zwischen 1918 und 1933 läßt sich nicht auf einen Nenner bringen, sie widersetzt sich immer aufs neue den klassifizierenden Bemühungen der Literaturhistoriker. Möglicherweise ist einer der Gründe in der Tatsache zu sehen, daß wir es mit einer Übergangszeit zu tun haben. In ihr verwirklichen sich alle wesentlichen Bestrebungen der vorangegangenen Epoche: Was immer in der deutschen Literatur seit dem Beginn des Naturalismus von Bedeutung war, erreicht in dieser kurzen Periode einen neuen Höhepunkt, wird vollendet oder doch auf neuartige Weise fortgesetzt und abgewandelt. Zugleich ist dies aber die Epoche der bahnbrechenden Schriftsteller gewesen, die die nächsten Jahrzehnte angeregt und geprägt haben: Was immer die Literatur nach 1945 zu leisten imstande war, hat letztlich seinen Keim und Ursprung, sein Modell und Vorbild in dieser großen Übergangszeit. Dieser Band bietet Aufsätze über 48 Romane, die zwischen 1918 und 1933 erschienen sind. Was zunächst auffällt, ist der simple Umstand, daß die zentralen Werke der deutschen Epik unseres Jahrhunderts nahezu alle aus diesem nur vierzehn Jahre umfassenden Zeitabschnitt stammen: Thomas Manns *Zauberberg* ebenso wie Döblins *Berlin Alexanderplatz*, Kafkas *Prozeß* und *Schloß* ebenso wie die ersten beiden Bände von Musils *Mann ohne Eigenschaften*.

S. Fischer

»Auch in den finsteren Zeiten haben die deutschen Schriftsteller, wo immer sie lebten und was immer sie erleben mußten, von der Liebe, der Vergänglichkeit und dem Tod erzählt, von der Lächerlichkeit und von der Größe des Menschen, von seinem Elend und seiner Würde. Die hochdramatische, die schrecklichste Zeit der deutschen Geschichte: Sie ist eine Fundgrube der deutschen Literatur.«
Marcel Reich-Ranicki

Romane von gestern – heute gelesen 1933 - 1945

Herausgegeben von Marcel Reich-Ranicki
352 Seiten, gebunden

»Hat 1933 ein neuer Zeitabschnitt auch der Geschichte der deutschen Literatur begonnen? Mit anderen Worten: Gab es tatsächlich nach 1933 eine andere Literatur als in den Jahren der Weimarer Republik?« Mit dieser Frage beginnt das Vorwort von Marcel Reich-Ranicki zum dritten und letzten Band der *Romane von gestern – heute gelesen*. Viele der bedeutendsten deutschen Schriftsteller verließen Deutschland und dann auch Österreich und gingen in die Emigration, darunter Thomas Mann, Bertolt Brecht, Alfred Döblin, Robert Musil, Heinrich Mann und Stefan Zweig. So lag das Argument einer »Zweiteilung der deutschen Literatur in der Zeit von 1933 bis 1945« auf der Hand, und viele Literaturwissenschaftler haben es sich zu eigen gemacht. Großartiges ist in dieser Zeit geschrieben worden – von Thomas Manns *Geschichten Jaakobs* bis zu Hermann Brochs *Tod des Vergil*.

S. Fischer

Zwischen Diktatur und Literatur

Marcel Reich-Ranicki im Gespräch mit Joachim Fest

Nach der Sendereihe des ZDF
»Zeugen des Jahrhunderts« herausgegeben von
Karl B. Schnelting. Band 4606

Von Joachim Fest für die Sendereihe des ZDF »Zeugen des Jahrhunderts« befragt, erteilt Marcel Reich-Ranicki Auskunft über seine Erlebnisse und Erfahrungen »zwischen Diktatur und Literatur«. Er wurde 1920 in Wloclawek an der Weichsel geboren, wuchs aber in Berlin auf. Im Herbst 1938, kurz nach dem Abitur an einem preußischen Gymnasium, nach Polen deportiert, war er während des Krieges zunächst im Warschauer Ghetto und dann im Untergrund. Nach 1945 betätigte er sich in Warschau als Kritiker deutscher Literatur, 1958 kehrte er von einer Studienreise in die Bundesrepublik nicht mehr nach Polen zurück. Von 1960 bis 1973 war er ständiger Literaturkritiker der Wochenzeitung *Die Zeit* und leitete von 1974 bis 1988 den Literaturteil der *Frankfurter Allgemeinen Zeitung*. Er ist überdies Honorarprofessor an der Universität Tübingen. Im Mittelpunkt des Gesprächs stehen Reich-Ranickis ebenso persönliche wie zeitgeschichtlich symptomatische Erlebnisse im nationalsozialistischen Deutschland und im kommunistischen Polen.

Fischer Taschenbuch Verlag

Was halten Sie von Thomas Mann?

Achtzehn Autoren antworten

Herausgegeben und mit einem Vorwort versehen
von Marcel Reich-Ranicki
Band 5464

Zum hundertsten Geburtstag von Thomas Mann (1975) befragte Marcel Reich-Ranicki achtzehn Autoren zu dem Thema ›Was bedeutet Ihnen Thomas Mann, was verdanken Sie ihm?‹ und veröffentlichte die Antworten in der Beilage der *Frankfurter Allgemeinen Zeitung*. Wie nicht anders zu erwarten, fielen die Stellungnahmen unterschiedlich aus – Liebe und Verehrung sind herauslesbar oder blanke Ablehnung. Es finden sich so gegensätzliche Thesen wie: Thomas Mann sei »der sprachgewaltigste Enzyklopädist, der jemals gelebt« habe, und: sein Stil sei »der Inbegriff der Unehrlichkeit und Feigheit«. Zehn Jahre später nahm der Herausgeber das Thema noch einmal auf. Er forderte einige der überlebenden Autoren auf, ihre Äußerungen von damals zu überdenken und – falls nötig – zu korrigieren. Es gab Überraschungen wie bei Peter Rühmkorf. Schrieb er 1975: »Was hier Laut gibt, ist eine nur an den Rändern gebrochene Großbürgerlichkeit, deren Sorgen nie die meinen waren, deren Perspektiven oder Retrospektiven mir schnurz sind, deren Ausdrucksweise mir beinahe physisch zuwider ist«, so begründete er zehn Jahre später in einem großen Essay seine ›Neugewonnene Wertschätzung des Prosaartisten‹. Rühmkorf: »Bekehrungen brauchen ihre Zeit.«

Fischer Taschenbuch Verlag

Marcel Reich-Ranicki

Thomas Mann und die Seinen

Fischer Taschenbuch Band 6951

Marcel Reich-Ranicki gehört zu den besten Kennern der an herausragenden Begabungen und Persönlichkeiten reichen Familie Mann. »Aber so glücklich wir sein müssen, daß es diese einzigartige Familie gibt, so aufschlußreich, so faszinierend ihre Geschichte ist, so wenig brauchen wir (und die Manns) einen Hofberichterstatter.« Von einem solchen freilich ist Reich-Ranicki weit entfernt. »Entmonumentalisierung« heißt vielmehr sein Gebot. Gerade wer über Thomas Mann schreibt, »der, allen Interpreten mißtrauend, die Deutung seines Lebens und seines Werkes schon früh in die eigenen Hände genommen hat«, kann die Aufgabe nur erfüllen, »wenn sie aus der direkten oder indirekten Polemik gegen sein Autoporträt hervorgeht.« Was Reich-Ranicki über Golo Mann schreibt, der sich »nur mit oder gegen, doch nicht ohne Thomas Mann entfalten konnte«, gilt für alle Mitglieder der Familie, in höherem Maße für die Söhne Golo und Klaus, in geringerem für die Tochter Erika, möglicherweise sogar noch für den Bruder Heinrich. In ihm finden wir die zweite charakterliche und künstlerische Autorität, den einzigen Widerpart, mit dem oder gegen den auch Thomas Mann sich nur entfalten konnte. Die Gegensätze und Abhängigkeiten, die Kämpfe und der Zusammenhalt der Familie werden von Reich-Ranicki in biographischen und literaturkritischen Studien, vor allem aber vor dem Hintergrund der Tagebücher und Korrespondenzen untersucht.

Fischer Taschenbuch Verlag

Collection S. Fischer

Hermann Burger
Die allmähliche Verfertigung der Idee beim Schreiben
Frankfurter Poetik-Vorlesung
Band 2348

Clemens Eich
Aufstehn und gehn
Gedichte
Band 2316
Zwanzig nach drei
Erzählungen
Band 2356

Dieter Forte
Jean Henry Dunant oder Die Einführung der Zivilisation
Ein Schauspiel
Band 2301

Marianne Gruber
Der Tod des Regenpfeifers
Zwei Erzählungen
Band 2368

Egmont Hesse (Hg.)
Sprache & Antwort
Stimmen und Texte einer anderen Literatur aus der DDR
Band 2358

Wolfgang Hilbig
abwesenheit
gedichte
Band 2308
Der Brief
Drei Erzählungen
Band 2342
die versprengung
gedichte
Band 2350
Die Weiber
Band 2355

Ulrich Horstmann
Schwedentrunk
Gedichte
Band 2362

Bernd Igel
Das Geschlecht der Häuser gebar mir fremde Orte
Gedichte
Band 2363

Walter Jens (Hg.)
Schreibschule
Neue deutsche Prosa. Band 2367

Peter Stephan Jungk
Rundgang
Roman. Band 2323

Christoph Keller
Wie ist das Wetter in Boulder?
Eine amerikanische Erzählung
Band 2369

Judith Kuckart / Jörg Aufenanger
Eine Tanzwut
Das TanzTheater Skoronel
Band 2364

Fischer Taschenbuch Verlag

Collection S. Fischer

Dieter Kühn
**Der wilde Gesang
der Kaiserin
Elisabeth**
Band 2325

Ulrike Längle
**Am Marterpfahl
der Irokesen**
*Liebesgeschichten
Band 2374*

Katja Lange-Müller
**Wehleid –
wie im Leben**
*Erzählungen
Band 2347*

Dagmar Leupold
**Edmond: Geschichte
einer Sehnsucht**
*Roman
Band 2373*

Monika Maron
Flugasche
*Roman
Band 2317*

Johann Peter
**Landsonntag,
englisch**
*Geschichten
Band 2365*

Dirk von Petersdorff
Wie es weitergeht
Gedichte. Band 2371

Elisabeth Reichart
Komm über den See
Erzählungen. Band 2357

Gerhard Roth
Circus Saluti
Band 2321
**Dorfchronik zum
'Landläufigen Tod'**
Band 2340

Evelyn Schlag
**Beim Hüter
des Schattens**
*Erzählungen
Band 2335*
Brandstetters Reise
Erzählungen. Band 2345
Die Kränkung
Erzählung. Band 2352

Klaus Schlesinger
Matulla und Busch
Band 2337

Natascha Selinger
**Schaukel.
Ach Sommer**
Erzählung. Band 2360

Johanna Walser
Die Unterwerfung
Erzählung. Band 2349
**Vor dem Leben
stehend**
Band 2326
Wetterleuchten
*Erzählungen
Band 2370*

Ulrich Woelk
Freigang
Roman. Band 2366
**Tod Liebe
Verklärung**
Stück. Band 2372

Fischer Taschenbuch Verlag

Literaturwissenschaft

Reinhard Baumgart
Selbstvergessenheit
*Drei Wege zum Werk:
Thomas Mann, Franz Kafka,
Bertolt Brecht*
Band 11470

Hartmut Böhme/
Nikolaus Tiling (Hg.)
**Leben, um eine Form
der Darstellung zu finden**
Studien zum Werk Hubert Fichtes
Band 10831

Carl Buchner/
Eckhardt Köhn (Hg.).
Herausfordeung der Moderne
Annäherung an Paul Valéry
Band 6882

Hermann Burger
**Paul Celan
Auf der Suche nach der
verlorenen Sprache**
Band 6884

Michel Butor
Die Alchemie und ihre Sprache
*Essays zur Kunst und
Literatur. Band 10242*
Ungewöhnliche Geschichte
*Versuch über einen Traum
von Baudelaire. Band 10959*

Mathieu Carrière
**für eine Literatur
des Krieges, Kleist**
Band 10159

Victor Erlich
Russischer Formalismus
Band 6874

Gunter E. Grimm (Hg.)
Metamorphosen des Dichters
*Das Rollenverständnis
deutscher Schriftsteller
vom Barock bis zur Gegenwart*
Band 10722

Gerhard Härle (Hg.)
»Heimsuchun und süßes Gift«
*Erotik und Poetik bei
Thomas Mann. Band 11243*

Käte Hamburger
Thomas Manns biblisches Werk
Band 6492

Gustav René Hocke
**Europäische Tagebücher
aus vier Jahrhunderten**
Motive und Anthologie
Band 10883

Christoph König/
Eberhard Lämmert (Hg.)
**Literaturwissenschaft
und Geistesgeschichte 1910 bis 1925**
Band 11471

Fischer Taschenbuch Verlag

Literaturwissenschaft

Ralf Konersmann
Lebendige Spiegel
Die Metapher des Subjekts
Band 10726

Jan Kott
Shakespeare heute
Band 10390

Leo Kreutzer
Literatur und Entwicklung
Studien zu einer Literatur
der Ungleichzeitigkeit
Band 6899

Milan Kundera
Die Kunst des Romans
Essay. Band 6897

Paul Michael Lützeler (Hg.)
Spätmoderne und Postmoderne
Beiträge zur deutschsprachigen
Gegenwartsliteratur
Band 10957

Walter Müller-Seidel
Die Deportation des Menschen
Kafkas Erzählung
»In der Strafkolonie«
im europäischen Kontext
Band 6885

Marthe Robert
Das Alte im Neuen
Von Don Quichotte zu Franz Kafka
Band 7346
Einsam wie Franz Kafka
Band 6878

Leo Spitzer
Texterklärungen
Aufsätze zur europäischen Literatur
Band 10082

Tzvetan Todorov
Einführung in die
fantastische Literatur
Band 10958

Joachim Unseld
Franz Kafka
Ein Schriftstellerleben
Band 6493

Achim Würker
Das Verhängnis der Wünsche
Unbewußte Lebensentwürfe
in Erzählungen E.T.A. Hoffmanns
Band 11244

Fischer Taschenbuch Verlag